叢書・ウニベルシタス　785

合理性とシニシズム

現代理性批判の迷宮

ジャック・ブーヴレス
岡部英男／本郷　均 訳

法政大学出版局

Jacques Bouveresse
RATIONALITÉ ET CYNISME

This book is published in Japan by arrangement
with les Éditions de Minuit, Paris, through
le Bureau des Copyrights Français, Tokyo.

合理性とシニシズム／目次

凡例

一　……は引用文中の省略を示す。

二　［　］は、ブーヴレス自身が付したものである。

三　〔　〕は、訳者による補足・注記、ないし、訳語が多義的なためいずれとも確定することが困難なために併記せざるをえなかった場合に用いている。これらはどちらともとれるというよりは、両方の意味を兼ね備えているとご理解いただきたい。

四　（　）を付したフランス語以外の原語は、すべてブーヴレスが挿入しているものである。その場合、原書ではイタリックになっているが、本訳書では通常の書体にしてある。また、ドイツ語の引用で、本来ならばウムラウトないしエスツェットであるはずの箇所が代理表記になっているものがあるが、そのままにしてある。

五　〈　〉は、原書では大文字表記になっているものを示す。

六　「　」は、原書では《　》である。ただし引用文中の引用符〃　〃についても、本書では「　」で示した。

七　傍点は、原書ではイタリック体である。

いつも私が悲しくなるのは、人は私たちの幸福を妨げることにもなりかねない多くのものごとの探究を、際限なく推し進めることができるということを考えるときである。私自身、身に覚えがある。私は、人間の心を知るすべを学ぶために苦心したが、そのことによって幸福でありたかったわけではないのである。

私たちが目覚めるのでなかったら、日の出など何の役に立とうか。

ゲオルグ・クリストフ・リヒテンベルク

第一章　認識と知恵

彼は境遇の改善を欲していたのだろうか。彼が欲したのは人間存在の改善だった。人間存在の改善へ至る道がなければ、境遇の改善というこの目的は、彼にとって何の意味があったのか。誰の鍋にも一日に十羽ずつ鶏があったら、ラジオのついた水洗便所が誰の家にも一つずつあったら、曜日ごとにちがう車にのれるように、誰にも七台ずつ自動車があったら、と彼は思うのであった。しかし、それを手に入れたところで、まさにそのことによってそれ以外のなにも獲得されなかったとしたら、何になろう。人間は安楽な生活を手に入れれば善良になる、と彼に思わせたかったのだろうか。そんなことをいえば、油田や炭鉱の持主は天使でなければなるまい。

エーリッヒ・ケストナー『ファービアン』(1)

私は一挙に多くのことを知ろうとは欲しない。——知恵は認識にも限界を画する。

フリードリッヒ・ニーチェ『偶像の黄昏』(2)

人間が知りうることは、まさに人間が知るべきことでもあるのだろうか。

ゲオルグ・クリストフ・リヒテンベルク

第一節　知の悲しみ

啓蒙（Aufklärung）の最初の綱領《プログラム》を特徴づける素朴さとしてこんにち認められているものは、知の発展やそこから直接または間接に帰結する事物に対する支配力の増大が、必ずや人間をより優れたものにするに違いない、という確信である。啓蒙が大きく依存してきたのは、悪は主として無知に起因し、したがって多くの場合それはもっぱら認識によって癒されうるという考えであった。この点についてわれわれは決定的に蒙が啓かれているということにちわれわれが抱いている印象は、たしかにあてにならない。われわれが知っているあらゆることを考慮しても、ある一定の悪を減少させることは実際により優れた認識に――すなわち啓蒙主義者が偏見とか迷信と呼んでいた事象の排除に――その当時いったいどの程度依存していたのか、そして今でもどの程度依存しうるのか、これをわれわれはたやすく無視してしまうのだ。また、知識人たちは、先進社会において生活様式がどんどん合理化されていくことによって生じる耐えがたい結果を嘆いてばかりいるけれども、そんなひまがあったら、現代文明のおかげで共同生活を営まざるをえない先進社会の多くの人たちの身のうえに、組織による厄介ごとや官僚制による拘束を耐えねばならないといった事態などよりもはるかに悪いことが起こるかもしれない、という点をおそらく熟考すべきであろう。「アベルの死の翌日、アダムにむかって、数世紀後には四平方里（＝約十六平方キロメートル）の囲いの中に、七十〜八十万人もの人たちが集められ群がるような場所が出現するであろうと言ったとしても、そんなにたくさんの人たちがいつか一緒に生活するかもしれないなどということをアダムは信じただろうか。アダムは、そこでは諸々の犯罪や残虐な行為が犯されるだろうという、よりいっそう恐ろしい考えを心に抱いたのではないだろうか。人間が驚くほど寄り集まることにともなう悪弊から立ち直るためになすべきことは、まさしく反省である[3]」。

いずれにしても、啓蒙の企てを鼓舞していた教育学的幻想は、いまではもう不信と嘲笑を惹き起こすだけだということは認めなければならない。「将来、少しはましな生活をするためにまず「何かを勉強して」おかなくてはいけない、大概の者はこんなことをもう信じる気などなくしている。まず少しはまともな生活をするくらいのものを所有して初めて、多少とも理性的なことが学べるのではないか、たいていの者の心中に芽生えつつあるのは、この予感ではないだろうか。これはかつて古代のキニク学派にとって自明の理であった。今日この国で行なわれている学校教育による社会化と言えば、これはもう先手必勝の白痴化とも言うべきもので、ここでは勉強したからといって、暮らし向きがいつかましになるなどという見込みはもはやほとんどない。生活水準と学習の関係が逆転する、これが時の趨勢である。教育信仰の終焉、ヨーロッパ・スコラ主義の終焉。保守的であるか、実利的であるか、破滅を説いてまわる覗き趣味に毒されているか、もっと真摯な姿勢を取るか、いずれの立場に立とうと、多くの者にとってはこれはまことに不気味な現象である。実のところ、きょうの学習があすの「問題」の解決に繋がるなどとは、もはや誰ひとり信じていない。むしろ問題を惹き起こしてしまう〔解消してしまう〕というのが本当だろう[4]」。もちろん、現行の教育制度に反対する論争が、諸々の教育制度や教育法はその役割を果していないと批判することによってどの程度その幻想を実際に打ち壊すのか、あるいはかえってその幻想を永らえさせてしまうことになるのか、これは容易には決められない。しかも人々はまだ、それらの教育制度や教育法はいずれにせよその役割を果しているに違いないと思い込んでいるのだ。

現状への幻滅はあらゆる時代に多かれ少なかれ隠然とした仕方で護持されてきた古来の伝統を復活させ

るだけだ、というスローターダイクの指摘はまったく正しい。人間をより善良に、より理性的に、またより賢明にするには、人間を教育しさえすればよいと考えてしまうのが啓蒙の「うかつさ」だが、これに対しては、状況を明らかにより現実主義的に察知した思想家たちが、ずっと以前から反対してきた。しかもこの点は、きわめて批判的できわめて慎重な啓蒙家の意識からまったく欠落していたどころではない。啓蒙の申し分のない定義の一つは、おそらく、リヒテンベルクの与えた定義であろう。すなわち「啓蒙とは、厳密に言えば、どのような水準においても（in allen Ständen）、われわれの本質的な諸欲求に関する正確な概念から成っている[5]」。いいかえれば、もっとも優れた代表者たちにとって啓蒙が意味していたのは、科学や技術の際限なく歯止めの利かない進歩だとか、進歩がもたらしたところの――そして現代文明批評家たちが四六時中嘆いている――非本質的で人為的な欲求の異常な増殖とは、明らかにまったく別のことなのだ。啓蒙は、人間自身が生み出したものに対する「合理的な」コントロールと利用を、人間がどこまでも保ち続けられるようにするためのある種の知恵、節度、抑制の獲得と不可分だったのである。

現代の反科学的で反合理主義的な動向が、モンテーニュの判断を特徴づけていた節度や公平無私のようなものを保持していることはまずない。モンテーニュによれば、「まことに、学問はきわめて有用で大いなる部分である。これを軽蔑する人々は、自分たちの愚かさを十分に立証している。けれども、私は、ある人々のようにそれほど極端に学問の価値を認めるわけではない。たとえば、哲学者ヘリロスは、学問のうちに最高善を認め、学問のうちにはわれわれを賢明にさせ満足させるものがあると考えているが、私はそうは思わない。また、他の人々は「学問はあらゆる徳の母であり、あらゆる悪徳は無知から来る[6]」と言っているが、私はそうは思わない。たとえそれが真実であるにしても、それには長い解釈が要る」。われわれが、モンテーニュ以来学問のさまざまな欠陥や行き過ぎや害悪について学んできたすべてのことをまさに考えれば、どれほど巧みに言いつくろっても知性のあらわれとは到底思えないほど愚かな振舞がある。ニーチェが遂行した認識論《エピステモロジー》の道徳《モラル》への還元といったことは、学問とは何かがまったくわかっていないくせに、学問とは何であり何を要求しているかについてなら誰よりもよく心得ているとうぬぼれている人々が、学問に対して感じているやもしれぬ軽蔑を正当化し強めるのに相当程度貢献してきたことはたしかである。道徳的なタイプの還元主義は、価値判断のみかけ上の主権を個人に帰すという利点をもつが、その利点とは無知とルサンチマンを他のタイプの「知的な」優越性に、つまり真理と認識に対する欲求の正確な起源について知悉している系譜学者の優越性に変容させることだ。

　アドルノは次のように指摘している。「おのおのの現象がどこに場を占めているかは知っていても、その現象が何であるかについてはまったく知らない配語法的《トポロギーク》思惟は、対象についての経験から切り離された偏執狂的《パラノイア》幻覚の体系とひそかな類縁関係をもっている[7]」。系譜学的な批判といえば、どんなものであれその由来については語りうるけれども、それが何であるかについてはまったくわからないという印象を与えることがあまりに多かった。たとえば、周知のように、真理の欲求の諸起源とは、普通に考えられているようなものではまったくなくて、真理の欲求をまことに疑わしくしてしまうものである。しかし、それが正確なところ何の欲求であるのか、もはや皆目わからないのである。その結果、現代哲学においては次の二つの傾向が共存することになる。すなわち、一方には真理の本性についての極度に複雑化した理論があり、それを唱える哲学者たちによれば、概念自身がまず何をおいても明晰化され説明されなければならないという。そして他方には、概して挑戦的で、まったく荒削りでお手軽な言説があり、こちらは、真理が何でありうるのかを知ることはあまり気にかけず、むしろ科学や形而上学が真理に対して認めている重要性を攻撃することに専念している。

「認識《コネサンス》」という語の近代的な意味において、認識の進歩と知恵《サジエス》の進歩とはさほど関係ないという考えは、たしかに新しいものではない。しかし、これまでその考えは、どちらかといえば保守的ないし反動的な思想の常套句の一つと見なされてきたのであって、明らかにもっとも進歩主義的な考え方によって何らかの形式の下に統合されるべき一要素と見なされてきたわけではない。「これらのことはたいてい、気骨のある保守主義なら昔から知っていたことだ。大衆の前でことさらに悪しき進歩について慨嘆しつつ、保守主義は、近代の知の在り方が、あらゆる偉大な先達の伝統が叡知と呼んだ人間的な成熟の状態に程遠いものであるとの洞察を守ってきた。叡知は、技術によって世界をどこまで支配できているか、というのとは関係ない。むしろ逆に、今日われわれの眼前に展開しているように科学と技術の進展がほとんど狂気の沙汰になってゆくところでは、この技術的な世界支配がまず叡知を必要としているのである。仏教や老荘思想、原始キリスト教の知性、あるいはインド人やインディアンの知性をもってしては、ベルトコンベヤーも人工衛星も作れない。だが、生と死、愛と憎しみ、不和と合一、個と宇宙、男性的と女性的などについて語る上で、いにしえの叡知の教えがその着想を汲む源泉とした生に対する覚醒は、近代的な知の類型では枯渇してゆく。誤った知恵、頭だけの知識、専門化した学問〔学者〕や権力思想、傲慢な知識偏重を戒めるのは、叡知を説く文書の最も重要なモチーフのひとつである」(8)。

もちろん、問題のこのような局面は、カントやリヒテンベルクのような確信に満ちた合理主義者の注意をまったくひかなかったわけではない。「すでにいろいろな学者が、至高のもしくは抽象的な、厳密な意味での理性は人間にとってまったく不自然なものであり、学的知識は人間のまぎれもない病であることに気づいていた」(9)。しかし、どれほどさまざまに警告を発したところで、われわれの生きている科学技術文明は、人間の側から言えば、そうした文明のかちとったものから文明自身が最良のものを引き出すのを可能にするようなたぐいの知恵を生み出しえなかった、という印象が支配的であるような状況に、われわれは陥るしかなかったのである。スローターダイクが数え上げたような非科学的な（同様に、西洋の哲学的伝統の意味で非哲学的な）知性の形態に訴えることが、治療法として可能なことはしばしば示されてきた。けれどもたいていの場合、その治療法を強く薦める人たちが、それを、個人的には利用できるが、包括的な問題の解決には残念ながら何ら実質的な貢献もなさないような解決策（あるいはおそらくより正確には代償策または矯正策）とは別ものだと考えているかどうかはわからない。おそらくもはや実際にはわれわれの手の届かないところにある知恵の諸形態が、われわれの科学技術的な知性に働きかけてくるいや増すばかりの眩惑は、つきつめてみれば知識が人類にとって唯一可能な選択肢だったわけではなく、しかも必ずしも最善のものでもなかったことに、われわれが遅ればせながら、郷愁もまじえつつ気づいたことに照応しているにすぎないのかもしれない。いずれにしても、われわれは少し以前から、シュペングラーが「第二の宗教心」の到来に先立つ前段階と表現していた「教養化されたイカサマ」の段階に入っているのである。つまり、実際に通常われわれが信じているのは、彼の言うように原子や数量に関係するものだが、自分の内面的な荒涼を満たすためには、信じてもいない宗教や形而上学もまた同時に必要となるような過渡的段階にいるのである。

理論的な企図のもつ支配的で攻撃的な局面だけを保持するために、その企図の「観想的な」次元をまったく忘れることにしてしまうと、知識と知恵との根底的な二律背反という考えに簡単に行き着いてしまう。そのために、人間は知識と知恵の両方を同時にもつことを望むことはできず、また決してもちえないであろうということになる。「たしかに、昔の動物的で原始的な戦争から現代の発明家や技師たちのやり方にいたる道筋があり、同様に、原始的な武器と策略から機械の製作にいたる道筋がある。そして機械の製作というのは、策略によって自然を捉えることを可能にするような、自然に対立する今日の戦争を導くものである」[10]。このように主張するシュペングラーは、人間同士の関係と同時に人間と自然との関係における武装解除と調和という理念が、支配のための闘争という理念に取って代わること、これを没落しつつある文明の特徴であると見なしている。「ファウスト的な思惟は、技術に飽きはじめている。倦怠感が漂い、自然に対する闘争のなかに一種の平和主義がひろがりつつある。人は、より単純で、より自然に近い生活様式に心を向け、技術的な実験のかわりにスポーツをするようになっている。大都市は嫌われ、心のこもらない活動に束縛されることや、機械の奴隷になることや、技術機構の明るく冷たい環境から逃れたい、と人は思っている。現実的な問題や実利的学問〔科学〕から遠ざかって純粋な思弁へ向かうのは、まさに強力で創造的な才能である。ダーウィン主義の時代には軽視されていた神秘学《オカルティスム》、交霊術、インド哲学、キリスト教や異教の色彩を帯びた形而上学的夢想といったものが新たに現われつつある」[11]。

ついでに次のことを指摘することができる。スローターダイクが注意しているように、技術的な発明と、行動を導く主観的表象という二重の意味をあわせもつインヴェンション（invention）〔発明・捏造〕という考え方が、とりわけ生存競争における「武器」として『我が闘争』のうちにきわめて特徴的な仕方で見出されることである。「人間を顕著に動物から遊離させていった第一歩とは、捏造への一歩であった。捏造それ自体のほうは、たくらみと見せかけを見いだすことによるものであり、それを応用することで他の生物に対し闘いやすくなった……」[12]。『特性のない男』のなかで、ウルリッヒを科学や技術から遠ざけた幻滅は、天才的な発明家（inventeur）の徳性がつきつめてみると捕食者や猟師たちの徳性に少々似すぎているという、不愉快な事実とある程度関係している。近代の非合理主義は、対立する二つの方向性を明らかに含んでいる。一方は、科学と技術にまったく満足し、自己肯定と権力闘争のもっとも強力な形式の一つとして科学と技術を称揚しさえする。これに対して他方は、まさに同じ理由で科学と技術を断罪するのである。

客観的な認識を犠牲にすることで、こんにちインヴェンション〔捏造〕を組織的に特権化している認識論者《エピステモローグ》たちは、インヴェンションの神話についてまったくロマンティックで純化された解釈を示しているけれども、その功利的で攻撃的でシニカルな部分については、ひたすら口を閉ざしている。要するに、根本的にはエリート主義的で隠れたダーウィン主義的な同じ考え方が見出されるのだが、ただその考え方は、なぜかわからないがまったく純粋無垢なものになったインヴェンション概念をともなっている。この概念は、好戦的な策略を喚起するのではなく、創造や遊びという無私の喜び以外の何ものももはや表現してはいない。いいかえれば、そうした喜びとは創造力の唯美主義なのだが、一種の根本的プラグマティズムと結びついてはいても、あからさまに現実に依拠することなどはまったくない。いわゆる想像力の自由という名目で、あらゆる形態の幻想的なものへと通じる道をもってはいても、考えうる影響についても、幻想的なものがそれ自体すぐに現実的となりうる容易さについても、まったく考慮してはいないのだ。いずれの場合も、客観的真理という概念は捏造する精神の完全な主権に対して人為的に課せられる制限として攻撃され、「現実《レアリテ》」は仮構《フィクション》のいわば一時的副産物と見なされるのだ。けれども「平和主義者」の解釈では、真理それ自身をただ単に取り除いてしまえば攻撃性や暴力を排除できる、と素朴に考えられている。まるで、あらゆる種類の独裁者や征服者は、自分が客観的真理の名において支配したり戦ったりしていると本気で信じる必要があり、「真理」にはもっぱら道具ないし武器としての意義しかないことを、みずから承認も明言もできないかのようである。シュペングラーがいうように、事実的な世界において、また事実的な人間にとって、真理とはまさに手段にすぎないのだ。

真理について純粋に機能主義的ないしプラグマティックな立場をとる理論はみな、あるシニカルな構成要素を必ず含んでいる。そして、そうした側面が他方では最高に純粋な意図に触発された理論のなかではっきり言及される唯一のものであるとすれば、当然のことながら、真実を言わないことでシニシズムを語りうるのだ。想像力は無動機的で脈絡がなく突発的であることを引き合いに出しても、ことはさほど変わらないのは明らかである。なるほど、私は、ヴェーヌとシュペングラーの思想を比較した際、ヴェーヌの考え方を正しいものとはまったく認めなかった。[13] というのは、ヴェーヌが理想として暗々裡に勧めている態度はアパテイア、つまり無関心であるのに対して、シュペングラーは、インヴェンション自身を戦いの一形態と見なし、技術を「生全体にかかわる戦術」、「生そのものにも等しい闘争における行動の内的形態」[14]と見なしているからである。しかし、成功すること以外に「真理のプログラム」の裁定を可能にする客観的基準は一切ないとしたら、ヴェーヌの言うようなスローガンについてはどう考えたらよいのだろう。そのスローガンとはおよそ、「(自分の真理が唯一の真理でないことはいまやすでに確かなのだから)他の人たちも自分たちの真理に対して同様に振舞うことを期待し、自分の真理のために戦ってはならない」といったようなものであると思われる。いったいどうすればその武装解除はまったく一方的なものにとどまることもなく、きわめて抜け目なく強力で良心のかけらもない輩の仕事をいっそう楽なものにもせずにすむのか、まったくわからない。ヴェーヌの観点からフォリソンのような人に対して非難できることといったら、たしかに、あらゆる種類の合理的懐疑を超えて確認されるという意味での「客観的」真理をあえて否定したということではなく、せいぜい、彼が「自分の」プログラムを認めさせることにすぐには成功しなかった不器用で運の悪い人であったということぐらいだ。けれども、今後現われるであろうフォリソンのような人たちは、原則的にはチャンスをそっくり保持している。というのも、構成的想像力は、状況さえ許せば、ほとんどどんな道をとることもできるし、およそどんな新しい「現実《レアリテ》」を創設することもできるからである。

一般にことが起こる仕方の記述としては、この種の考え方は、まったく信憑性を欠いているのでもなく、まして現実主義を欠いているのでもないことは疑いない。しかし、真理問題のような問題に関して、現実主義に徹するだけでなく本当にシニカルであろうとすら決意した知識人たちは、「蒙を啓かれた」左翼の新‐リアリズムや新‐シニシズムと、知識人たちの――もっとも伝統的な右翼思想が嫌いな――賛同者とを区別するものが何なのかを、はっきり説明する労をとらねばならないだろう。それがはっきり説明されれば、最小限の一貫性とわかりやすさの要求をまだ感じとれる人たちは、疑う余地のない右翼思想家とは、たとえばニーチェのように、人道主義的理想や教化的で進歩主義的なユートピア――これはいかなる左翼もこれまでつねに、自分の行動の拠り所とせざるをえなかったものであり、これからもずっとそうするに違いないものだ――の評判を落とし厄介払いするために最大限のことをしてきた人たちである、という不愉快な印象を抱かずにすむであろう。そして、そうした〔一貫性とわかりやすさの要求を感じとれる〕人たちはまた、左翼の人間の評判がしっかり確立されたらという条件でなら、ほとんどどんな形態のエリート主義でもきっぱりと擁護できるなどと考えずにすむし、すっかり言わず語らずのままでいる必要もないし、結果責任や実施責任を注意深く右寄りの思想家や政治家にいつもゆだねなくてもよいだろう。

いいかえると、根本的で挑発的だが関連する特効療法をもちあわせていないある種の診断が、それだけで、もっとも先進的でもっとも積極的に現実参加《アンガジェ》した左翼思想の表現として通用しおおせている事情を、偏見や純然たる無自覚、あるいは流行といったものを除けば、何が説明しうるのか、あまりよくわからないのである。スローターダイクは、ニーチェという「症例」について以下のように指摘するとき、ひとつのきわめて重要な問題を見抜いている。「ファシズム、特にドイツ版ファシズムは、「隠れなき」政治的破壊性であり、一切の覆いをかなぐり捨て、「権力への意志」という定式によって自らの思い通りに振る舞うべく鼓舞された存在である。ニーチェが「実は諸君は権力への意志によって秘かに蝕まれているのだ。だったら、一度それをはっきりさらけ出して、自分たちがもとからそう在るところの存在を自ら認めるがよい」と言うとき、それはあたかもひとりの精神療法士が資本主義社会に対して言っているように聞こえる。これに応えて、ナチスは実際に「それ」をはっきりさらけ出すにいたる。ただ、それはもはや治療室の中ではなく、政治的現実のただ中で行なわれたのだ。哲学が挑発的な診断に終始してよく、必ずしも同時に治療について思案する必要はないと考えたのは、理論に関するニーチェの軽率のせいかもしれない。悪魔の名を口にして呼び出すことが許されるのは、悪魔祓いの方法を知っている者だけである。悪魔の名（それが「権力への意志」であれ、あるいは「攻撃」やその他の何であれ）を口にするとは、この悪魔の実在を認めることであり、これを認めるとは、その実在を「解き放つ」ことにほかならないのだ[15]」。

第二節　新‐非合理主義と「新左翼」

先に指摘したように、本質的には古典的合理主義から継承したいくつかの偉大なる理想を再び強調するだけでは、もはや左翼と右翼とを区別できないということは、いまでは誰もが多かれ少なかれ気づいていることである。左翼は、ただ単に「非合理的」とか「反啓蒙主義的」とか「反動的」とか呼ぶだけで拒絶することがもはやできないような諸概念や諸価値に、好むと好まざるとにかかわらずひとつの場所を譲ることを甘受しなければならない。さらに、状況の極度の複雑さと同時に、スローターダイクが指摘するような、あらゆる現代思想に浸透しているシニシズムの広がりの証拠としては、右翼の政治家と左翼の政治家に質問をした場合、彼らは、当然のことながら、一般にもっとも反体制的な知的スターをはじめとする、ほとんど同じ知的スターを引き合いに出して賞賛するという事実ほど申し分のない証拠はない。

　政治的左翼の公式イデオロギーは、内容においては合理主義的で、形式においてはロマン主義的なままであったにしても、フランスの知的左翼が、イデオロギーに関しては、しばらく前から合理主義のあらゆる幻想と政治的・社会的ロマン主義のあらゆる素朴さから脱却していたことは明白である。極右の思想家たちは、マルクス主義を「合理主義のもっとも極端な帰結であり、よって合理主義の最終的結論である」（シュペングラー）と同時に、合理主義のもっとも完成されもっとも倒錯した形態だと見なすのがつねであったが、そのマルクス主義の崩壊は、すでに潜在的に進んでいた変化を単に速めただけであった。「左翼の」知識階級《インテリゲンチア》のもっとも権威ある代表者たちにとって、左翼であるということが本質的に意味していたのは、既存のあらゆる種類の秩序や政治権力に反対するということであって、より合理的でより容認できより人間的であると実際に見なしうる独自の秩序や権力を樹立するために戦うことではなかった。というのも、そうした点でのいかなる「進歩」も改良も、結局は完全な幻想だからである。秩序と権力が本来抑圧的なものであり、ある意味でつねに変わらず抑圧的なものであるとすれば、もっとも根本的なところでの諦めと無関心とが、形だけの抗議と反抗を表現する恒久的基盤をなすことになる。左翼の思想的指導者たちが現実政治と関係することがたいていの場合純然たる幻想と神話をどれほど惹き起こすか——その結果彼らが呼び起こす驚きと彼らに認められている影響力には驚かされるばかりであるが——について、彼らが率直に打ち明けていることは措くとしても、彼らの現実の沈黙と困惑は、たしかにそれほど理解しにくいことではない。つまり、もうかなり以前から、彼らの深い信念は、社会民主主義的・改良主義的左翼の綱領からも、自由主義的・近代主義的右翼の綱領からもほとんど同じように遠ざかり、実際には、いくつかの点で伝統的な保守的ないし反動的右翼の信念に相当近づいていたのである。

実際、恒久的な異議申立てというレトリックによって、「無政府主義的構造主義」のようなイデオロギーと、もっとも権威主義的な右翼思想のもつ、反合理主義的、反進歩主義的、懐疑的、厭世主義的、シニカルといった傾向との間にひそかに存在する緊密な類縁性を蔽い隠すことはできない。「「理性、それは拷問である」とつい最近フーコーが説いた。なぜか。理性は思惟を秩序づけられた諸関係のなかに入れるが、秩序は、秩序に抵抗する諸要素を自分自身から必然的に排除する。したがって秩序とは暴力である、というわけだ。――この演繹の鋭さは不安をかきたてる。そして、資本主義からの解放は本当は誰のためになると見なされるのだろうか。自分を圧迫する諸々の束縛に苦しむ自由な主体という観念は、『アンチ・オイディプス』の概念的・認識論的装置によって頭から排除されている。結局、主観性は、表象（Vorstellen）の秩序の内部でしか構成されえない。「野性の世界」を主観以前の諸要素から解き放つことなど誰も考えられないであろう。またつまるところ、著者たちは何の名において登記の秩序と戦っているのか。現状を批判する旗印となる何らかの価値に――現実に抗して――依拠しない限り、現にある状況をくつがえすことはできないのである」[16]。希望も現実的な見通しもまったく示さない「左翼」思想と、事態はいずれにせよ原則的に改善されうるという「素朴な」確信に基づかざるをえない左翼政治とがかくも折り合いが悪いのも、驚くにはあたるまい。

私はすでに、『哲学の自食症候群』のなかで次のような異議申立ての仕方について分析し批判しておいた。すなわち、慣習、規範、システムに対するきわめて全般的な異議申立てがそれ自体としてはすぐさま自己崩壊してしまい、その異議申立てが推進するつもりの価値転倒ではなく、保守主義や最悪の政治を正当化することになるかもしれないといった異議申立てのやり方だ。無政府主義的構造主義による演繹（あるいはむしろ詭弁）の原型についてはすでにその折りに言及したが、そこから、言語それ自身の本質的に抑圧的な性格という結論が導かれる。すなわち「かくかくの秩序への攻撃の背後には、結局のところ、かくかくの文法に関する誤解が見出される。これはすでにニーチェが「言葉の牢獄」として述べていたものである。伝統的な意味を用いて——語ることによって——新たな意味をつくりだす主体がある限り、文法の目録は束縛ではなく、周囲の世界や社会におけるわれわれの方位決定を可能にする条件である。「言語の格子」の目が、首を絞めるヒモになったり責め苦を与えるトゲになったりするのは、言語の格子の目を通して主体を文字どおり落としてしまう者にとってだけである」(17)。言語はまさしく「檻」などではないと語っていたウィトゲンシュタインには、このことが完全にわかっていたのである(18)。

いうまでもなく、フーコーやドゥルーズのような人たちが、保守主義や反動派に対して何か個人的な共感や好意を覚えたのではないか、とほんの一瞬でも疑うことが問題なのではない。そうではなく、そうした共感や好意が、現代においては左翼または極左に明らかに属する思想家によって擁護されてきたという事実を除けば、貴重なものを無用なものと一緒に暗に、また時にはあからさまに捨ててしまう傾向をもつ過激派のある種の考え方そのもののうちに、左翼独自のものと考えるべきものがほとんど何もないことに注目することこそが重要なのである。これは、現代の非合理主義のもっとも「革命的な」形態でさえ、疑いもなくある伝統と結びついていることをすっかり忘れてしまわなければ、おそらくいとも容易に気づかれることだ。その伝統が別の顔（ある論者によれば真の顔）を見せたのは、さほど昔のことではない。

生の哲学のその後の歴史はこれほどまでに知られていないし、また生の哲学が、導師《グル》たちのめぐりあわせのなかや、「緑の党」と「オルターナティヴ」のイデオロギーのなかや、さらにまたポール・K・ファイヤアーベントの非党派〔自発行動派〕左翼青年グループの哲学のなかで甦ったことも通常認められてはいないが、このことはとりわけ、生の哲学が非合理主義やファシズムの先駆に向けられた追放令に抵触していたことに由来している。かつて一時国家社会主義公認の哲学と見なされていたボイムラー、クリーク、ローゼンベルクの「英雄的リアリズム」は、ニーチェ以来の生の哲学の伝統によって、またその後はとりわけシュペングラーによって「導かれ」てきた。このことに異論の余地はまったくあるまい。「ファシズム」とは疑いなく非難の言葉であるが、しかしこのことが「非合理主義」に対しても同じようにあてはまるかどうかは、やはり疑いうる。近代の非合理主義の良心と、われわれの文化の神経痛のする箇所を指摘して治療しているというその自負とが要求しているのは、ゲオルグ・ルカーチが『理性の破壊』のなかで、生の哲学に対して、それ以外の非マルクス主義的「ブルジョア」哲学と共に「帝国主義的」というレッテルを貼り断罪したような状態にまで状況を容易にしうるのかどうかを、やはりただちに自問することである[19]。

シュネーデルバッハは、「いったいどうして「非合理主義」が非難の言葉なのか。非合理主義は真理ではありえないのか[20]」と自問しつつ、まことに重要な問いを提起している。たしかに、非合理主義が真理であることもありえよう。しかしだからこそ、問題は現実的に立てられねばならないであろう。そうすると、たしかに、非合理主義は真理であるとはいまのところ言えないのである。現代の非合理主義者たちの確固たる良心は、不安をよびさます。なぜなら、その良心とは、たいていの場合、彼らが自分の敵対者たる合理主義者たちのうちに呼び起こそうとしている徹底したやましさの単なる肯定的反映にすぎないからである。というのも、合理主義は本来、支配的、抑圧的、攻撃的、破壊的であり、非合理主義も本来、それとは対極のもの、つまり寛容、自由主義、非攻撃、非暴力、自然と生への絶対的尊重を表わしているからである。最低限言えることは、まったく新しい無邪気《イノサンス》さだというその評判がいささか疑わしいことである。合理性による本質的に「不当な」束縛をただ単に取り除きさえすれば、たちまち平和と和合が出現すると主張する非合理主義者を言葉通り信じるいわれはまったくない。いずれにせよ、そうした平和や和合を実現するためには、非合理主義でさえ何らかのひとつの秩序とある種の組織を作りださなければならないであろう。その結果、非合理主義はもはや、まさにみずからが主張するものではありえないことになろう。

スローターダイクは、「ハイデガー的左翼」の存在という問題を提出することによって次の事実を公式に認めている。すなわち、今後左翼は、現代の文化や社会に関する哲学的批判——左翼の伝統的綱領《プログラム》のもっとも根本的な要素をいくつか不可避的に再検討することになる批判——から得られた知識を、(これこそまさに唯一の問題だが) できるだけ混乱を招くことのないような形で同化吸収しなければならない、という事実である。

たとえハイデガーがあれ以上に混乱したようなことを政治的に言ったとしても、彼の思索の主たる功績からして、ハイデガーは右翼の人間ではなかった。私が目的のシニシズム (キニシズム) と呼ぶ彼の志操によって初めて、十九世紀の一連のユートピア的、道徳主義的な大理論が突破されたからである。この功績からすれば、やはりハイデガーは、従来のとは別の新しい左翼の草創期に属する人なのだ。この左翼は、もはや十九世紀ばりの折衷的な (傲慢な) 歴史哲学の虚構にしがみつくこともないし、教条的なマルクス主義の大理論 (ちなみに私は、世界観という言葉より、この「大理論」という表現のほうがいいと思う) よろしく自分を世界精神の提灯持ちと見ることもない。産業発展のドグマに無条件的に忠誠を誓うこともない。むしろ、肩にのしかかった頑迷な唯物論の伝統を再検討しようとする。「自分の事」がうまく行くためなら他者は死すべし、というのだけを出発点にするのでなく、生き生きとした生はただ自分次第だという洞察を生きる拠りどころとする。社会化こそ近代というものの悲惨に対する万能薬だ、などといった素朴な教理をもはやゆめ信じることもない。新左翼は実存主義的左翼である。ただ自分ではそれと知らない、大概は知ろうともしないだけのことである(特にドイツでは、こういうことを言うと必ず激昂した拒否反応が返ってくる)。実存主義的左翼、新シニシズム的〔新キニシズム的〕な左翼、あえてハイデガー的な左翼と言おう。(21)

ファシズムに関するかなり包括的な固定観念のために、いまのところ、ドイツの新左翼はハイデガーの思想との根本的な類似点がどこにあるのか見分けられないのかもしれない。いずれにしても、スローターダイクが次のように指摘するとき、(22)彼はたしかに正しいのである。すなわち、アドルノとハイデガーの間に存在する多くの隠された類似性やアナロジーを考えると、両者間に生じたコミュニケーションの断絶という事態は、少なくとも徹底的な検討に値するであろうという指摘だ(この点については、ヘルマン・メールヒェン『アドルノとハイデガー、哲学的な対話拒否の研究』、Hermann Mörchen, *Adorno und Heidegger, Untersuchung einer philosophischen Kommunikationsverweigerung*, Klett-Cotta, Stuttgart, 1981. を参照のこと)。スローターダイクは「両者のうちどちらが「より悲しい学問」をしたためたのか、いったい誰がそれを言えよう」と自問している。フランスにおいてはいままでのところ、ハイデガーの立場が提起した問題はむしろまったく逆であったように思われる。すなわち、一九三三年の遺憾な「あやまち」を一切考慮しないことにしたとしても、ハイデガーの哲学思想はおそらく必然的に左翼的でもないし、とりわけ左翼的でもないことを、どうやって相当数のハイデガー崇拝者や追従者に認めさせるかが問題だったのである。

スローターダイクとしては、ハイデガーのうちに「「大いなる明日」を説く様々な社会主義、飽くことなく犠牲者を要求する諸々のユートピアに対する反感を煽り立てる存在」を見る。[23] ハイデガーの思想という、基本的には、本質的に反英雄的であり、死や犠牲の崇拝とは対極的な思想が、ほとんど正反対の考え方に基づく政治的神話の中にじかに自分の姿を認めたという事実からは、当然のことながら、誰でもお望みの結論を導きだすことができる。ある人々がハイデガーの著作のうちに感じとった「ファシズムに似たニヒリズム」という外観は、スローターダイクによれば単なる勘違いである。その勘違いは、「この世間知らずの政治音痴が、ファシズムの中に「本来性の政治」が見いだされると信じ、およそドイツの大学教授以外では考えられないほど安易に、民族運動の中に自分の哲学のモチーフを持ち込んだ[24]」という事実に起因している。確実なのは、スローターダイクが復活させようとしているシニシズムの伝統と正反対のものがあるとすれば、それはまさに権力や暴力に対するこの種の許しがたい素朴さだということである。そして、どうしてもシンボルが欲しければ、さほど有名ではない思想家、科学技術文明やその道徳的政治的ユートピアに対して同様の批判を示してはいても、だからといって、ファシズムへの譲歩や、より一般的にいって、非合理的なものの形而上学を駆り立てて原精神界(Urseelentum)のもっとも原始的で暗い力の高揚をもたらすすべてのものへの譲歩を、ほんの一瞬でさえ一切行なわなかった思想家の側にシンボルを探す方がおそらくよい、と人が考えても当然であろう。

実存哲学や実存主義は、広い意味では生の哲学を現代において受け継ぐものと見なすことができる。そうした生の哲学は、何よりもまず、現代文明においては生に害をなすものすべてに対する抗議であり、生のもつ根本的に非合理的な点では、思惟、理性、概念、理念、意味、合目的性、理想に対する抗議である。「死せるものや硬直したもの、知性至上主義的になり生に敵対する文明、慣習に束縛され生と疎遠になった文化、これらは生を標榜して激しく非難攻撃される。それは、新しい生命感のためであり、「真実の生きられた経験（echte Erlebnisse）」[25]のためであり、一般的に言えば「真実なるもの」、すなわち力動性、創造性、直接性、若さのためである」。生を抑圧し変質させるあらゆるものに対して「真の」生が行なうこのようなきわめて両義的な反抗が、極右にも極左にもなりうるし、シュペングラーにも『アンチ・オイディプス』にも同じように行き着きうるというのは、明らかに単なる偶然によるものではない。

現代文明に対立する諸形態はどれも、語の慣用的な意味での政治（ある人たちが使う少々安直にすぎる言い方をすれば「政治屋の政治」）や右翼対左翼の伝統的対立とは根本的に無縁のものなのだから、新シニシズムはこうした形態をきちんと考慮しなければならず、そして対峙する政治勢力のうちでどの勢力が、スローターダイクの言う「目的の非道徳主義」を用いて、善悪を超えた開かれた地歩を効果的に確保する可能性がもっとも高いか考えなければならない。ハイデガーの立場自体、この問題に答えることが、単純どころか到底即答できるようなものではないことを正確に示している。スローターダイクが言うところの、ディオゲネスが現代の良心に対して呈示している教訓のなかに、どの左翼であれ自分のと同じメッセージやプログラムをどうすれば認められるのか、私としてはよくわからない。根本的に反観念論的、反行動主義的、反干渉主義的にして、「誰に作られたわけでない、生に備わるおのずとすこやかたりえる能力」[26]という考えを本当にまじめに受け取ることができるような左翼、これを思いえがくことは離れわざであり、残念ながら私にはとてもできないと認めよう。「もうひとつの」左翼というこの考えは、「もうひとつの」生、「もうひとつの」思想、「もうひとつの」合理性、あるいは「もうひとつの」論理といった考えと同じく、憂うべき不正確さに染まっている。そして、このような考えを一貫して引き合いに出すのは、単なる他性による先取りや正当化のレトリックの特徴たる曖昧さの内に心地よく安住できるためだ。理想や目的を単なる随伴現象よばわりすることの拒否、主意主義、事態はいずれ本来あるべきようになるだろうと期待して「成り行きまかせ」を本質とするような自然主義的解決の拒絶、こうしたことをほかならぬ主要特徴としているイデオロギーに対して、いわば完全な道徳的武装解除を勧めるということは、きわめて無謀な企てである。

スローターダイクは、近代の現実主義《レアリスム》の根本的な誤りは、徹底しなかったことと、手段のシニカルな非道徳主義と目的の素朴めかした道徳主義というもっとも危険でもっとも破壊的な組合せを採用したことだ、という考えを示している。「われわれは今や各種の手段を手にし、しかもその手段がまた（生産力、組織力、破壊力等、あらゆる点で）大変な威力を持つときており、はたしてこれらの手段を用いるだけの目的がそもそもなおあるのかどうか、これが今、問われ始めている。これだけの法外な手段は、いったいどんな善に必要だというのか。善をひとつの目標と見なす発想、その意味での善のイデアを突き崩し、すでに現にそこにあるものに専念するまでわれわれの意識が成熟する瞬間に到来する緊張緩和、この中では、永久に遠くにある想像上の目標のために手段を積み上げてゆくなぞというのはおのずと不要になる[27]」。

ますます不確実に、あるいはますます不可解にさえなりつつある目的を実現するために用いられる手段の膨大さは、まさに、極度に筋の通った狂気という印象を与えるものである。この印象については、現代文明の批評家たちが何度となく描いてきた。「国家は利益にならない広大な不動産を有し、重工業に補助金を与える。重工業は、生産物を損失価格で輸出するが、国内では国際相場より安く売る。原材料はとても高く、メーカーは、サラリーを凍結する。国家は課税によって購買力低下を加速するが、その税金を金持ちに負わせるつもりはない。いずれにせよ、資金が何十億も国外に流出する。これは論理的だ、と言えないだろうか。この狂気もそれなりの方法をもっているのではないだろうか。実際、どんな美食家にも垂誕ものである」[28]。ゴットフリート・ベンは、今後、手で確かめられる唯一の現実は、自己自身以外のいかなる目標ももたない過程や働きという現実である、と評している。「自然の崩壊、歴史の崩壊。空間・時間という古来の現実。健康と病という定式の働き。良心の働き。社会や国家といったもっとも具体的な力でさえ実体的な仕方ではもはやまったく把捉できない以上、もはやどんな場合にも機能そのものや過程それ自体しか見出されない。フォードの驚くべき定式――まず自動車を国中に、そうすれば次に道路もできる――は、商売のうえでの格率としても哲学としても衆目を集めるものである。これが意味しているのは、まず欲求を目覚めさせれば、次には欲求自身が自分の欲望を満たすだろう、まずメカニズムを作動させれば、次にはそれがひとりでに続いていくだろう、ということである」[29]。

ある人たちは、狂気を方法や論理そのものの存在と同一視する傾向をもち、方法や論理が完全に捨てさられれば狂気もなくなるであろうと主張する。まるで方法を廃棄すれば、方法なき新しい不条理よりもむしろ、方法なき知恵に必然的に至るはずだとでもいうようである。スローターダイク自身は、歯止めのきかない手段の発展がまさに後盾としている、目的という口実を完全に放棄することを提案している。フォン・ヴァイツゼッカーは次のように述べている。「当時はいったいどんな種類のディレッタント的専門家がいなかったのだろうか。そういう人たちは、自分が何を欲しているのか、本当はまったくわからなかったのだ。後世の人にこう言われないという自信は私にはない[30]」。しかし、後の世代がそうしたことを言えるためには、当然のことながら、専門家にとって、技術と共に何か明確なものを欲すること、つまり技術自身の単なる発展とは別の何かを欲することも可能でなければならないだろう。スローターダイクが言おうとしているのは、われわれが欲することを大きく断念しない限り、結局われわれは自分が何を欲しているのかを本当に知ることは決してできないだろう、ということである。

もちろん、善はいつかはありうる以上すでにそこにあるとか、善がみずからを最終的に実現するわずかのチャンスを残しておくためには善を実現しようとする試みをやめるべきだとか、そうしたことを今後認めることにしようと提案する人は、善の概念を全面的に放棄しているのではなく、単に、善の概念が義務的な計画や任務を直接鼓舞しうるという行動主義的な考えを放棄しているにすぎないのである。目的のシニシズムは、命令法的倫理がほとんど不可避的に辿りつく袋小路、つまり幻滅・頽廃・懐疑主義・無関心を避けられると主張する。実際、「道徳主義はその〈汝なすべし〉のゆえに、必ずやわれわれを〈我なしえず〉へと追いやるのである」。(31)(ディオゲネスの意味での)シニカルな理性は、「それゆえ、われわれを〈なすべし〉の憂鬱な袋小路へとはまり込ませるのではなく、〈なしうる〉へと勇気づける非定言的な倫理を展開するのだ」。(32)スローターダイクが望んでいるのは、道徳家たちが実現不可能な理想でもって現実的なものを攻撃するのをやめることであろう。そうした理想というのは、是が非でも実現しようと望んでも、それ自体自壊せざるをえないのだ。しかし同時に、こんにちそうした理想がさらされている「現実」においてスローターダイクが主体に要求していることはまさに、多くの点で、もっとも法外でもっともありそうもない努力であり、もっとも英雄的な自覚であり、到底近づきえないような知恵の形態であることも明らかである。「シニシズム〔キニシズム〕の核心は、世に必要と称されるものがそもそも過剰で不条理であるのを明らかにし、それらに対し批判と皮肉をもって臨む哲学にある」。(33)ディオゲネスの遺産が意味しているのは「遠隔目標の精神からの決別、生の根源的な無目的性への洞察、権力欲と欲望権力の制限」(34)である。それゆえ、大審問官を原型とする近代のシニカル人間は、ある意味で古代のシニカル人間とは反対のものである。というのも、近代のシニカル人間が執拗なほど厳格に、もっとも恥ずべき手段の使用に際してもたじろぐことなく追求している目的とは、近代シニカル人間のギリシアの祖先の現実主義がもっとも手厳しいイロニーともっとも侮蔑的な横柄さでもって拒絶したであろうものだからである。真正のシニシズム（より正確には、現在のシニシズム（Zynismus）の治療薬としてのキニシズム（Kynismus））とは、まず何よりも、生が最後には本当に生きられるために実現を迫る企て・意図・目的といったイデオロギーに対する抗議、つまり、「法外な生産のシステムを動かし続ける、あの先送りの間接的な生の構造」(35)に対する抗議なのである。

シニシズムの哲学者のもつ知識（悦ばしき知識であれ悲しき知識であれ）と卓越した知恵の存在は、いずれにせよ、そうした知恵が形作る挑発とスキャンダルを同時にかき立て許容しかつ擁護しうるような、比較的限定された政治的・社会的条件においてしか考えられないものだが、そうした知識や知恵は、これほどまでに不平等・不正・搾取・抑圧・ルサンチマン・憎しみによって支配された世界においては、大した意味を持たないおそれもある。この世界とは、道徳や理想に最終的に武器を放棄させてくれるよう期待することなど、軍備拡張競争が自然と途絶えるのを夢見ることよりも、明らかにはるかに困難な世界である。またこの世界とは、あきれるほど恵まれた少数者が、欲望や欲求が際限なく増大し拡大していく地獄の円環から脱出しようとする、進歩に失望した人たちの遅ればせの知恵にたどり着いている一方で、それ以外の人たちはただひたすら、どうしたら最低限の生活水準に行き着けるかと自問しているような世界なのである。ディオゲネスがわれわれに警告しているのは次のことである。「われわれが何もしないでいるかぎり、虎も走らないし、その背中から降りにくいということもない。あるがままにさせることができたなら、自己目的と化した各種の企図・構想に引きずられることもない。節制の実践を行なうなら、能動主義の暴走の自動継続メカニズムに巻き込まれずにすむ。ディオゲネスは「掟に対して自然」を主張したと言われている。とするなら、彼はすでに自己調整の原理を先取りし、能動的な介入を「自然に適った」程度に限定することを考えていたわけだ。様々な構造がおのずと開花することを感得したディオゲネスは、このエンテレケイアを信頼し「企図」をしりぞけた(36)」。残念なことに、シニシズムの哲学者の現在の大当りのうちには少々不遜なところがあり、また、とりわけ背中に乗ってはならなかった虎からどうやって降りたらいいのかと思い悩んでいる者にそれを説明するシニシズムの哲学者のやり方には、実に滑稽なものがある。

「たとえば、次のように考えることは無意味ではない。つまり、科学・技術の時代は人類の終焉の始まりであり、大いなる進歩という理念は、真理の究極的認識という理念と同じく無分別なものである。科学的認識のなかには良いものや望ましいものは何もなく、それにあこがれる人類は罠にはまっているのだ、と考えることである。それが当っていないとは必ずしも言い切れないのである(37)」。しかし、問題はまさに、現にかなり罠のごとくになり始めているものから人類が脱け出すとまだ期待できるかどうか、そしてどうすればそれが可能かを知ることであって、「可能」という言葉のある意味においては罠にはまらないことも確かに可能だと認めることなどではない。ルナンが言っているように、「既成事実は存在理由をもってしまっている。そうした既成事実に対抗するときに頼れるのは将来であって、決して過去ではない(38)」。ところで、非命令法的倫理が「事実」の秩序において考慮しなければならない第一のことは、まさに既成事実のもつ重みである。

いずれにせよ、ある人たち(もちろんスローターダイクをこのなかに入れることはできない)は、われわれの現実の不幸の責任を一種の原初の「あやまち」、「無意識」、「邪悪さ」といったものに帰しているけれども、これほど馬鹿げており情けないこともあるまい。ムージルは、実際に起こったことについてとりわけはるかに明敏な見方をしており、次のように言っている。

新しい動向を基礎づけた人々の中でも最初の人たち、すなわちガリレオ、コペルニクス、ニュートンおよび彼らの精神的同朋たちは、実際にはまだ完全に教会人であった。彼らの方法は、方向転換を惹き起こすものではなく、そうした動向を強めてもいつの日か正統的な教義の中へと引き返すはずであった。ところが、一列に整列した兵士のうちひとりの肩がガクッと崩れ、気づかないほどわずかに前線がくぼみはじめて、ついにはある場所で突然崩れるに至るのと同じように、彼らの誰ひとりとしてそのつもりもなかったことが連鎖を成し、かくて目の前で問題を徐々に展開するような仕方で精神的欲求の収斂が少しずつ生まれ、物質もその前では屈服してしまうがゆえに、ついには、もはや止まることのできない進歩への偏執にまで至ったのである。科学にとって本当の証明――真理性の証明ではないが重大な証明だ――など、進歩それ自身とその帰結の内にあるのでなければ、そうすることで一度も示されたことはなかったのだ。進歩が生み出した帰結とは、自然の支配、技術、便利な品々、準備を決して終わらせない捏造的やり方全体といったものだ。これらは精力的な態度をもってはいるが、実は総合を恐れているのだ(39)。

危機から脱出したり傾向を逆にしたりするためにいつも持ち出される呪文こそ「インヴェンション」である。新‐シニカル理性の観点からすると、これはある意味で、進歩だと見なされていたものを終わりなき逃亡にあからさまに置き換えることであり、われわれはこんにちかつてないほど単に前提的で準備的であるにすぎない段階に立っていると認めるようなものである。現今の指導者たちは、まさに「発明《インヴェンション》省」でもつくって、改革という彼らの宗教を現実のものとしたり、また知識人のもつ、どんな問題にでも新しい解決をいつもきまって発明する（inventer）才能に対する彼らのゆるぎない信頼を具体化したりすべきであった、と私には思われる。われわれはいまのところ多分十分発明してきたけれども十分に反省してはこなかったという事実や、われわれには理念よりもずっと理性や知恵の方が明らかに欠けているという事実は別にしても、新しいものに徹底的にひれ伏すことなど既存のものに触れるのを主義としてみずからに禁じることほど危険ではないと考えるためには、よほどの素朴さと無分別が必要である。「人間の保守的な気質は、屈辱・愚かさ・下劣さ・不幸の洪水の下に世界を水没させてしまったと言うことはできる。しかしだからといって、それとは対極にあるものが同様の非難を免がれうるわけではない」[40]。

知的な分野においても政治的な分野においても、改革の専門家は特徴的な欠陥をもっており、それをムージルは革命的人間の類型と呼んでいる。「革命的人間は空を飛ぶけれど、もう歩くことはできない。水中を泳ぐけれど、もう空気のなかで息をすることはできない。ひとりの人間にとってきわめて偉大な個人的運命であり、その人みずからに向けられた異議によって足かせをはめられた歩みであるものが、革命的人間にとってはスタイルとなる。たとえば生死の問題を前にして、創造的な人間は、天秤のどちらの皿も重く積まれており、決定を下すにはあとほんの少しでいいと考える。極端なひとだったら、カッとなって誰にも髪の毛一本触らせはしないと断言するか、あるいは多くの人々に突然死刑を宣告してしまうところである」[41]。ムージルが指摘しているように、徹底的な新しさを思考のスタイルにすることは、実際の解決が期待できる唯一のものたる真の創造性の反対である。われわれがよりよく生きるためには、何よりもまずより善くならねばならない、つまりより自覚的に、より穏健に、そしてより理性的にならねばならないのは、確かに普通の意味での想像力が何よりもまず欠けているためでもなければ、実現すべき企図がないというこんにちのわれわれの状況のためでもない。でっちあげの前提ときっぱり手を切らせまいとして想像力がなしうる手柄など、当然、奨励するにも報いるにも値しない。

伝統的左翼の合理主義的、ヒューマニズム的、進歩的な価値を解体しようと尽力してきたのは主として

「左翼」知識人たちなのだから、できるだけそうした価値の再発見と再評価に努めることにして、想像上の左翼あるいは不可能な左翼向けの新たな価値をぜひとも「発明〔捏造〕」したいなどと思わない方がいい、と彼らに提言することもおそらくできるであろう。ムージルが指摘するような問題、つまりまず総合の問題、ノスタルジーの問題、そして同時に総合の拒否の問題の解決を可能にするのは、新しい要素を付け加えることではない。与件が完全に知られているような問題に取り組むことを回避するための、いずれ劣らず創意に富む多くのやり方があるが、われわれの時代は、以下のものを最終的に調停する手段を見出すのであろうか。すなわち知識と知恵、進歩と伝統重視、干渉主義的な積極的行動主義と行動回避のある種の倫理、理想の普遍性と現実の差異を重視すること、頑なな道徳的要求とそれとは矛盾する現実、目的の最小の道徳主義と手段のシニカルな奇怪さ、秩序と権威に対する不信とあらゆる形態の組織に内在する束縛や制約の容認、等々を調停する手段である。主たる困難が、不可欠なもしとしかしの導入と、理想や合目的性の相対化および条件づけにあることは明白である。かつては伝統全体が、そうした理想や合目的性にある絶対的な価値と意味を授けてきたのだが、こんにちでは、経験によって繰り返し押しつけられた現実主義の教えが、理想や合目的性からあらゆる意味をとり去ろうとしているのである。いずれにせよ、もっとも進歩的なわれらが知識人――微妙な違いに関する目の確かさもデリケートなニュアンスに関するセンスも抜きん出ていたことなどなかった人たち――のうちの数人が、いつものように自信満々に、右翼と左翼の対立はこんにちではまったく時代遅れであると宣言するのを見ても、人はほとんど驚かないかもしれない。状況は明らかに、進歩的知識人たちの反省能力や分析能力をはるかに超えて複雑かつ曖昧になったというのがむしろ、正しい診断である。憂慮すべきことは、事実の複雑さに対する有益な自覚とそれがもたらす諸々の可能性の再評価とが、正確さと繊細さへの要求を思ったほど強めてはくれず、いまのところほとんど混乱とひどい粗雑さを助長しているにすぎないことである。

スローターダイクは、「シニカルな（zynisch）理性の批判という方向において、啓蒙（Aufklärung）はその活力を取り戻し、存在（Sein）を意識（Bewusstsein）によって変革するという本来の構想を守りぬくことができる[42]」と確信しているようである。こんにち、啓蒙（Aufklärung）をさらに続けてゆくことが意味しているのは、「意識の中で単なる道徳としてあるものはすべて、現実の避けがたい不道徳さによって打ち負かされてゆく、この事実を正視することである。むしろ不本意にも〈大いなる弁証法〉に捕まった社会民主主義が、今日、学んでいるのはそのことではないのか[43]」。〈大いなる弁証法〉とは、もっと普通の言葉でいえば、要するに大「混乱」であり「事実的なもののアンビヴァレンス[44]」といったものだ。しかし、啓蒙の最初のインスピレーションを保持したいという傾向は、どうすれば目的の完全な無道徳さと両立しうるのだろうか。スローターダイクは、次のことをもう少しはっきりと説明すべきであろう。すなわち、不可能なことを要求しないことと何も要求しないこと（そしてあらゆることに対して備えができていること）の間の決定的な違いをどこに位置づけるのか、そして、「分裂病質的実在論」と「反分裂病質的実在論」の違いをどう解釈すれば、それが分裂病質的観念論と反分裂病質的観念論の違いでもあるようになれるのかという点である。道徳的頽廃は、理想の「不可避的な」無力さや失敗、変質の結果であるが、それにもかかわらず、そのうちにはある種の道徳的要求や、ものごとがあるべきようには全然なっていないという気持ちが、暗黙のうちに生じている。こうした道徳的頽廃は、現実の自然的好意に委ねてしまう決断に基づく「陽気な」受動性とくらべれば、結局のところたいして悪いことを意味してはいないかもしれないと考えても不合理ではない。現実から報復を受ける危険や、改革の善意が災いとなる危険を避けるために積極的干渉を必要最小限にまで減らそうというのはたしかに優れたスローガンであるが、残念ながら少々曖昧で一般的すぎるので、直接それを利用することはできない。

第三節　帰ってきたディオゲネス

現在の状況は蔓延するシニシズムの勝利をますます是認しつつあるのだから、スローターダイクにしたがえば、われわれは「キニカル（kunique）」にならねばならず、手段のシニカルな自己‐充足性という現実を隠蔽しようとする、真理や善や正義に関わる発言をすべてアイロニカルに拒絶しなければならない。たしかに、新‐キニシズムは啓蒙（Aufklärung）の延長を意味している。というのも、それは自覚と幻想の破壊という補足的段階に対応するものだからである。しかし、危険は明白である。実際に近代のシニカル人間は当の自覚をすでに十分になしえたであろうし、自分の用いる手段を正当化すると見なされる目的を拠りどころとすることも、もはや必要に迫られてかあるいは習慣的にしかできないであろう。そうしたシニカル人間が、自分ではすでにその事情をよく知っていながら、それでもまるで何事もなかったかのように続けるとすれば、欺瞞のこの最後の残滓を捨てるよう迫ってみてもほとんど何も変わらないであろう。現代人は、行動の次元ではシニカルであるのに、内的な意識の次元では暗々裡にキニカルになりつつあるのかもしれない。実は、ディオゲネスはこんにち、多くの人々にとってすでになかばわかりきってはいても、乗り越えうるとはもはや誰も感じていないようなことを説く羽目になっているのかもしれない。

　現実主義を徹底的に、つまり目的の非道徳主義にまで推し進めようという提案は、まるであてにならない企図である。というのも、権力や利益の論理の完全な拒絶を行動そのものの次元において具体的に表現しているキニシズムは、明らかに、全員に同じように行動を回避するように命じる非‐権力・非‐意欲の道徳主義をもって任じることはできないからである。ところで、右の論理を受け入れる者は当然、その論理を正当化することになる目的の現実性についていささかの教化的幻想も持ち続けたりはしない。したがって、シニシズムとキニシズムの対立は、大審問官の「深刻な」シニシズムと権力や富をもつ者の「陽気な」シニシズムとの違いというかたちをとって、シニカルな傾向それ自体の内部に再び見出されるおそれがある。この「陽気な」シニシズムとは、権力や富をもつ者が自分の為すことに対して風刺的な距離や「自由」を保持できるシニシズムである。そしてそうした距離や自由とは、シニカルな哲学者なら、必要不可欠なものの獲得を実際には目指さない（ほとんどすべての）活動のもつ距離や自由と人間の意識の間に維持したいと望むような、そういった距離や自由に比べられるものだ。貧しさを選び権力を拒絶するシニカルな哲学者は、自分の自立性を守れると確信している限り、豊かで強力でもあろう。しかし、思いのままになる豊かさの中での自由の方が、否応のない貧しさの中での自由よりも容易であることは明らかである。たとえ福音書のいうように「富める者が天の国に入るよりもラクダが針の穴を通る方が容易である」ということが正しいとしても、である。

そのうえ、スローターダイクは、完全な現実主義の経験は、哲学そのものを破綻させる危険があるほど十分に両義的なことを認めている。哲学が現実主義に熱狂するのは、すでにもう一種の自己否定にも等しいのである。「哲学的思考は、今日、とりどりの自己止揚（Selbstaufhebungen）が並ぶ歳の市で叩き売られ、皮肉っぽくて実践的、戦略的な現実主義の歓心を買うべくあの手この手と必死である。こういった現実主義への変わり身の危険は誰の眼にも明らかだ。悪いのに代えていよいよ悪いのが出てきたりする。哲学をキニカルに「自己止揚」すること、そこから、偉大な哲学の最良の部分において体現されていたものが自らをシニカルに自己否定（Selbstdementierung）してしまうまでは、ほんの一跳びである」(45)。たしかに、

「今日、哲学は各種の悪賢い経験主義や知ったかぶりの現実主義的な学問分野どもに四方八方を囲まれて」(46)おり、「ユートピア的な愚か者」と見なされ続けるのを恐れて、不器用に、そしてまた無謀にもそれらと張り合おうとしている。しかし、これまで比較的よく耐え忍んできた、愚かさという結局のところきわめて伝統的な非難を被らねばならないこと以上に、さらに悪いことが哲学に生じる可能性があることは明白である。

先に指摘された困難は、当然次の問題に関連している。すなわち、(ギリシアの)シニシズムとは、何よりもまず、いかなる状況にも生き延び順応するという個人主義的な哲学であり、根底的《ラディカル》な危機の時代においてさえ、大事なものを守ろうとする哲学である。そうしたシニシズムを、「合理的」管理術、あるいはもっと控え目にいえば、不満と欲求を増大させるシステムを完全に実際的に調整する技術たる限りでの、今日的な政治の現実に対する断固とした拒絶よりも、さらに積極的なものに変えられるなどとどうしたら考えることができるのか、という問題である。「市民たちは名誉欲の描く幻影と格闘し、富を必死で追い求めるが、たとえその富を得るにしても、結局それで何ができるかと言えば、陽だまりに寝そべって世の喧噪を眺めつつ体を休め、満悦して不足するところなしと、要するにシニカル〔キニカル〕な哲人が毎日ごく当たり前のこととして楽しんでいることである」(47)。「実存的な反‐政治」は、道徳を政治——定義上それは、付随的なものや余分なもの、つまり、歯止めのない競争、はかり知れない危険、恒久的な不安定さ、予測される破局についての方策《ポリティク》である——に対立する本質的なものとして再確認することのほかに、いったい何を意味しうるだろうか。「かくて融通無碍であることが生存のための秘訣となる。政治が運命を意味する時代を生きるしかないのなら、多くを必要としない者こそ政治的な運命に対して機転も効こうというものだ。政治とは、要りもせぬものを求めて人間たちが血みどろの争奪戦を演じる場でもある。危機の時代に初めて、シニカル〔キニカル〕な反・政治が、どれほどの広がりを持つかが見えてくる[48]」。「社会生活とは安全の巣ではなく、むしろあらゆる危険の源泉なの[49]」だから、理想的なのはおそらく、現にあるような形態の社会性を完全に拒絶することであろう。しかしだからといって、そうした徹底的撤退は、実際にはほとんど考えられないだけでなく、さらにその撤退が競争に加わるまいとする個人を、蔓延する理性の欠如や節度のなさが皆の安全と生存に与えている脅威から守ってくれるという保証もまったくないのである。シニシズムは、社会参加の全面的な拒絶とシニシズムに伴う宿命の無条件の受け入れとの間の、まさに中間的な立場についてはは明らかになんらの規定もしていない。皆と同様にシニカルな哲学者もある程度まで現状を受け入れ、技術や「進歩」の要求、さらには社会競争といった要求にすら従わなければならないのかもしれない。しかし、表面的でささいなこの「イエス」は、根本的な「ノー」にも等しい内的留保を伴っている。生き残るために、完全に常軌を逸した事態に順応する必要から生じるかもしれない隷属状態の拡張は、良心や猜疑心やずる賢さの増加によってうめあわされる。シニカル人間は、安全など実際には誰にとってももはや不可能であることをよく知っている。けれどもシニカル人間は、まさにあらゆることに対して覚悟ができているのだから、いかなる不測の事態にも立ち向かうために誰よりも十分に武装しているのである。

スローターダイクを読んでいると、ディオゲネスという人物の発している魅力は、無視できない部分では、ディオゲネスに伝統的に認められているアイロニカルな優越性と至高性が、今日の知識人たちの隷属や卑小さや道徳的惨めさを対照的に際立たせてしまう際の残酷さに由来していることがわかる。スローターダイクの考えでは、ルキアノスというもう一人の偉大な風刺的人物の場合のように、「哲学者、あるいはむしろ知識人が、もはやシニカル〔キニカル〕な節制を守る代わりにブルジョワ的な快適を求め、それでいてやはり哲学者の誉れは捨てたくない」[50]となると、事態はすでに紛糾しはじめているのである。ディオゲネスという人物の古風さは、何よりも、彼が自分の教説を実際に身をもって示していることに起因している。「現代」の知識人にそれを本気で要求することなど、もはや考えられない。こうした変化は、知識人たちが万事承知の上で権力に荷担し、その威光や特権の一部を要求しようと決意したときから避けがたいものであった。それは、「知性の政治化」とでも呼びうるものの帰結である。これは、素朴めかした確信によって正当化されても、政治《ポリテイク》を知性化することに成功するという事実によってたえず打ち消されてしまうのだ。現代フランス哲学において、ニーチェの異常なまでの流行ほど、この曖昧な状況を顕著に描き出した現象はない。スローターダイクは、「シニシズムの権力への非‐意志（Unwillen zur Macht）〔権力に対するキニカルな反発〕を、ニーチェの価値転換は、権力への意志にしてしまったのである。これによってニーチェは敵陣に寝返り、権力者に自制放棄・傍若無人の哲学を提供することになる」[51]と、きわめて適切に指摘している。より一般的には、フランスの知識人が三人の師から（その師の）「近代性」に関する考え方について学んだものは、まず何よりも、重要な「事実」を考慮する際の徹底して反観念論的にして、ある意味では典型的に実証主義的でさえあるようなやり方と、思想を戦略的・戦術的な知性の形式に還元することであった、と指摘できよう。ムージルが記しているように、現実世界にあっては知識人も含めて誰もが実証主義者である。つまり重要なのは、自分の敵をすばやく的確に抹殺することなのである。

少し以前から現代思想が「浸っている」濁った水は、性欲主義・実用主義《プラグマティズム》・心理主義・社会学主義・歴史主義・疑念・打算・悪辣さ・二枚舌といったものが混じり合ってできているが、この混合物は、近代の思想家をその時代のまったき同時代人たらしめてきた過程の最終的な帰結である。この時代とは、ムージルの指摘によれば、「商人と政治家という実務的で指導的な」二つの「類型」が支配的な知的類型と、両者を区別するあらゆるちがいにもかかわらず、きわめて似通っているという時代である。[52]とりわけ近代の知識人というのは、行われているゲームの実情《レアリテ》を隠蔽するような偽善的理想化を告発することにおいても、同時にそれをもっともむき出しであからさまのかたちでたくみに利用するすべにおいても、最大の技量を有している。いいかえれば、近代の知識人とは、ムージルのいう二種類のやましさの絶妙な結合を実現する者のことである。その一方は実用主義的なやましさであり、これは、「偉大な」言葉・「偉大な」理想・「偉大な」理論・「偉大な」歴史哲学等々を、時代錯誤で事実とは何の関係もないと愚弄する。他方は哲学的なやましさであり、こちらは、事実のみを信じ、もっとも大きな利害関係があるもっとも下劣な動機だけを現実的で確実なものと見なす時代の、魂の抜けた実用主義を義務感からか習慣によってか嘆いている。

近代性《モデルニテ》は、構成主義的合理主義の特徴である「倫理的‐行動主義的な堅苦しさ」にかわって「より普遍的でより協調的だが、より不確定的な思考様式[53]」をおいた。これは実際にはきわめて不確定的であるために、スローターダイクが指摘するように、現実と、現実の変容を夢見る意識とが対立する余地はおろか、単にそれらを区別する余地さえ結局まったく残さないのである。「……形而上学における善悪の区別が崩れ、存在するものすべてが形而上学的な意味では中性的に映りだした途端、そこで初めてわれわれが近代と呼ぶ事態が本当に始まるのである。それは、もはやどんな超越的な道徳を考えることもできず、そのためまた手段と目的とを明確に区別できないでいる時代である。これ以後、目的について（なかんずく究極的な目的について）云々することは、総じて「イデオロギー」と映らざるをえず、かつては理想や道徳上の教養であったものも、今では何かの足しになる見え透いた知的「装置」（「精神的」な装置）でしかない。その結果、道徳や価値意識は物、まさに主観的な物象として研究の対象となる。つまり意識——後の用語法では「主観的要因」という概念が選ばれることになる——は、外的な存在との関係において全くの「他者」、対立する原理であるのをやめ、自ら存在の一部、現実の一片となったのである」[54]。換言すれば、予測に際して考慮すべき主観的要因という近代的な言い方のもとで、意識そのものはムージルが「現実の海」と呼ぶもののなかに投げこまれており、われわれはその海中を遅れながらもできるかぎり泳いでいる。しかも再び浮上して息をする瞬間はもう二度とないかもしれないという危険を犯しながら泳いでいるのである[55]。

ところで、意識が知識人自身にとって、「研究したり、歴史的に記述することもでき、何なら分析的に切ったりはつったりするのもよく、決定的なのは、政治的、経済的に利用することができるような[56]」事物になった場合、「眩惑されイデオロギーを叩き込まれ素朴に価値を信じる人間」の側に位置づけられたくなければ、これは知識人自身が認めていることだが、使用される手段以上の価値も根拠もない目的のための操作ゲームを、知識人みずからが行なうしかないのだ。もちろんだからといって、蒙が啓かれ世慣れた人々が皆自動的に「名目上は他人の利益のためにと称しているにせよ、ともかく事物についての自分の知識を他人を支配するために用いる、イデオロギーを操作し道徳的に欺く存在」になるわけではない。しかし、いずれにしても知識人の立場はきわめて微妙なものとなる。というのも、もはや知識人は、（昔風の意味での）シニカルな行動回避か、または信じやすさにつけこむことへの（近代的な意味での）シニカルな荷担の間で選択するしかないからである。

ある見方からすれば、理想や超越的道徳を相変わらず信じている「学者先生」という時代錯誤的な人物のために引き合いに出しうる最善の論拠とは、たしかに、何らかの価値や目的に依拠するのを頑なに回避するまったく戦略的な議論によって、自分と真の現実主義者との共犯関係を正当化したい人たちのもつ一貫性のなさや欺瞞、そして結局は彼らの非現実主義である。反体制的行動主義と目的の道徳の拒絶とを結びつける一部の革命的知識人たちの「目標なき戦略」は、われわれが免れようとしている不条理をまさに構成する用途なき手段の独裁に対して、代償もなく譲歩するにすぎないという危険を冒している。素朴観念論の滑稽な抗議よりも、知識人‐戦略家の計算高い現実主義が遅滞なくそれ自身の背理法を供給する確率の方がずっとあてにできる。その点、フランスの哲学界が新哲学派という有益なるエピソードを通して近年次のことを学ぶ機会を得たのは幸いである。すなわち、政治的戦略やジャーナリスティックな戦略や広告戦略の次元で獲得できるいかがわしい利益が、どれだけ法外な代償をいずれ支払うことになるかということ、そして自分よりもずっと強力で明確で首尾一貫しているとすぐに気づかずにその種のゲームに参加できると考えることが、どれほどお目出たいかということである。

スローターダイクの診断の適切さと奥深さには十分な説得力があるが、それだけに、彼が粗描してみせる治療法は読者を懐疑的なままにしておく恐れがある。実際、採択されるであろう結論は、その場しのぎで切り抜けられると思ってもどうにもならないということである。つまり、手段の法外さと非人間性は、手段を再び「合理的」目的に従わせることなどもはや不可能なほどになっているのである。手段を正当化するために引き合いに出される目的の放棄だけが、手段の根本的な節約をもたらすことができるだろう。そしてこれが唯一の現実的な解決策である。ところで、たしかに、絶えざる圧力や欲求の増大する混迷を合理化し段階的に抑制するという考えは、われわれが巻きこまれている一見制御しがたい過程の本性からみて、それ自体とんでもない夢物語《ユートピア》であって、それが意味することについて完全にわかっている人をがっかりさせるに足るものを実際もっていよう。けれども、現実的な改良を期待させうる唯一のものが、現代文明の企てやその野心に対するシニシズム風の抵抗運動を拡大し一般化することだとか、あるいは存在に何らかの目標を見出したり目標を課そうとするすべての人たちに反対して存在それ自体の側に立つことを今からすでに決意した少数派の高級な非道徳主義・非政治主義への大規模な転向であるとすれば、なおいっそう憂鬱になるのも当然だ。よくいわれるように、事実は頑固なものである。しかし、ある意味では理想や目的もそれに劣らず頑固である。そして、現実主義とはそうしたことをも考慮に入れることなのである。

ハイデガーのような人の身に起こったことを単なる「アクシデント」、つまり彼は「アカデミックな非政治主義とエリート意識、それに英雄気取り、伝統的なこれらの混淆からは、概念の欠落した政治的な決断がほとんど盲目的必然によって生まれてくること、これを明確に意識することなく、あくまで素朴の徒にとどまった」(57)という事実に起因する、単なる「アクシデント」であるとする考えを受け入れるとしても、さらに次のような可能性については問わなければならないであろう。すなわち、自分自身の原則に対する譲歩をまったくしないでも権力のゲームを狂わすことのできる目的のシニシズムを、政治的見識があると同時に政治的意義もあり、反-エリート主義的で反-英雄主義的な仕方で、意識的に解釈する可能性についてである。われわれをますます生きにくくさせている生存理由よりもむしろ生を愛好するということは、そのあからさまな非道徳主義がその非現実主義ほどの不快感を与えないですむ綱領《プログラム》である。「もし余がアレクサンドロスでなかったら、ディオゲネスでありたい」と言ったとされている征服者は、「余がアレクサンドロスでないことが可能ならば、喜んでディオゲネスになるのだが」と認めればより誠実であったであろう。可能なものの倫理がどうしても甘受しなければならない第一のことは、権力意志という現実と、徹底的な非-意志・非-権力へのシニカルな転向の極端な困難さである。

なるほど、スローターダイクの指摘するように、シニシズムは決して貧困というドグマでも難行苦行というドグマでも喜びの拒絶というドグマでもない。「だが自制は自虐ではない（Selbstherrschung ist aber nicht Selbstqual）」[58]。けれども、自制、自己修練、禁欲、自覚的かつ非欲求不満的行動回避といった、きわめて主意主義的な教育法に頼らない限り、満足が際限なく繰延べられていく避けがたい過程に巻きこまれている人にとって本当に不可欠で容易に入手できるような、ごくわずかな利益でも喜ぶことを学びなおせるとは思えない。ヘルムート・シュミットが、ほとんどの人はディオゲネスのように樽の中に住んでそれで満足できるほどの哲学者であるわけではないと、ローマクラブの科学者たちに反論したが、スローターダイクは、この言葉を古代のシニシズムの偉大な教えに対する現代のシニシズムからの警戒と解釈している[59]。しかし、もうひとつの有名なシニカルな提案をくつがえすためには、菓子パン《ブリオッシュ》を食べ飽きている人たちに普通のパンを食べることもできると説明しても十分ではない。その状況が悲惨なのは、おそらくいまなお彼らの大部分が、パンも食べられることをすでにわかっていながらそれができず、自分にそれができないこともわかっているという点である。

「社会化された人間とは、教育者がその中に欲望や企て、野心を植え付けるのに成功して以後、自由を失った人間のことである。これら欲望や野心によって人間は「今」しか知らぬ彼の内的な時間から引き離され、期待や記憶へと引き入れられる」[60]とスローターダイクは書いている。満足の瞬間がたえず遅れるというその構造がもっぱら教育過程と社会化過程の結果として提示されること、欲望や欲求の完全な支配が、文明のせいで人間が単に忘れてしまった自然的で自発的な知恵のひとつのかたちとして提示されること、これには疑問の余地がある。「ランタンをかざすわが哲人〔ディオゲネス〕は、周囲の市民たちを社会的な不具者、出来損ないの空け者と決めつける。その口調はどうしてもルソーを想い出させる。自制し自足した自由な個人という人間像でもって自らの生き方を解釈する哲人にしてみれば、人々の姿はこの理念にほど遠い」[61]。しかし、ある欲求を単に持たないにすぎない自然状態にある人間は、そうした欲求を支配し抑制する必要もないのであって、文明人が（もう一度）なりたがっている、自由で自律的で節度があり「哲学的に」自覚した人間というイメージにふさわしいものではまったくない。文明は約束していた解放と自由を実行しなかったと認めることと、生来欲求一般の世界に対しては自由で自分の要求においては自覚的かつ合理的で自然的環境を尊重していた存在を、文明はでっちあげられた欲求の奴隷にしてしまったと断言すること、この間には大きな違いがある。シニカルな哲学者が提出する「社会の非理性を癒すべくそれとは対極の位置に置かれた理想像」[62]自体は、おそらく、社会化された理性によってかもし出されたイメージにすぎない。社会化された理性は、自分自身の苦境を象徴したり、集団生活というどうしても必要な生活形態のなかでは自分の意図や企ての承認が拒絶されることを象徴するために、そのイメージを利用するのである。「幸福と無欲と知性とが根本的に不可分であるという考え方は、世界の諸文化において簡素な生活（vita simplex）を説くあらゆる運動に見られるモチーフだが」、ディオゲネスは「この発想を西洋哲学の中にもちこんだ」[63]人である。しかし、こんにち確認できるのは以下のことである。すなわち、簡素な生活、もっと控え目に言うと、弛緩や怠慢や無為を知的に実践することに基づく簡素化された生活というこの（反-）理想は、われわれの活動主義的文明がもつ休息やくつろぎへのノスタルジーを概してまったく修辞的、心情的な仕方で表現しているのだが、その反面われわれの文明はそうした休息やくつろぎを断固としてみずからに禁じているので、そうした（反-）理想は、それがとってかわらんとする道徳的・政治的な偉大なる諸理念とほぼ同様、事実や実際の行動によって根本から否定されている、ということである。

スローターダイクによれば、われわれがディオゲネスの教えから引きだすべき主たる教訓は、意識的で協調的な受動性という要素を認めることであって、これは、単なる（自己－）破壊的攻撃性であることを必要としない世界や他者への全関係を含んでいるに違いない。こうした本質的な局面に気づかないと、合理性に関する最新の諸理論が依拠しているコミュニケーション的理性という思想そのものを神話的状態に追いやることになる。つまり、あらゆる生産的コミュニケーションが前提するのは、コミュニケーション的理性のいかなる普遍化の主張も警戒し「コミュニケーションや和解を呼びかけるセイレーンたちの歌声にはすべて」[64]耳を閉ざすことを学んだ、論争的－戦略的主観性が事前に武装解除することである。もし鎧を着て一分の隙もなく武装しているこの主観性が、伝統的な「汝自身を知れ」をあらためて実践できれば、それが発見するのは、何よりも、「緊張を解いた真のくつろぎを与えてくれる、そういったコミュニケーション」に対する自分自身の抵抗と、「そうしたコミュニケーションにあずかる力が自分に体系的に欠けているということだ」[65]。実際、現代のシニシズムの分析が明らかにしているのは、絶えざる緊張状態と警戒態勢にある諸々の主観主義間の相互作用である。主観主義というのは、普遍的なコミュニケーション的理性の要求に従ったり実際になにごとかが伝えられる《コミュニケー》に任せるつもりはまったくなく、むしろ、関心を満足させたり完全に私的な目標を達成したりするためにコミュニケーションという欺瞞的な虚構《フィクション》を利用しようとするのである。「新手の「汝自身を知れ」が救いようのない自己保存（Selbsterhaltung）の像を生み出し、その像がどの「自己」にもあらゆる方向から無慈悲に投げ返されてくる」[66]。

　しかしながら、常軌を逸した法外な観念論のすべての形態に反発することがどれほど正当で望ましいことであっても、そのようにして事態を示すことが、今度は次のような非現実主義に陥ることもありうる。つまり、コミュニケーションという状況全体において、打算的な主観性同士の対立しか現実的なものと認めないほど疑り深くなった理性のもつ、極度の幻滅や過度の猜疑心が主として生み出すような「現実」に基づく考え方に特有の非現実主義である。スローターダイクのように自分の考えを述べる人は、対話という理念そのものが一種の虚構にすぎないことをすでに認めようとしている。それは支配のための闘争という現実を覆い隠すとともに、想定できるあらゆる「コミュニケーション」形式において表現されコミュニケーションの実質でさえある力関係について無理解のままにしておくために発明された虚構にすぎないという。ここから、ポパーの批判的合理性の考え方や、あるいはアーペルの主張するような、あらゆる経験的なコミュニケーション行為において前提され先取りされている「理想的なコミュニケーション共同体」の理念に対して、それ自体が支配と抑圧への意志の直接的表現にすぎないと非難するまでは、ほんの一歩である。そしてその一歩を、ある人たちは何のためらいもなく乗り越えてしまったのである。

驚くべき逆説でありながら、無意識的に行なわれてしまうイデオロギー批判がまったく当然のものとしてきた逆説によって、ユートピアが、単なる道具的ないし戦略的な合理性より上位の審級という理念を固持しようとするとき、そうしたユートピアはまさに、権力者の支配という夢にもっとも有効な実現手段を提供しているという点で告発されることになる。偉大な理想は、純粋状態の権力の論理にもっぱら属する諸目的を実現するための単なる道具として、さまざまの仕方で実際に何度も用いられてきたために、最後にはそうした可能性だけが取上げられ、理想を道具と見なす倒錯が理想の本質そのものと同一視されるようになる。したがって、とりわけ敵は理想になるのであって、もはや権力になるのではない。その結果、理性は、敵に武器を与えてしまうことをおそれて、もっとも正当的でもっとも根本的な主張や要求をみずから放棄するに至る。精神の自己‐否定が完全なものになるのは、精神の守護者が権力や力の代表者と同じ道具的観点を精神の問題について採用することに同意するときである。「民主主義の始まりにおいて、その領域はもっぱら精神に属していた」とシュペングラーは書いている。聡明な反動側の人たちは、その領域が結局は完全に事実に委ねられるので、最終的には精神自身の積極的な共謀をあてにできることを心得ている。権力者の思惑に有利になることを恐れすぎて、いかなる真理や合理性について語ることもそれを耳にすることも拒絶し、また何らかの客観性要求を標榜することも徹底して拒絶するまでになれば、権力者が楽観的になるのもしごく当然である。

ムージルは、おそらくわれわれの歴史と同じくらい古いわれわれの能力の二つの異なった使い方を対比させた。その対立関係は、最広義での教会と国家の対立関係に対応するものである。「闘争的」態度は、認識欲求と道徳的感情を同時に生み出したものである。「観想的」態度は、科学が現実との間に保っている距離をおいた敵意と悪意の関係を、共感と直接的了解という感情に基づく一種の受動性と断念で置き換える。「ひとは事物に関わっている（事物の言語を理解する）。このような状態での了解は非個人的（客観的）なものではなく、主観と客観の一致としてきわめて個人的なものである。この状態においては、厳密にいえば、あらかじめすべてが知られており、事物はそれを確認させるにすぎない。（認識とは再認識である）」[67]。ムージルによれば、われわれの時代の主要な問題は、感情の側に認識・真理・進歩を探し、知性の側に共感・深さ・魂の休息を探すというカテゴリーの誤りを避けることによって、これら二つの争い合う傾向同士の適切な総合を実現することである。スローターダイクが、「闘争的理性」に名誉ある講和条約を現実と締結するよう提案するとき、彼もまた、われわれが世界との関係――行為と放任、支配と服従、敵意と協力、世俗的な不信と多少なりとも宗教的なタイプの信頼、体系的な構成主義と事物の「自発性」に最終的に任せてしまおうという誘惑などを、満足のゆく仕方で結合する関係――を、かつてないほどに求めていることを言いたいのである。しかし、ムージルが「別の状態」と呼ぶ問題は、その状態が本質的に一時的ではかなく例外的なものだということであり、「正常な態度は、共同生活の組織化や世界支配に役立つものだ」ということである。闘争的な態度が合理的世界を創りだしたのに対し、他方の態度は権力の領域に対して「愛の領域」とムージルが呼ぶものを表わしている。だが「愛」は周期的にしか、あるいは人間においては偶発的にしか現われない以上、愛は完全な世界の像を創りだしたのではなく、現存する像に対する例外を創りだしただけである」[69]。

宗教がまったく現世的な手段で手に入れるのをあきらめている理想の、完全に定着した解釈のごときものをシニカルな知恵が表現している限り、当然その件について同じ問いが生じる。シニカルな衝動は、スローターダイクの指摘によれば、隠れた仕方でたえず現われてきたのであって、自己肯定という行動主義的気質《エートス》に対して自足した個人という規範をたえず対立させてきた。自足した個人とは、自分の欲求を「自然な」最低限度に減らすことができ、自分がすでにもっているもの以外は何も望まない個人。満たされない欲望のあらゆる落とし穴を避けるのに十分根本的な規律や、いかなる欲求不満も生じさせないほどに十分自発的な規律を自分に課すことができる個人。非暴力的でいかなる攻撃性や恨《ルサンチマン》みもない関係を現実に対して保持することができ、積極的関与の熱狂を自由さや放任する勇気に代えることのできるような個人のことである。ではそうしたシニカルな衝動は、ある基本的な正常さとくらべると一種の「異常さ」として現われざるをえないような次元や可能性を想起させる以外のことを、いつか表現できるのだろうか。スローターダイクが彼の著書の一番最後で、「自覚的な一秒一秒は、在りし日の絶望を抹消し、もうひとつ別の歴史の最初の一秒となる[70]」ような経験に言及するとき、彼は、別の状態が必ずやそれであるところの、この例外的状態について語るためにムージルが用いた言葉をおのずと再発見することになる。例外が規則になるよう提案することは、ことの成り行きがどうであれ、現実世界の問題がまた、組織化という解決されるべき大問題でもあることを忘れてしまうに等しく、これではそうした提案は、別の状態の経験と同じくらい熱狂的な経験が本来何の貢献もなしえないような解決になってしまうであろう。

第二章　伝統と理性

こんにち、人はいたるところに知をまきちらそうとしているが、何世紀か経ったら、古代の無知を再興するために大学がなくなっているかどうか、いったい誰が知っていよう。

ゲオルグ・クリストフ・リヒテンベルク

第一節　実践の自律性と実践的認識の自律性

こんにち実に多様なかたちで現われている伝統へのノスタルジーは、信頼へのノスタルジーがひとつの特別なかたちをとったものである。現代人は、事実以外信じることができないと見なされているが、自分の属している伝統の力によって、ほとんどどんなものでも完全に信じうるもの、本当らしいもの、あるいはさらに真なるものになりうることには気づいているのだ。

人間にとっては、奇蹟の伝統よりも奇蹟の方が、概して信じにくいものだ。現在その伝統のゆえにひどく打撃を受けている多くのトルコ人やユダヤ人などは、奇蹟が起こった瞬間には、奇蹟をまのあたりにしてまったく平静を保っていたことだろう。というのも、奇蹟は、それが起こる瞬間には、それ自身の価値が与える以外の何の威光ももっていないからである。奇蹟を物理学的に説明することはまだ自由思想ではないし、奇蹟をペテンと考えることもほとんど冒瀆ではない。一般に事実を否定することは、それ自体においては罪のないことである。これが世上危険なものとなるのは、事実の否定しがたさを守護してきた一定の人々に対して、それを否定することによって反対する場合だけである。それ自体は全然重要ではないのに、偉い人たちが取上げたことによって重要になる事柄が多い。つまり、実を言えばどうしてかはわからないまま、重要だと見なされているのである。奇蹟は、真実と見なすつもりならば遠くから見なければならない。それは、雲を固体と見なすつもりならば遠くから見なければならないのとまったく同じである。(1)

合理主義の伝統は、支配的な伝統という居心地の悪い立場にあって、これまでにない力の増大を見せている。その力は、合理主義的伝統がみずからの手に委ねた並外れた手段に匹敵する大きな危険を人類に対してつくり出しているのである。そのため合理主義の伝統は、こんにち大多数の人々の精神のうちでは、おのずと好意的でない偏見にさらされている。その一方で、合理主義の伝統にとってかわられたそれ以外の伝統は、その余波を受けて、自分には罪がないと思い上がる恩恵に浴している。理性の勝利がまったく不確実であった時代に、それを確固たるものにするために戦った人々は、当然のことながら、まったく別の状況把握をしていた。ルナンは次のように書いている。「宗教裁判所は正統的なあらゆる制度の論理的帰結である。教会は、可能ならば、宗教裁判所を復活させるべきであろう。教会がそうしないのは、そうすることができないからである。結局のところ、どうしてそのような抑圧がこんにちでは以前ほど必要ではないのであろうか。われわれの反対がそれほど危険ではないのだろうか。いや、断じてそうではない。とすれば、教会がより弱くなっているのである。われわれの存在が許されているのは、われわれを黙らせることができないからである。もし教会が、かつて中世でそうであったもの、すなわち絶対的存在に再びなるとすれば、教会はもう一度中世の準則をもちだすに違いない。なぜなら、誰もが、それらの準則は適切でためになるものであったと認めているからである。力はつねに、教会の寛容さの尺度であったのだ(2)」。

これは、いかなる伝統に対しても当然提起しうる問いである。ある伝統を拒絶する人たちを当の伝統がきちんと扱いうる能力が、基本的な寛容精神に由来するのか、それとも逆に、単なる無力に由来するのかを知るのはつねに難しい。他の伝統を認めて尊重する能力は関係する伝統によって相当程度変化しうるものであること、そして合理主義の伝統にはこの点に関してある種の良心の呵責を保ち続けるに足る立派な理由があること、これは疑いない。しかしだからといって、次のことを完全に忘れてもよいということにはならない。競合関係にあるいくつかの伝統がそうした理由で恩恵に浴している有利な先入観は、ある場合は、それらの伝統がみずからの覇権主義的要求を表明する可能性や機会をこれまでもたなかった、あるいはもはやもたないという事実にもっぱら由来しているのかもしれないということだ。

『実践理性批判』におけるカントの問題は、「いかにして純粋理性はそれ自体実践的たりうるか(3)」という問いに答えることであった。こんにちこの問いを立てたとしたら、純粋理性は実践的ではありえない、そしてとりわけ、純粋理性は実践的であるはずがない、という答えになる可能性が十分ある。「純粋理性は戦闘命令を意味する言葉である。その抽象的性格はある特定の歴史的状況のもとでは論争上の効力を発揮したが、後世の人々は、その抽象的性格のおかげで、同じく純粋理性の名においておこなわれた情け容赦ない拘束という代償を支払わされたのである。蒼ざめた女神がゴルゴネスの顔をもっていることは、一旦でそれとはわからなかったのだ。純粋理性の、実践の領域において無条件的と思われていた原理が、歴史的に条件づけられた性格をもっていることに気づくまでには、相当の歴史的経験が必要であった。抽象的な理性的自由という偽りの見かけに最初に気づいたのは、若きヘーゲルである。そのとき以来、『啓蒙の弁証法』のもつ批判的な論点《トポス》は、乗り越えがたい有効性を保持しているのである[4]。

　こうした状況を考えれば、こんにちなぜ、他の可能な諸解決のなかでも、アリストテレスにきわめて近い立場へ立ち返ることが提案されているのかが容易に理解される。というのも、ブプナーが指摘しているように、「実践は理論的認識とは別のタイプの理性の権能に属しているとはいっても、実践も理論的認識と同様に合理的な仕方で行なわれているという事実から出発しなければ、アリストテレスはわからない[5]」からである。アリストテレスは、理論的認識と実践知の間に原則的な区別があると主張する。その結果、合理的実践は、理論的認識における論証的三段論法の役割にまさに匹敵する役割を果すような、一般的法則から個々の事例への推論の結果ではありえないことになる。合理的行為の出発点は、その行為を必然的な帰結として導きだす知や意志や義務ではない。理論から実践そのものへの場合には、適切な知の概念の転換は存在しない。なぜなら、「実践理性の特別な位置が明らかになったのは、「理性のはたらき」が実践を前提しかつ実践において完成するという事実によってだ[6]」からである。それゆえ、実践的な推論の正確な機能がよりよく理解されるのは、実践的推論を理論的三段論法の実質的等価物と見なすことをやめ、実践的三段論法の大前提と小前提の間にある関係を規則と個々の事例との関係とみる解釈を受け入れる場合である。「規則とは、個々の事例から独立に理論的に確立されるのではなく、個々の事例に即して実践的に確証される以上、両者の間には単なる包摂関係もまた存在しない。実践的な三段論法が包摂しないのだから、次にくるものは、異論の余地のない命題ではなく行動である。というのも、構造的には実践が推論の枠組みであるからである[7]」。

　規則と個々の事例とは必然的に相互に指示し合っており、実践理性の対象を同じ資格で構成している以上、両者の関係を、カントが道徳法則と経験の間に認めざるをえなかったような対立し両立しえない種類の関係と考える必要はない。ブプナーが強調しているように、「カント哲学のもつ自己理解の仕方においては、問題は理性が〈実践的に－なる〉ことのうちにあると思われるだけではなく、この明確な謎の解決のためにもたらされる寄与はまことに貧弱なものでもある。体系的な努力全体がめざしているのはその謎の解決ではなく、純粋さの要求に勝利をもたらすことである。したがって、実践理性に対して、経験的な状況に対する独立性という地位と共に絶対者という性格を付与しない限り、事態はあたかも、厳密には実践理性などまったく問題ではないかのような外観を呈する」(8)。その結果、純粋理性は、純粋ではありえない実践理性を前提してはじめて実践的になりうることになる。「定言命法に関して驚くべきことは、定言命法は、その内容に従うと、みずからを唯一能動的にしうる寄与を否定し退けなければならないということである。妥当とみなされるのは、格律ではなく法則である。実践的な観点からするとこれが意味しうるのは唯ひとつ、法則が格律の地位に就いたということである。その難点をより鋭く表現すれば、定言命法は行動規則としての格律の構造の上に寄生的に宿っているのだ。カントが実践的な純粋理性に関して構築している詳細な理論の下には単なる実践理性という基礎が姿を現わしており、これだけがものごとの可能性をつくりだすのである」(9)。

アリストテレスの考え方、つまりそれ自体否応なく実践的である認識ないし知という思想に立ち返ることは、実践の自律性の自覚、および実践がすでに含んでいなければならない内在的合理性の諸要素の自覚と照応している。これは、外部から最高の権威をもって規則を定めることができる理性という概念に行動の領域を従属させようとするあらゆる試みと対立している。「理性の実践的野心は、すでに実践的なものとなった理性を想定して進まなければならない」(10)。自律的な「理性的」実践が必然的に先行するということとは、活動している実践理性の領域外の基準の使用を断念しなければならないことを意味しており、それによって歴史的・文化的偶然性という要素を導入するのである。こうした要素は、一見したところでは、実践哲学の概念が含んでいると思われる普遍的な規範性という理念とは両立しがたい、もっぱら記述的な水準に実践哲学の要求を引き下げるような印象を与える。「明らかに、行動の世界においては、ものごとはそのあるがままに秩序のうちにあるのだから、そのあるがままにしておかねばならない、という根本的信念が間違いなく流布している。思慮《フロネシス》の最終的な基準は、現存する習俗や秩序に十分適合していることである。この適合は、思慮深い実践家という人格的モデルのうちに体現されている。すなわち、ὡς δεῖ ――しかるべく、である。しかし礼儀正しさに忠実だったり、社会の指導的イメージに従ったりするのは、それ自体あやまりなのではないか(11)」。

もちろんこの問題は、アリストテレス的な思慮《フロネシス》をモデルとする実践理性のあらゆる考え方にとって非常に重要である。ὡς δεῖ の表わしているものが「実地に適用された実践理性の事実性であり、それは個々人において受肉されたものとして想像でき、かくてそれは直観的性質を受け取る(12)」のだとすれば、ただちに(hic et nunc)正しさや適切さという基準が合理的なものの実践的な実現可能性の限界を定め、同時に実践理性一般の可能性に対して歴史的・文化的制約を課すおそれがある。そうした制約の持つ可変性や偶然性のために、理性は、普遍性に対する権利要求を放棄してはじめて本当に実践的になりうるのだ。

この問題を詳細に語る前に次のことを指摘しておかねばならない。すなわち、実践的認識の問題をいずれにせよ、理論的な自然認識を実践的事柄に「適用する」問題と見なす傾向は、こんにちでは一般的な形でしだいに異議が唱えられつつあり、それは単に倫理の場面だけではないということだ。パットナムはこう書いている。「思うに、アリストテレスには、倫理学とはわれわれの生きるべき生き方と人間の幸福を扱ったものだと主張するに足る理由があるし、またこの種の認識（「実践的認識」）は、理論的認識とは異なるという主張もまったく正しい。もし、われわれが自分自身あるいは学問〔科学〕に関して、健全で人間的な考え方に到達しようとするならば、認識の領野が「学問〔科学〕」の領野よりも広大であることを認めるというような認識観が、文化的には避けられないと思われる[13]。

ところで、たとえば、実践的認識のもっとも顕著な典型のひとつである言語認識は、それに関連する技量を（暗黙の）認識のなかの確実なものとして、ある一定の理論によって再構成しようとするあらゆる試みを本来超えているのかもしれない。

……われわれは、複雑すぎて何らかの理論がそれを記述することなどできそうもない、そんな技能（skills）を獲得することができる。私はある言語の他の言語への翻訳法を学ぶことができる。しかし、私は自分の学んだその技能を（明示的な）理論によって記述することはできない。私の脳は何か理論をもっているのかもしれない。言語が目立たないものであれひとつの構造をもっている以上、私の脳はアルゴリズムのようなものを用いているに違いない。もちろん、たとえ翻訳の場合であっても、私は唯一アルゴリズムだけが問題となると信じているわけではない。しかし、たとえ私の脳が何らかの仮説的な「脳言語」のうちにすべてが「書かれている」という完全な「分析的仮説」をもっているとしても、私はそれをもっていないし、科学者もいまのところもっていない。重要なのは、（先に歩行を例として示しておいたように）技能がつねに理論に従属しているわけではない、という点である。そして認識は――言語化された認識でさえ――ひとつの技能において体現されるのであって、理論において体現されるのではないのである[14]。

以上の確認から引き出せる一般的な教訓とは、「われわれが自分で自分自身をまったく研究できないということではない。そうではなく（実践的な場面で、また私の考えでは「原理的な場面」でもまったく同じはずだが）われわれが自分で自分自身を研究するときには、水素原子を研究するようなやり方では駄目だということである」(15)。物理的対象の振舞を説明するためにわれわれが用いている原子のような説明モデルを、人間に特有の幾多の能力について構築することは、理論的にさえわれわれにとっておそらく不可能であろう。それはもっぱら、そうしたモデルが十分明確で精緻に仕上げられ呈示されたとしても、人間にはまったく理解しがたい（そして使いものにならない）ものであろうからである。

ファイヤアーベントも、言語認識というぴったりの例を用いて、彼が歴史的伝統と抽象的伝統との間に導入した区別を説明している。

伝統だけでなく物理的世界や社会的世界にも、明晰で単純な法則を有する領域（天文学、純粋数学）と、そのような普遍的な法則が偶然の結果の下に埋れてしまっている領域（物理学）や、研究対象となる体系が場合場合で異なり、たくさんの特異例があったりするために、普遍的法則が初めから存在していない領域（医学）が認められる。第一の領域を理解するには抽象的伝統に依るのがもっともよい。まずいくつかの法則を立て、次にその法則が客観的な規則性に相当するようになるまでそれを訂正する。出来事を説明する場合には、それがいかにしてそこに働く法則に従って生起したのであるかということを明らかにすればよい。第二の領域の方は歴史的伝統専用である。こちらの方は法則を立てて追試をしながらそれを手直ししていくというやり方で研究されるものではなく、ある一つの言語、あるいは好きになった相手の性質を習い覚えていくように習得するものなのだ。言語や人の性質というものは、直接的な結びつきの中にいなければ、それに習熟することはできない。そうすることでやっとめざす言語の規則なり特異性なりを知り、それだけでなく自分自身その特異性の惹き起こすゲームに加わってその言語にこれまでにない性質を付与することもできるようになる（詩人や知的な歴史家はそういうことを実際にしばしば行なっている）のであるが、しかしその場合でも、はっきりした、つまり具体的な表現としては、どのような規則に従ってそんなことをしているかとか、いつ問題の特異性が登場するかなどということを正確には言い表せないのである。つまり法則にのっとった理論的知（theoretische Erkenntnis）ではなく、究めようとする領域との緊密な結びつきの上に立つ実践的認識（praktische Kenntnisse）が必要なのである。訓練と、客観的規則ではなく、このような実際的知識をもっている人が新しい行程に判断を下す。以上述べたような違いが、自然科学と人文科学（Geisteswissenschaften）との区別の基となるとともに、より単純な合理性の形式に境界を定めているのである。すべての伝統は、それがたとえもっとも抽象的なものであれ、歴史的部門をもっと考えると、人文科学（Geisteswissenschaften）の方が自然科学よりも包括する範囲の広いことが明らかになる。(16)

ただし、ファイヤアーベントが抽象的な知そのものの成り立ちや進歩を理解し記述している仕方から考えて、関連する現実領域で仮説的な法則を立て、その法則が「客観的」な規則性に相当するようになるまで訂正・改善していくという考えには、厳密に言えば何の意味もないだろうが、この点はお情けで大目に見よう。これは、もっとも伝統的な科学的合理主義の用語を慣用的な意味で使っておきながら、他方でそれを完全に否定するという、ファイヤアーベントにはよく見られるケースの一例なのである。考慮すべきなのは、とりわけ、実践的認識のもつ重要性と優位性の再発見が、さしあたり、パットナムのようなまったく合理主義的なままの観点からも、ファイヤアーベントのような公然と非合理主義的な観点からも、同じように行なわれているという点である。

パットナムは、事実と価値という伝統的な二分法が、こんにち「真の文化的制度」たる地位を獲得してしまったと主張している。その二分法は実際は合理的観点から擁護しがたいのだが、そうした地位のおかげでパットナムは、どのような異議申立ての試みにも首尾よく対抗できるのだ。パットナムの採用する戦略は、科学自体が一定の価値の少なくとも暗黙の承認をとにかく前提している限り、上述の区別は最善の場合でも絶望的なほど不明確であると示そうとすることにある。そして「精密科学（これはたしかに合理的思惟の代表例にほかならない）における合理的許容度が、「整合性」や「機能的単純性」のような認識上の効力に依存しているという事実から明らかなのは、少なくとも、価値を表わす一定の言葉が示しているのは、その言葉が適用される事物の特性であって、単にその言葉を使う者の感性ではないということだ」[17]。仮に科学〔学問〕の実践のうちに含まれている諸価値が、われわれの善の観念の一部を表わしているとすれば、そして、「単純な」、「整合的な」、「正当化された」、「しっかりと確認された」、「手に入る他のどんな説明よりもすぐれた」などの表現が間違いなく客観的な内容をもっており、主観的な態度や決定や好みと単純には一致しないと明らかにできれば、次の二つのことが同時に証明されることになるだろう。すなわち、実践的認識（あるいはかつての言い方にならえば「道徳的認識」）は理論的認識よりも根底的であるということ。そして、全面的に主観的というわけではない意味と適用条件とを備えた価値の用語という一種のカテゴリーが少なくとも現存する以上、実践的認識は現実にひとつの認識を構成しうるということである。

だからといって、以上のことが意味しているのは、倫理学を（演繹的ないし経験的）科学〔学問〕に変形できると期待しうるということではまったくない。というのも、アリストテレスが『ニコマコス倫理学』で指摘しているように、われわれが倫理学においてかかわっているのは、大部分が真であるとか、たいてい真であるというような事柄だからである。研究対象の本性が許容しない領域で論証上の確実さや完全な正確さを要求するのは、合理的とはいえないからだ。認識の範囲は、正確な規則によって理論化し形式化しうるものをまさに超えている。道徳規則はいつでもある程度の寛容さの余幅を含んでいなければならないという考えは、現実の道徳性を脅かすものではなくむしろいわばその可能性の条件の一部をなすものだが、そうした考えは偉大な道徳家たちの熟考にとっても世間的な知恵にとっても、伝統的なテーマのひとつであった。ムージルは次のように書いている。「理想には……本当に実現されると不条理に変じてしまうような奇妙な特性がある。空腹で死にそうにでもならない限り、「汝殺すなかれ」という要求に実際に従ってもいいだろう。また、私は次のような決まり文句を述べてもいいだろう。われわれの諸々の理想の編み合わせが正確に働くためには、篩《ふるい》の場合のように、仕組みの密度の高い部分もすき間も同じように重要だと。これは、道徳的命題では毎度証明できるものだが、正しい意味で理想――つまり個人的・社会的生の大げさな欲動的表示たる理想――と呼ばれるものもまた、一目見て事態を誤って理解しなくても没落に至るような、定式化されたある種のいきすぎた要求を含んでいるのだ(18)」。

実践的認識が扱う原則や規則は、あらゆる種類の暗黙の制約に従っていることもあろうし、さまざまな例外に口実を与えることもありうるけれども、だからといって、認識以下の何ものかが相手になるわけではないし、またそのために、実践にふさわしい真理や客観性の概念を用いる可能性が取り返しのつかない程に危うくなるわけでもない。これこそ、法則とは異なる働き方をする規則の本質的な特徴である。法則にとって、客観的妥当性はどんな例外の存在とも相容れない。例外は、法則によって原理的に排除されるが、それは逆に実践的規則にとっては欠かすことのできない部分となりうるのである。ブプナーは言う。

「規則は……本来「適用規則」として了解されるべきである。となると、規則《レグル》の本質は調整する《レグレ》ことである、というテーゼを立てることができる。精緻な働き方をする規則は、その寛容さの余幅・違反可能性・管轄領域を参照させることで際立っている。規則が具体的な適用範囲に応じて整序されるということは、規則が生みだす特有の事態のひとつである。規則は自分の管轄に属する事例を創りだすが、すでにそこにある事例には気づかないのである。「適用規則」は、自分自身で道を開く。これに対して法則が妥当性をもつのは、その個々の事例の同一性があらかじめ与えられている場合だけなのである(19)」。また、「管轄領域の認識や関連性のある事例の認識は、規則を遵守する条件であって、規則を遵守する結果ではない(20)」。だから、規則の遵守を可能にする実践知とは、規則一般を正確に適用するための特別なタイプの規則認識なのではない。たとえばウィトゲンシュタインならこう言うだろう。規則は自分自身につねに背後の扉を残しており、いかなる規則もあらためてそれを開閉する任を負わされてはいないのだと。

　パットナムは、「真理の概念そのものが、内容的には、合理的許容度というわれわれの基準に依存しており、この基準の方は、われわれの価値に基づきその価値を前提としている(21)」と指摘して、事実と価値の二分法に異議を申立てている。真理に関する理論は合理性についての理論を前提し、後者の理論自身はわれわれの善に関する理論を前提する。しかし、合理的許容度は明らかに真理とは合致しない。なぜなら、ある言表が、あるとき合理的に受け入れられても真ではないこともありうるからである。まして、実践のさまざまな領域において合理的に受け入れられているものは善とは合致しない。というのも、ある特定のときにわれわれが用いる合理的許容度という基準のなかに表現される善の観念は、当の基準と共に変化しうるからである。しかし、理論的認識の場合、理論がわれわれの実在論的直観の主要部分を保持しているのとまったく同様に、実践的認識が（たとえば認知的価値のような）価値——不変なものではないが、それにもかかわらず単なる主観的な「創造物」でもない価値――とかかわり合うと主張できるのも理論のおかげである。

この廃棄されるべき根底的な二分法が立脚する根拠の大部分は、われわれが自然に関する理論においてはあまりに実在論的であり、道徳に関する理論においては十分には実在論的ではないという事実にある。「こんにちわれわれには、物理学に関してはあまりに実在論的になり、一方倫理学に関してはあまりに主観主義的になるという傾向がある。そしてこの二つの傾向は相互に関係し合っている。これは、われわれが物理学の場合はあまりに実在論的だからである。というのは、われわれは物理学（あるいは将来ありうるある種の仮説的な物理学）を唯一の真なる理論と考えてしまい、単に一定の問題と目的に適合する合理的に受け入れられる記述だとは考えないからである。われわれには、物理学に「還元」できない記述に関して主観主義的になる傾向があるからだ。物理学の場合にもっと非実在論的になることと、倫理学の場合にもっと非主観主義的になることとは、同じように相互依存的な二つの事態である[22]」。換言するとこれは、われわれが物理理論の場合には依然として不可能で不条理な一種の実在論に与しつつ、倫理学の場合にはあらゆる実在論的解釈を即座に断念しているからである。

こうなると、なぜパットナム流の立論のやり方がほとんど有効性をもたず、たいていは手に入れたかったのとは逆の結果を生みだしさえするのか、容易に理解できる。科学的認識そのものが利害や価値に緊密に従属していることに気づくと、そのことから、科学的認識は、それが前提している利害や価値と同じくらい「主観的な」創造物であると一般的に結論できる。科学における素朴実在論の放棄がもたらすのは、道徳の領域での主観主義の消滅ではなく、むしろ、科学そのものの内容が多かれ少なかれ根本的に主観主義化されることと、物理的還元主義が科学を道徳へと暗黙のうちに還元する形態にとってかわられることだ。事実と価値の二分法が再検討されるのは、事実の客観性に匹敵するような何らかの客観性を価値に与えようという発想のためではなく、むしろ、価値の根本的な主観性を事実そのものに移しかえようとするためなのである。現代の紛れもない「文化的制度」と今度なりつつあるのは、主観主義的な仕方で価値を解釈するために、事実と価値をまったく一方的に再統合するそうしたやり方ではないのかどうか、まさに自問することができるのだ。

第二節　主観主義なき多元主義

首尾一貫した相対主義が方針としてみずからに禁じているのは、ある価値判断が客観的に真でそれ以外の価値判断は誤りだとか、ある価値選択やある道徳上のイデオロギーは客観的に受け入れられないとか、それは他の選択やイデオロギーよりも劣っているなどと考えることである。ところが、パットナムも指摘しているように、倫理の多元性は、それだけでは倫理の客観性に対する説得力のある論拠とはなりえない。たしかに、合理的許容度の基準を実際に受け入れなければ、何らかのそうした基準をもつこともできないし、価値に一定の客観性を暗黙のうちに認めていなければ、何らかの価値を承認することもできない。けれども、ある価値体系に与することが客観的な基礎に立っていると見なされなければ、われわれは実際にそれに与することができないからといって、われわれはそうした前提される客観性に基づいて、どんな手段を使ってでも誰かほかの人にその価値を強制しようとしてもよい、ということにはまったくならない。価値体系によっては、他の価値体系よりも客観的に優れている（その価値体系がそのように自称していようと、あからさまには自称していまいと）、ということもありうる。もっとも、この優越性を確信している人たちは、その優越性に異議を申立てる人々にそれを認めさせる手段をいまのところまったくもってはいないし、またそうしようともしてはいないのだ。

　そのうえ、受け入れがたい方法で押しつけられたある価値体系が、それが押しのけた他の体系よりもやはり客観的に優れていたということを、われわれはア・プリオリに否定することすらできないのである。というのも、もっとも高貴なる理想の名において歴史的に行使されてきた容認しがたい暴力は、当の理想自身が暴力や侵略となっていたことを決して証明したりはしないであろうからだ。いずれにせよ、暴力は、それが望んでいようといまいと客観的なものをもって任じる何らかの善の理念の名においてのみ断罪できるのだ。人がしばしば信じているのとは逆に、徹底的な相対主義はおそらく、文化帝国主義と戦ったり、他の伝統を尊重するよう仕向けたりする最善の手段であるわけではない。そのためには、他の文化の選択がわれわれの文化の選択とまったく同じように良いと言う場合の、その「まったく同じように良い」ということが（われわれの知る限り）「客観的にまったく同じように良い」ことを意味していなければならないのだが、これこそ相対主義の排除するものだからである。「……客観的な価値が存在しないことから帰結するのは、一切のものはほかのどんなものとも（必要とされる意味では）「まさに同じように良い」ということではありえず、むしろ、「まさに同じように良い」ようなものなど何ひとつないということだ。もし価値が実際に恣意的だったら、どうしてわれわれは自分の望むあらゆる文化を破壊してはいけないのだろうか[23]」。他の文化を滅亡させることに抗議する人たちは、もちろん単に主観的選択を表現しているのではなく、疑いもなく客観的な誤りを告発しているのである。

　きわめて確固としたシニカル人間でさえ、いわゆる善を実現するために使用を許す手段が（客観的には）間違っていることを時には認めるかもしれない。すでに先に指摘したように、理想に関して完全に機能主義的な考え方を最初から採る人は同時に、自分が言い表わしたかった批判からすべての力を奪ってしまうであろう。スローターダイクも強調しているように、大審問官の思考は、二つの対立する動機に支配されたままであって、その二つの動機は互いに相争いながら同時に持ちつ持たれつの関係にあるかぎりにおいて、手段と目的の区別を根本的に不確実で不安定なものにしている。「彼は、現実主義者（実証主義者）としては善悪の二元論を捨て去るが、ユートピアの徒としてはこの二元論にいよいよ頑なにしがみつく。半面では非道徳論者であるくせに、残りの半面では超道徳論者、一面ではシニカル人間、他面では夢想家。良心のやましさなどとは無縁でいながら、究極の善という理念から離れることができない。実践面ではいかなる残忍卑劣な行ないや欺瞞も辞さない彼が、理論面では最高の理想に支配されている。現実によってシニカル人間、実用論者、戦略家へと育て上げられた彼だが、何を意図する時にも心の底では自らを善そのものと考えている」(25)。ところで、二元性と両価性《アンヴィバレンツ》、すなわち手段と目的の区別が表現する最後の残滓たる理想主義やユートピア主義を完全に取り除こうと決めても、単なる道具の状態に追いやられた理想を、実現されなかったとか、容認しがたい手段の使用を正当化したとたしかに非難できるわけではない。客観的な価値に依拠することをすべて拒否した結果、徹底した相対主義者は、みずからも罠にはまっていることに気づくのだ。すなわち、非道徳論者は、すべての道徳的選択肢を同等と見なす決心をしても、他の選択肢を尊重しようとしない態度については道徳的に非難できればいいと思っているのだ。

啓蒙（Aufklärung）は明らかに、理性、自由、平等、正義といった理念が何らかの形の戦いを交える必要もなくいつか勝利を収められるだろう、と考えるほど素朴ではなかった。それでも啓蒙は、その闘争が次のような対立に帰着するかもしれないと期待していた。それは、スローターダイクの言うように、「参加する者はこの出会いから知識と連帯とを獲得した勝者としてのみ帰還するゆえ、最初からあくまで平和のルールに服するのを誓った」[26]人格同士の対立のことだ。この「アカデミックな牧歌的風景」は、残念ながら、長きにわたって現実に耐えるものではなかった。批判的な対話や真理の自由な受け入れを妨げるような抵抗を体験して、啓蒙はまったく異なる種類の闘争という現実を発見した。ムージルが、すべての文化哲学の必ず考慮すべき一種の公理と見なしている、ニーチェの指摘によればこうだ。「道徳的理想の勝利は、どんな勝利でもそうであるように、不道徳的な手段、つまり暴力、嘘、中傷、不正によって獲得されるのである」。しかし、用いなければならない手段の相対的不純さのために何らかの道徳的理想の勝利を欲しがるのを断念するとすれば、次のことを認めなければならないだろう。すなわち、いずれにせよ強いられる手段の非道徳性は諸目的をまったく同等でどうでもいいものにしてしまい、その結果、実現に際してゆがめられたり損なわれたりしうる「道徳的」理想について、もはや語ることすらできないということだ。

パットナムも指摘しているように、「ひとつの世界、ひとつの「経験的事実」の世界、あるいはひとつの「価値事実」の世界（そのなかに美や悲劇がある世界）を持つためだけであっても、合理的許容性の基準をもたねばならない[27]」のだから、さらに、ひとつの世界を持つと同時に持たないということは不可能なのだから、徹底的な相対主義や主観主義は、主体とその世界との間に人為的でやむをえない隔たりを設けようとする努力であるといえる。この隔たりが実際にあれば、それは多元論という現実をいわば肯定すると同時に否定することを許してしまうであろう。多元論を実際に受け入れることは、まさに相対主義を少しも含んではいない。相対主義とは、価値体系の還元できない多元性を認めることもできるし、同時にまた、まったく抽象的な同等性を肯定することで多元論の容認に含まれる緊張や葛藤を弱めることもできると主張するものなのである。理想の多元論的な考え方は、理想ならどれでも同じように弁護できるわけではない点について、無知を装うような考え方ではない。「われわれがアリストテレスに同意するのは、人間の繁栄に関する異なった考えが適合するのは異なった気質《コンスティテユシオン》をもつ個々人に対してであるという点だ。ただ、われわれはこれをもっと先まで推し進め、理想世界にすら異なった諸々の構成《コンスティテユシオン》があり、その多様性は理想の一部だと信じているのである。われわれは理想同士のある程度の悲劇的緊張を見てきているし、ある人々の満足が他の人々の満足をいつも排除することに気づいてもいる。だが、多元論的な理想を信頼するというこの点をあらためて強調することは、人間的繁栄にかかわる理想ならどんなものであれ、他の理想同様よいものであると信じることと同じではない。われわれは、人間的繁栄に関するある種の理想を、誤っているとか幼稚だとか病気だとか一方的だとして拒否しているのである」[28]。

　こんにちでは、倫理学における客観性の理念は評判が悪い。それというのも、客観性の理念はたいていすぐに道徳的権威主義の観念に結びつけられてしまうからである。また哲学者は、理論に関しても実践に関しても、何らかの形の客観的真理を引き合いにだすのを次第にためらいつつある。客観性がほとんど反射的に、強制や抑圧の観念を呼びさましてしまうからである。客観性の理想が反感をそそるのは、それが抵抗や拒絶の可能性をすべて排除するように思われるからである。もっとも、イデオロギー批判がわれわれに教えたように、客観的真理ほど容易にしかも一貫して抵抗できるものは何もないのである。たとえ客観的真理が現実に存在しうるとしても、多くの人は、その真理にただ単に屈服しなければならないという見解を絶対に容認しがたいと思うだろう。パットナムも指摘するように、権威主義に対するこのようないわれのない恐れが倫理的主観主義のもっとも確固とした支えなのだ。しかし実際には、反-権威主義と反-客観主義との間には、いかなる内在的結びつきもないのである。

自律的な道徳的行為者としての諸人格（person）を尊重するには、われわれがそうした人格に自分自身のための道徳的観点を選ぶ権利を与えることが必要である。これは、われわれがその選択にどれほど嫌悪を感じようとも必要なことである。政治的自由主義の哲学によると、人格の尊重が同じく要求するのは、国家宗教や国家道徳の制定によって個人に道徳的選択を前もって押しつけることのないよう、われわれがさらに政府に執拗に求めることである。しかし、あらゆる形態の政治的・道徳的権威主義への断固とした反対も、人々が道徳的相対主義や道徳的懐疑論に与するよう導いてはならないであろう。政府側から個々の市民にある道徳感を押しつけることが悪い理由は、人間の自己実現を許す生活様式がどんなもので、それを許さなかったり別の仕方では悪くなってしまう生活様式がどんなものかという問題については、実際の既成事実がないということではない。（もし、道徳的に悪いことがまったくないとすれば、政府側が道徳的選択を強制することも悪いことではなくなってしまうだろう。）多くの人々が危惧しているのは、道徳的客観性のどれか一つを少々はっきり聞こえすぎる仕方で認めてしまうと、道徳的客観性に関する自前の概念を力づくで押しつけてくるような政府が現われるのではないか、という点である。多くの人々が実際はまったく同意を与えていない道徳的主観主義に同調してしまう理由のひとつは、間違いなくここにある。(29)

私の考えでは、パットナムはこの点まったく正しい。道徳的主観主義は概して、現実的な確信であるよりもずっと形式的な予防策である。つまり、公式的な道徳という考えやそこに含まれる強権的考え方への共感を非難されるおそれがある場合に、これに対抗するためにとられる措置なのである。もっとも徹底的でもっとも単純化された形態の価値と事実の二分法を信奉する者たちはたいてい、自分が心の中では優れていると本当に信じている価値を侵略的だとか帝国主義的だとかいう非難から擁護するのに、そうした価値が「事実」の中に少しも基礎をもたないまったく主観的な選択だと主張するだけである。アドルノとホルクハイマーの指摘によると、「理性によっては殺人に対する原則的反論をすることはできないということを、糊塗することなく天下に唱道したために、サドとニーチェは、外ならぬ進歩主義者たちの憎悪を買い、今日もなお迫害されている」[30]。サドとニーチェの罪は、ある意味で科学〔学問〕を文字通りに解釈し、真理を道徳よりも上位の審級と考えたことにある。しかし、サドとニーチェが罪を問われることとなった許しがたい一件が、場合によっては「進歩主義者」によってさえも（あるいはとりわけ進歩主義者によって）簡単に許されてしまうかもしれないことは、容易に理解されるのだ。それは、今し方示した理由で、殺人への非難自身がまったく個人的な道徳的選択の表現にすぎず、社会や国家だけがこの選択を公式の禁止に変える責任を負っていると、是非とも主張したい場合である。

きわめて厳密な解釈で異議を唱えられる二分法を受け入れる人から見れば、殺人、戦争、奴隷制、人種主義のような事柄を断罪するのに、いかなる客観的認識も合理的論拠も引き合いに出せないということに、明らかに何ら不思議はないのだ。（もっともサドやニーチェのような作家が示しているのはむしろ、われわれが「知っている」すべてにこうしたたぐいの事柄を正当化する傾向が結局あるのかもしれないということだ。）合理性の領域が手段と目的を適合させる道具的計算の領域と完全に一致するとすれば、パットナムが問題視する、「完全に合理的なナチ」という考えに大して反対する理由はないだろう。しかし、もっとも確信を持った主観主義者でさえ、そうした考えに対しては、理性が目的そのものについて「客観的に」判定を下して特定の目的は排除する可能性を明確に含むようなやり方でおそらく対応するだろう。「次のような目的は、もし人がそれを受け入れそのあとでそれに到達しようとするなら、当然のことながら非合理的なものと呼ばれるかもしれない。つまり、（われわれの普通の概念的枠組みの内部でそれを正当化する任務を受け入れる場合）当の目的のためなら間違った馬鹿げた論拠を提出せざるをえないような目的か、さもなければ、逆の場合、道徳的記述についての日常的事実（ordinary moral-descriptive facts）（たとえば、ある人は思いやりがあるということ）を表わすために合理的でない違った枠組みを採用せざるをえないような目的のことだ[31]」。ナチのようなものが非難されるべきなのは、まず第一に、受け入れがたいことを行なうからなのであって、非合理的と呼びうるような世界観を持っているからではない。とはいっても、そうした者の行なう受け入れがたいことが、当人の信じている間違った馬鹿げた事柄や、その名に値するいかなる論拠も示さずに提唱される道徳的提案と関係があることは言うまでもない。もちろん、ナチのもつ唯一の動機はナチの恣意だけだ（「正義とはわれわれの気に入るもののことである」《*Recht ist das, was uns gefällt*》）と反論することもできよう。しかしパットナムも力説するように、どうでもいい場合は別として正当化が必要なことを、たとえ他人の安全や生命に深く害を及ぼすという理由だけからであっても、いかなる正当化も与えることなく行なうのは、「非合理性の、否、単に非合理性だけでなく、また倒錯性の、模範的な一例である[32]」。われわれは、もっともけしからん道徳的選択でさえも、相対主義的な下心をもちしだいに大きくなる良心の呵責を感じながら非難するのだが、だからといって、われわれは本当はその選択を非難していないはずはないし、恣意的な容認に対して同じく恣意的な拒絶を対立させているはずもないであろう。

第三節　ファイヤアーベントと「自由社会」なるユートピア

パットナム流の合理主義的考え方は、やはり二つの伝統的な前提に基づいている。ひとつは、最小限の合理性の原理を皆が受け入れ次第、非暴力的な対決形態が、少なくとも原則的には、競合関係にある倫理体系の間で可能だとするものである。もうひとつは、本当に自由な社会において国家は、個人に代わって道徳的選択を行なうことを完全に、あるいはとにかく非常に大きな範囲で差し控えるという前提である。ファイヤアーベントとしては、この二つの前提は実際上とうてい満足できるものではないと主張するであろう。第一に、先進社会において国家は、本質的な点にかかわる個人の決定について決めてかかっている。その結果、国家は他のあらゆる伝統を犠牲にしてある特定の伝統、つまり科学的伝統、より一般的にいえば合理主義的伝統を極端に助長しており、決定的な倫理的帰結と生活形態や生活様式の選択に対する相当な影響とを明らかにもつ公式の同盟関係を、科学との間に事実上（de facto）結んでいるのである。原則としては、公用の宗教も公用の道徳もありはしないが、少しよく注意してみると、科学が間違いなく現代社会の国家宗教になっていることに気づくのだ。そもそも、これは、十九世紀のロマン主義的合理主義が時としてははっきりと認めていたことであるが、それが何らかの問題を提起するかもしれないとは思ってもいなかったようだ。「国家が今日まで人類の超感性的関心に気を配ってきたのは、とりわけ宗教としてである。だが、人間の宗教性がもっぱら科学的、合理的な形で行使《エグゼルセ》されるようになってしまえばすぐに、国家がかつて宗教的実践《エグゼルシス》に認めていたすべてのものは当然、唯一の決定的宗教たる科学のものとなってしまうであろう。もはや祭礼のための予算はなくなり、科学や技術のための予算になるだろう」[33]。他方で、ファイヤアーベントによれば、合理主義者の言う「論証」、「批判的議論」、「対話」等が表わしているのは、合理主義者が引き合いに出す伝統にとって、かつその伝統にとってのみ、意見や観点の「自由な」対決となるものの概念にほかならない。「伝統というものは、支持者を集めるためのさまざまな手段を有する。これらの手段の研究をし、新たな状況に合わせてそれを改訂する伝統がある。そうではなく、宣伝《プロパガンダ》には王道があり、つねに、いかなる状況の下であれそれに従えばよいと考えている伝統もある（時に、合理主義者も、この素朴な信仰をもっているように思われることがある）。伝統の方法は、それを判断する際に依りどころとしている伝統の如何によって、まあまあに見えたり、馬鹿らしく見えたり、「合理的」に見えたり、奇妙に見えたりする。ある観察者にとっては論証が宣伝となるし、他の者にとっては人間的コミュニケーションの本質が宣伝となる[34]」。

ファイヤアーベントに従えば、「ある社会の自由は、そこで抑制された伝統の運動の自由への制限が弱められるにつれてまさに大きくなる[35]」。社会が個人に対して保証すべきもっとも根本的にして唯一の根本的自由は、個人の選んだ伝統に自由に接しうることだ。そして、何よりも維持するのが重要な平等とは、個人の平等というよりも、現にあるすべての伝統を対等に扱うことである。個人はある伝統の性質を分かちもつ限りでのみ実際に重要な価値を表現するのだから、まず保護されるべきなのは、個人よりもむしろ、どんなものであれ伝統なのである。「……伝統は社会の基盤をなす要素となっている[36]」。他の一切が生じ来たる根本的な原理とは、「人間は、たとえ自分の生活が他人には馬鹿げていて、動物的で、みだらで、無神論的なものにみえても、自分の気に入るように生きる権利をもっている[37]」というものである。

ファイヤアーベントの推奨する「民主的相対主義」は、全面的でなければならず、またどれほど極端な場合でも、日常的な道徳的考えによって制限されてはならない。個人は自由にある伝統に属することを決定したのに、国家はその伝統がもたらすと想定される悪習と弊害から、個人を次のような理由で有無を言わさず「守ろ」うとすれば、国家は典型的な越権行為を犯すことになろう。その理由とは、あらゆる価値判断の基礎は伝統にあり、国家はいかなる特定の伝統も代表したり特権化したりしてはならない、という単純な理由である。伝統そのものについてみれば、「伝統には善いも悪いもない。伝統は単に伝統である。

「客観的」には、つまり伝統と無関係には人道主義的立場とユダヤ人排斥主義のどちらかを選ぶこともできない[38]」。そしてもちろん、「合理性は諸伝統間の審判役を果たすものではなく、それ自身一つの伝統（いくつかの伝統の作り上げている一つの集まり）もしくは一つの伝統の一様態なのである。つまり合理性というものも、善くも悪くもなく、単に存在しているだけのものである[39]」。自由社会の中に支配的伝統もしくはただ一つの伝統が現存することは、さしあたり受け入れられてはいるがいつでも再び問題にできる既成の事態でしかありえない。「伝統に長所や欠点があるのは、他の伝統の立場からそれらの伝統を観察する場合だけであるのならば、ある自由社会の基盤として一つの伝統を選ぶというのは、力によって押し通されてしまうか、あるいは自由交換によってその社会に存在している伝統間で決められることになるかどちらかである。つまりは恣意的な行動である。後者の決め方の場合には締めつけは一時的なものであって、（議論の）交換を続けていくことによってそのような締めつけがなくなることもありうる[40]」。優位にあるとか独占的だとかさしあたり認められる特定の伝統のために結ばれた契約は、明示されたものでも暗黙のものでも、当然のことながら常時修正できるのだ。

ファイヤアーベントが「自由交換（freier Austausch）」と呼ぶものは、合理主義者が「批判的議論」とか「議論の交換」と呼ぶもの、つまり、まさに「被操作的交換（gelenkter Austausch）」の原型をなすもの以外なら、ほとんど何でも意味することができてしまう。被操作的交換の荷担者は、「一つの伝統を受けて、その伝統の基準に沿った行為（考え方、立論、処置）だけを許す[41]」。これに対して自由交換とは、「実際的《プラグマティク》な哲学と先取的な考え方にのっとったものである。こちらの方は、自分の根拠となるはずの伝統を自分で創り、しかもそうやって創り上げた伝統を特殊な状況に合せるのだ。このような自由交換を行なう人々は自分たちの協力者（および対抗者）の考え方、ものの見方、感情などをとても大切にするのであって、それもしばしば、自分たちの生き方が明々白々たる変化を被ってしまうほどである。つまり、そのことによって新しいまなざし、新しい着想、新しい価値観をもった新しい人間になるというわけだ。自由交換というのは対抗者にあるすべての性向を尊重するものであって、それは個人的な段階であろうと国家的な段階での話であろうと同じことであるのに対して、合理的交換の方は、理性に対する尊重以外は放棄してしまっており、しかもその理性にしたところで、合理主義者の間でちょうどその時流行している形の理性でなければ尊重などされないのである。自由交換には自分のための機構などないが、自分でそれを発明することができる。自由交換には論理などなじみのないものであるが、ただし、自由交換の進んでいく途中で、新たな論理的形式が登場する可能性はあるのである」[42]。

被操作的交換は、公認の伝統の枠内で生じるもので、用いるべき基準と遵守すべき規範とについての合意を前提としている。自由交換は、たいていの場合、異なる伝統や文化同士が相互に理解し合おうとすることからはじまる。そして、新しいタイプの合意を創りだそうとし、議論自体からこれまでなかったような種類の規則や規範を出現させようとするのである。本当の自由交換の可能性に関する条件の実現は、異なる伝統双方でほとんど対称的な困難とまったく似かよった抵抗に直面すると思われるかもしれない。問題となるおのおのの伝統には当然、それ自身の前提と先入見に応じて交換を「操作する」傾向があるからだ。けれども、ファイヤアーベントはたいてい、合理主義的伝統は自由交換を実践することも、自分の反対者に完全に敬意を払うことも、無条件の排除とは別のやり方で反対者を遇することもできない、いわば唯一のものであるかのように自分の考えを述べている。なるほど、「合理性」とか「客観性」、「普遍妥当性」などといった事柄を考えだしたのは、ほかならぬ合理主義的伝統である。経験豊かな人が、実際は利益の擁護とまったく個人的な特権の維持が問題であることをすぐにはわからないとしても、合理主義者はどうやら、「自由な議論」について決して語れるはずのない唯一の者であるらしい。「この「合理的論議の客観性」と呼ばれているものが、いかに誤謬とごまかしの多いものであるかということを、私はこれまでも明らかにしようとしてきた。つまり、その種の論議の基準というのは「客観的」であるわけではなく、単に「客観的」に見えるだけなのだ。それが客観的に見えるのは、ただ、この基準を使うことによって得をする集団があるということが伏せられているからにすぎない。このような基準というのは賢明な独裁者の与える命令と同じたぐいのものである。賢明な独裁者というのは、自分自身、あるいは自分と自分の妻の望みであると言う代わりに、公共の福祉とか、神の思召しだとか、あるいは単に理性だとかいうものにかこつけた命令を与えるのであって、そうすることで、自分の軍隊のもつ強制力に、一般的な偏見という強制力までも付け加えるものである。この手のバカらしいトリックにひっかかる人間がどれほど多いかを見ると、多少がっかりしてしまう」[43]。しかしながら、人はひとたびこうした基本的な事柄を理解してしまえば、独裁者が理性に訴えるのを止める日を必ずしもいっそう早めたりはしなかった。なぜなら、偽善や嘘が消滅するのは見られるであろうが、本当に恥ずべき不正や抑圧や残酷さは必ずしもそうはならないからである。

ファイヤアーベントが読者や聴衆を、彼の言うことは彼の「実際に」考えていることに一致していると信じたい気持ちに対して何回も用心させなかったら、合理主義的伝統と西洋文化は、右に示されたような「知的独裁者」を産みだしただけでなく、「公共の福祉」とか「真理」、「認識」といったみせかけの言葉遣いに隠れて強制や抑圧を行なうほとんど唯一のものだと、ファイヤアーベントの言うとおりに人は信じるかもしれない。大多数の戦闘的な非合理主義者と同様、この自由社会の理論家は、合理主義的伝統に関しては完全に事情に通じた外的観察者の言葉を使いながら、それ以外の伝統に関してはあらゆる種類の疑いを排しものごとを文字通りに受け取る実際のもしくは架空の協力者の言葉を使っているのである。

こんにちの訓練の行き届いた唯物論的なお仲間たちは、月旅行とか、二重ラセンとか、アインシュタインの時空論だとかいうことが話題に上ると、それだけで我を忘れるほど夢中におなりになる。しかし、こういった事柄にしても、別の観点から見れば、何の役にも立たない愚かな行為でしかない。何十億というドルと、何千人ものよく訓練されたアシスタント、幾年もの厳しい労働、そういったものすべてが投入された結果、二、三人のそれほど知的とも言えず、かなりいいかげんと言えるかもしれないようなわれわれの同時代人が、もののわかる人間ならば決して行こうなどと望んだりしないに違いないような場所——乾いた、空気のない、熱い岩——で情なさそうにヒョコヒョコ跳んでみせることができたというのであるから。そんなことをせずとも、神秘家は、金も、アシスタントや科学者スタッフの助けも借りず、ただみずからの精神の助けを受けただけで宇宙を駆けまわり、ついには神自身をその壮麗さのうちに見て、宇宙飛行士のようにつまらない石ころをもって帰るのではなく、人類に慰めをもち帰ったのである。言うまでもなく、このような主張はこんにちでは馬鹿ばかしいものであると考えられており、迷信だと言われることになっている。しかし、このことが明らかにしているのは、一般大衆およびその厳格な教師であるところの知識人が、いかに精神的に未成熟であるかということにすぎない。自由社会は、別にこのような未熟さを締め出しはしないが、しかし、この未成熟さだけが、教育、金力、研究などに影響を及ぼすという事態を許すわけでもない。(44)

なるほど、人間を月に送りこむなどといった技術上の偉業がまったく役立たずで、さらにははっきりと馬鹿げたこととすら見える観点を見つけだすことは、合理主義の伝統の枠内にあっても、さほど難しいことではない。けれども、ファイヤアーベントは、科学的伝統は偽造者や山師、誇大妄想狂や夢想家の仲間に数えられる唯一のものだと思われるような印象を少し与えすぎなのだ。つまり科学者が自分のしていることについて言うかもしれないことを決して信じてはならないというわけだ。だが、この規則は、神秘家にとってはおそらく有効ではないのである。

自由社会は、「すべての伝統、唾棄すべき伝統にまで、均一の重要性を認める哲学(45)」に基づいている。いわゆるいかなる伝統にも明らかに対応しないこの種の哲学はいったい何に由来するのか、これはまったく不思議なことである。これと同じように不可思議なのが、防衛機構（Schutzstruktur)、すなわち、相互に暴力を行使することを禁じていながらいろいろな伝統同士が「自由に」影響を与え合えるようにすべき機構を、完全で恒常的な中立状態に維持できるようなやり方だ。こうした伝統横断的な機構の漸進的な設立は市民の自由な発議から生まれるに違いないであろうし、市民がそうした機構をたえず監督していれば、それがある特権的伝統に奉仕するなどということを防げるだろう。このような機構がいまのところすぐれて警察的な機構でないわけにはいかないことは明白だ。

……われわれが望んでいるのはすべての人間とすべてのグループが可能なかぎり大幅な自由を手に入れられる社会である——断っておくが、この「自由」というのは何らかの知的なわけのわからない代物のことではなく、普通の人間が自由という言葉を聞いたときに考える通りのことを言っているのである——つまり自分の生活を自分で律するということであり、自分がどのようにそしてどのくらい自由でありたいかをみずから決定するということである。その際問題になるのは——どうやって一つのグループが他のグループの希望に干渉するのを防ぐかということであろう。もちろん、希望が無制限に容れられるということはありえない。すべて許されるということにはならないからである。たとえば、戦争好きの連中は平和愛好家の人間を自分の戦争ごっこに巻きこむことは許されない。しかし、制約があれば希望が反則になることになり、希望は遠からず行動につながる。その行動の防止のためにできることは二つある。まず、これこれのことをしないようにと人間を教育するという方法である。つまり、「人間性」であるとか、「生命の尊重」などというたわごとを教えこみ、それによって人間がこういう観念に忠実に生きてくれるように期待するというやり方である。私はしかしこのようなことは子供っぽい楽天主義だと思う。どんな教育、あるいはむしろ、どんな人道主義的教育であっても、それが人間を知性的に去勢してしまうようなものでなかったら、何の役にもたたないからである。第二に、私は人間が知性的に去勢されることは好まない。たとえその去勢の理由がいかに立派な考えだとしてもである。以上の理由から、私は外側にある警察の方をとる。そういう警察は物理的には行動の自由を制限するかもしれないが、思惟の飛翔の邪魔はしないからである。私の考えでは、物理的制約は知性的制約より結局のところはるかにましであるからだ。知性的制約は人間そのものを削除してしまう。物理的制約の方はしかし、行動の自由を束縛するだけである。物理的制約は片付けることができるが、知性的制約はそうはいかない。(46)

ファイヤアーベントの立場は明らかに、文脈上の構成要素《エレマン》と戦略的理由によってあまりに多層的に決定され先鋭化しているので、合理主義者が彼の「理論」に対する正式な反駁を構築しようと試みても彼が特に嬉しいはずもないだろう。「合理的な研究というものは、一通りの役にしか立たないものであって、先取的研究および自由な討議こそが、科学〔学問〕ならびに実りある人間思想の基礎的構成要素《コンスティテュアン》なのだ(47)」というのが正しいとしても、合理的な研究の存在をただ単に否定したり、その存在する権利に異議を申立てたりすることは論外だ。ファイヤアーベントが合理主義的伝統に対して非難しているのは、何よりもその不寛容さ、帝国主義的態度である。他の伝統、つまり他の可能性も、まったく同じように興味深いものであるかもしれないし、場合によっては明らかにより好ましいものであるかもしれないのに、これを排除してしまう合理主義的伝統のやり口だ。仮にまったく異なる状況を考えて、そこでは当の合理主義的伝統が他の伝統によって排除され抑圧されているとすれば、こうした仮定的状況では、この種の可能性を試したい人たちには、それが許されそのための手段が与えられることを要求する資格があるだろう。

しかしながら、「合理的」ないし「合理主義的」伝統によって何をまさに理解すべきなのかと考えてみないわけにはいかない。なぜなら、ファイヤアーベントが最初に証明しようとしたことは、一般に信じられているのとは逆で、科学は合理的方法の適用から生まれた結果ではまったくなく、実際には、科学は何よりも典型的な実用主義者《プラグマティスト》や御都合主義者《オポチュニスト》によって作られたということだからである。この人たちは規則を尊重することよりも成功という至上命令をつねに優先させてきた人たちであった。だから合理主義者たちはきっぱりと選択しなければならないだろう。「科学に仕えることは可能であるし、あるいは理性に仕えることもできる。しかし両方の僕であるわけにはいかないのだ[48]」から。いわゆる「科学的合理主義」とは、科学の歴史的事実とは無関係な、抽象的な作りものにすぎない。そして、「何でもかまわない（anything goes）としか言いようのない行為が、その同じ合理主義者をして、人類最大の業績の一つとまで言わしめるほどの成果をもたらした[49]」のだから、思うに、合理主義の伝統を非難するにしても、それが実際の科学的研究の伝統とはいわば何の関係もないとか、それがたえず引き合いにだすモデル自体が一度も使ったことのない原理や方法を当の合理主義的伝統は他の領域に押しつけようとしているとせいぜい非難できるにすぎないだろう。

ファイヤアーベントが注意深く保有する曖昧さは、まさしく誰が合理主義者なのか、認識論や科学論の哲学的伝統——これこそが唯一はっきりと特定され指し示される敵となるのだが——以外のどこにそうした問いが見出されるのか、このような問いに関する曖昧さだ。「伝統」という言葉をファイヤアーベントのように使うと、それは明らかに、ウィトゲンシュタインの「言語ゲーム」という言葉の場合とほとんど同じように漠然として、同じように拡大解釈もできる代物になってしまい、結局、ほとんど何にでも適用されてしまう。合理性のこの伝統と他の伝統との対立は、論争的な理由で全面的に両立できない（ないし、どっちにしても共約不可能な）状態にまで先鋭化してしまうときもあれば、すたれていないすべての伝統がある意味では合理的である（と同時に合理的でない）ことになるほど漠然としてしまうときもある。「理性」と「実践」というものは本質的に異質なものなのではなく、むしろこの二つは伝統の二つの違った典型なのである」。[50] さらに、ファイヤアーベントは「理性と実践との古来の二分法」に言及し、科学においてさえ対立はいつも実践に有利なように解決されてきた、と指摘している。「……まるっきり異なった二つの伝統、きわめて種々さまざまな人間によって担われるこれら二つの伝統が、支配権を得ようとして争っているのである。これまで見てきたように、科学においては、実践の方が理性を凌駕している。理性の伝統が祝福してやまない科学の成果は、理性自身によってではなく、研究の実践によって創りだされたものだからである。ただし多くの場合、この実践は理性と切り離されたものではないのである」。[51] しかし別の側面から言うと、二分法、あるいは根本的な異質性についてすらたしかに語ることはできない。なぜなら、理性と実践とは、どんな伝統の内部にもさまざまな比率で配合されている二つの成分を表わすものだからである。「複雑で明示的でない理性にしたって理性には違いないのだし、逆に遍在しかつ気づかれることのない歴史の動きを背景とする単純な形式的性質をもった伝統にしても伝統に変わりないのである。ところが合理主義者というのは、第一の場合には実践のうちに潜んでいる規則性を無視してしまうし、第二の場合には意味を与え使用可能性を保証している複雑な仕組みを見逃してしまうために、後者には法則と秩序を、そして前者には形作られることを必要としている素材を見てしまう」[52]。それゆえ、合理主義者とは何よりも、「厳密かつ秩序立った理性と、形成力をもってはいるが、いつもすんなりいくとも言えない素材」[53]という誤った対立の観念をもちつづけている人々のことである。もしそうなら、合理主義とはむしろ、伝統一般の本性について無理解で、どんな伝統にとっても不可欠な部分たる歴史的・解釈学的・実践的な構成要素について無知な一種の（メタ-）伝統なのであって、厳密な意味での諸伝統間に生じる対立において実際に利害の当事者となるような個々の伝統ではないことは明らかだ。合理主義は何よりもその機能のために反対されねばならない。その機能とは、「抽象的（ということはつまり「合理的」）伝統につきまとうどうしようもない制限と、已むことなく発生する問題とを」[54]蔽い隠してしまい、その結果、合理的伝統と非合理的伝統との自由な競合も、伝統それぞれの貢献や長所の評価も妨げてしまうことだ。だが、「合理的」伝統と「非合理的」伝統の対立自体は、要するに合理主義自身によるでっちあげにすぎない。「合理主義」と「非合理主義」の対立とは、合理主義者がある種の伝統に特有のタイプの合理性を認めようとしないみずからの姿勢に与えることにした名目にすぎないのである。

ファイヤアーベントは、度外れた楽観主義だとしてたいてい非難されるが、それにもかかわらず彼の理論は、ひとつの社会内での個人と集団の平和的共存の問題に対するきわめて悲観的で権威主義的な解決策とも考えられるかもしれない。相対主義は一定の伝統の長所短所について「客観的な」判断を下すことを禁じられているのだから、また、一般にさまざまな伝統は相容れない考え方やあこがれや理想を体現しているのだから、あとは個人に自分にとって重要なものと重要でないものとを最終決定させ、十分に同質的な集団に個人を分類するだけだ。そうすれば、そうした集団が自分に関係ないことに口出しすることは、必要なら力ずくで防止されるだろう。しかしながら、予想通り、ファイヤアーベントは相対主義者の誰もが結局するように、この解決策の顕著な長所についてもそれ以外の多くの点についても、あらゆる種類の絶対的な価値判断を下さずにはいられない。支持者のいるすべての伝統の共存を許さないことは、国家の側が道徳的に非難されるべきだろう。こうした無条件の寛容は、とりわけ結局は「進歩」の最良の保証となるのだから、道徳的に好ましいものである。しかし、ファイヤアーベントはこのような論拠を用いるとき、誰もが自分に気に入る仕方で、また自分の属する伝統の原則に従って「進歩」という言葉を解釈できると明言して、そうした論拠から実際的なあらゆる種類の意義や重要性を取り除いてしまうのだ(55)。進歩という概念自体、伝統内の概念であり、事実上まったく相対的な概念なのだから、結局以下のことが問題となる。一、なぜ一般に（あるいは、ファイヤアーベントが望んでいるらしいように、「語のあらゆる意味において」）進歩を促進しようとすべきなのか。二、反対者の思想に対する戦術的な譲歩がもう一度問題であるなら、進歩の概念はどんな点に何らかの価値があるのか。というのも、完全な相対主義の立場からすれば、合理主義者は、みずからの言う意味での進歩を望みうるばかりでなく、進歩を実現するにふさわしい手段を、まるでふさわしくないものまで含めた中から選べるはずだからだ。三、何でも「進歩」として数えられるのなら、「進歩」という言葉はさらにいったい何を意味しているのか。四、「進歩のための」あらゆる伝統の共存と自由競争という考えには、それ自身においてそしてそれ自身に対して考えられた共存と自由競争という考え以上の何が含まれているのだろうか。というのも、おのおのの伝統は他の進歩概念とは両立しない自前の進歩概念をもつことができ、われわれのものと比べうる進歩概念をおそらくまったくもたない伝統すらあるからである。

ファイヤアーベントは、自分の立場を正当化するためには「教育的な」言い方をたしかにせざるをえないのだが、これでは合理的伝統自身の言い方と結局それほど変わらないものになってしまう。ファイヤアーベントが推奨する認識論的・方法論的アナーキズムとは、批判や学習の機会を増やす限りにおいては最良の解決策となるのだ。「中心となる考えは……根本的なイデオロギーを唯ひとつだけ持つ社会と比べると、多くの伝統を含み持つ社会は、伝統を判断するためのよりよいさまざまな手段が市民の意のままになる、ということである。「原始的な」社会は、老人への配慮の仕方とか、「犯罪的な」構成員の扱い方とか、精神病の対処の仕方などについて、われわれが知っている、そして今日適用しているものよりもすぐれたやり方があることをわれわれに教えている。われわれはまた、(たとえばアッァンデから)「合理的な議論」はたいがいは社会的な問題を激化させるだけで解決しないことを知る。モンテーニュや、啓蒙期のその後継者たちにとって、異文化の研究は単に興味深い情報源であっただけではないし、単に好奇心を満足させるだけのものでもなかった。その研究が、当の研究に没頭していた人たちの「文明」を批判するように仕向け、その文明が不十分なものであることに気づかせる機縁ともなったのである」[56]。ところで、ここで問題になっている「よりすぐれたやり方」というのは、客観的な意味でではないとしたら、どのような意味ですぐれているのだろうか。またわれわれは、他の伝統がわれわれの抱えているもっとも難しい問題のいくつかに関して実際により有効な解決策を見出していたことを承認せざるをえないのかもしれないし、現にしばしばそうせざるをえないのだが、いったいどのようにこうした事実は徹底した相対主義のための議論として利用できるのだろうか。この事実は、実際は正反対のことを意味しているのだから。

第四節　相対主義は正しいのか

ファイヤアーベントもまた、残念ながら、善についての、あるいは（わざと曖昧なまま言えば）人間に最大限の自己実現を可能にするものについてのある客観的な理念に依拠しなければ、自分の考え方を主張することはできない。ファイヤアーベントは「こんにち自立した女性（と言ったからとて、別にキューリー夫人のような女性のことを言わんとしているのではない）の人生に目を向けてみると、男性向きに偏っているわれわれの制度のもつ数々の野蛮な特徴が暴きだされる」[57]と述べている。これをきくと、ファイヤアーベントにこう言い返したくなる。ファイヤアーベントの立場からすれば、他のどんな形での野蛮と同様にこの種の野蛮も、当事者がそれを望み受け入れたときから何も反対すべき理由はないのだと。ある文化に特有の価値が（たとえそれがわれわれの立場からするとまったく受け入れがたいものであっても）合理的・人道的理想の名において破壊される場合、人類にとってそれに見合う損失を客観的に算定することはできない[58]というのなら、どうして右の場合にも同じように、厳格に不干渉であってはいけないのだろうか。

ファイヤアーベントは、科学的知識の収束という理念を神話だと考えているが、合理主義者はそこに彼らの進歩観の基礎を置いている。「知識というのは理想的な見解へと収束する自己整合的理論の系列であるのではない。それは真理への漸近的接近であるのではない。知識とは、むしろ互いに両立できない（そしておそらく共約不可能でさえある）対立する考え方のたえず増大する大洋なのであって、この集合の部分をなす一つ一つの理論や、おとぎ話や、神話は、それぞれが他のものをいっそう入念な分節化へと導き、そしてこれらすべてが、この競合の過程を経過することを通じて、われわれの意識の発展に対して貢献するのである[59]」。しかし、このような総合的で過度に発展した意識は、まずひとつの個別的選択肢を選び、他の多くの可能性を結局無視する危険を冒してひとつの特定の伝統に属さざるをえない普通の個人にはほとんど理解できないし、またますます理解できなくなるおそれがある。真理にとって価値があるものは、当然また、そしてなおのこと善にとっても価値がある。究極的な見解や最終的な合意への収束という理念は、道徳の領域においてもまったく同様に空しい。この領域では、両立できず共約不可能な諸可能性の大洋は、事態の進捗状況に合わせてさらにいっそう拡大深化しかねない。それゆえ、はるかに単純で誠実なのは以下のようなことであろう。それは、ある程度の共約可能性と可能で望ましい収束とをともなうという条件でしか意味のない包括的な進歩という概念を用いて、体系的な増殖や開かれた競争のための議論をしようとしたり、最大限の多様性と相違自身が何の制限もなく公表され促進されうる唯一の価値にして唯一の理想だと明示しようとしたりしないことだ。

ファイヤアーベント流の理論は無秩序と混乱を必ず惹き起こさざるをえないという古典的な反論に対して、ファイヤアーベントはこう答える。「社会秩序は真理や人間性や客観性等を備え持つ基本的な伝統によってのみ達成されうるという主張は、ただ単に正しくないのである[60]」。昆虫の社会は明白な反証例となるが、ファイヤアーベントがためらうことなくこの例を用いているのは、これほど平凡さを嫌うこの著者からするとちょっと意外である。何らかの社会秩序に達することだけが問題だとすると、真理や人間性、客観性、そしてもちろん自由そのものも、たしかに必要不可欠なものではないことになろう。やっかいなのは、ファイヤアーベントでさえ、一般に本当に人間的な秩序がどうありうるか（またどうあるべきか）についてある種の考えをみずからに禁じていながら持っているに違いないという点である。なるほど、

「それ自体一個の存在として自由の秘訣を握っているイデオロギーなどというものは存在しない」[61]というのは正しい。しかしまた、いかなるイデオロギーもこの「秘訣」の重要でかけがえのない一面を表現しており、この秘訣を無視したり切り捨てたりすることは危険だと、必ずしも認める必要はない。自由や進歩をもっとも「寛容な」意味で理解した場合でも、奴隷制擁護論や人種差別主義や反ユダヤ主義の伝統は自由や進歩にとって実質的貢献をなしうる、とファイヤアーベントが考えているとは信じがたい。とすると、ファイヤアーベントが自由の敵のためにすら自由を要求する場合、彼は皆と同じように次のような区別をおそらくしている。つまり、実際にもしくは潜在的に進歩や状況改善の要因となるがゆえに認められるべき伝統やイデオロギーと、存在を禁じることはできないがせいぜい害を及ぼすのは防げるという意味でのみ「黙認」しなければならない他の伝統やイデオロギーとの区別だ。もし人間が自分の絶対に手放せない自由を、獣のように振舞うためや他人を自分に隷属させたり互いに殺し合うために用いたいと望む場合、事態が完全に当事者間に生じたときから、それは国家の問題でもいかなる道徳の問題でもない、とファイヤアーベントは考える。唯一の難点はもちろん、たとえば好戦的で覇権を狙う伝統はつねに、始めから戦争など望んでいなかった人々に従軍する義務を負わせることであり、自由社会は多元論と寛容という同じくらい度量の広い考え方を採用することによって大きな危険に身をさらしているということだ。

人道主義的な理想やものの言い方に対するファイヤアーベントの論争は、おまえもか！という論法を広く用いており、宗教的シニシズムのもっとも典型的な原理の一つに従って、魂の保護は身体の保護よりもいずれにせよはるかに重要であって、合理主義の伝統が行なうように魂の殺害が大規模に実行されると人は身体の殺害に対してほとんど抵抗できないとさえほのめかしている。「単にナチ親衛隊の将校ばかりではない。合理主義者も博愛主義者も、皆同じように獣じみているのだ。だから、伝統同士が対立しないようにすることと、ある伝統から離れたいと望む人々の権利を守ること——これ以外は国家の与り知らぬところである。たとえば危険な戦争ゲームのなかで互いに殺し合うことに幸せを見出すような輩がいるとした場合、連中のこの快楽にはかまわずにおくことである。われわれの同朋で人道主義的な人々やそのリーダーたち、あるいは同世代の傑出した博愛主義者たちが、学校で一日中おこなわれている無垢な子供たちの魂の毀損を、いかに平静な心持で、またいかに大きな喜びをもって注目しているか、さらには、生き生きと人間的でいろいろなアイディアをたくさんもっており、魅力一杯ですばらしい天分に満ちた子供たちが、先生たちの「合理性」のさえないコピーになっていくのを、そうした人々がどれほどサディスティックな満足感をもって賞賛しているか、これらを見ている限り、私はこの手のやり方には関心がもてない[62]」。結局のところ魂を殺す者は、反対者をただ単に排除する独裁者よりも不誠実で危険なのだ。こう考えてもいいだろう。「人類の偉大な先達と呼ばれている人たち、プラトン、キリスト、カント、マルクス、ルターなどという連中は、もしかしたら、歴史上もっとも凶悪な犯罪者として考えられるべきではないのか[63]」と。けれども、こうもたくさんの人々がこれほど彼らにだまされてきたかもしれないということは、一般に、単なる市民が「いっそうよくものがわかっている」と考える者にとって少々気掛りなことであるに違いない。

かくして、ファイヤアーベントの勧めはこうだ。「合理主義者各位殿が始めるべきこと」とは、すなわち、あまりに世界中いたるところで犯されているさまざまな大量虐殺や残虐行為に偽善的な涙を注ぐ前に、合理主義者たちは、合法化された彼ら自身のサディズムや制度化された彼ら自身の獣性の行使を止めることなのだ。「感じやすい心をもつ博愛家の紳士淑女のみなさん。わたしはあなたがたのそら涙など信じません。あなたがたの思いやりが、学校や病院や大学や刑務所の中で広がることがこうした魂の死を惹き起こす限り、わたしはあなたがたの「アウシュヴィッツの恐怖」について語る言葉など信じません。しかも、皆さんはこのことを賞賛しておられるのです[64]」。先進社会の金持ちや特権者たちが世間一般の悲惨や恐怖に接して発する悲嘆の声や人道的声明の誠実さを本気で疑いうる、とファイヤアーベントが言いたいのだとすれば、たしかに彼を非難することはできないし、その点について彼と同じような論拠を援用する必要もない。ナチ親衛隊将校の獣性と博愛的な知識人や合理主義的教育者の獣性との間には実際は選択の余地がないとファイヤアーベントが言いたいのだとすれば、私にはファイヤアーベントが誰を説得したいのかあまりよくわからない。もっとも、おそらくますます広がりつつある、われわれの教育制度や公認の医療の行なっている想像を絶した比類ない残虐行為にそら涙を流すという習慣が、今後は、真面目さや真正さを疑うことのできない唯一の博愛の形となり、徹底した自己告発のレトリックが、自分自身の人道主義的で進歩主義的な意図の誠実さを西洋人がまだ証明できる唯一のあかしとなるとまさにいうのなら、話は別だが。

ファイヤアーベントは、ほかにもいろいろと述べたあと、教育は攻撃性や悪意や悪徳を取り除こうとしているが、それと一緒に自由や創造性、ひいては人間の人間性そのものを取り除いてしまっていると強調する。狼には羊の群だけを形成することを許すシステムよりも、もし自分が望むのなら、極言すれば互いに喰らい合うことを許すようなシステムを採用する方がよいという。

教育は、人間のあらゆる悪徳を清めることによって、悪意と人間性を取り除く。——成果の割には高くつく。しかもこれは、他のやり方でも同じように達成されうるものだ。こうした「他のやり方」があるということ、これは反‐相対主義者もしばしば認めるところである。反‐相対主義者はイデオロギーの重要性を熱っぽく強調しているけれども、その力を信頼しているどころか、法や裁判所、刑務所、強力な警察などによって、社会を守っているのである。もちろん、「警察」や「刑務所」や「保護措置」といった言葉は、自由主義者の耳に心地好い響きではない。しかし、徳や真理や人間性のための普遍的な教育は、古い伝統を一掃して、馬鹿みたいな笑い方をしたり暗い眼で目の前をじっとみつめているような道徳機械を産みだす。こうした教育は、自由や人間性に対するよりいっそう大きな脅威となっているのである。では、いったい次のどちらの防衛策が優れているのだろう。魂を適当に孤立させることによって得られると信じられている想像的な防衛策か、それとも魂には損害を与えることなくわれわれの行動の自由を制限する現実的な防衛策か[65]。

「自由な」社会が強制的な方法を用いて非難されるのは次のような場合だけである。すなわち、そうした社会が他方では偉大なる理念の威力のうちに標榜する信頼を、強制的な方法の使用が直接的でときとして劇的に否定することになる場合か、あるいは、その偉大なる理念の実現が、その社会が行なう限り法外な代償を支払ってしか果されないような場合かである。高潔で従順で順応主義的な自動機械を作り出す形でしか徳が実現できないなら、どう見ても徳などさほど興味のもてる目標ではない。しかしながら、強制を用いることは、たしかに、とりわけ自由社会の非難されてもよい点ではない。というのも、「伝統の内側では、かくかくの伝統という掟が支配しており、そうした掟は、場合によっては合理主義者の掟よりもずっと厳格だからである」[66]。反-相対主義者の誤りは、見てのとおり「人間の共同生活は、真理や人間性や権利がなかったら不可能だ」[67]と考えてしまう点にある。それでは、実際に民主的であろうとする社会は、真理や人間性や権利に関する一つの上位の理念——合理主義的・人道主義的な理想のありきたりの擁護者がもつ理念よりも、より根本的で豊かでかつ寛容でもあるが、外側からはそれについて何ひとつ正確なことがいえないような理念――の名において、こうしたたぐいの〔先の偉大なる〕諸理念の実現を明確な目標として定めることを完全に放棄しなくてはならないと考えるべきなのだろうか。あるいはむしろ、問題となっている価値は、結局まったく本質的なものではなく、たとえば、個人の自由は伝統の自由と比べれば、相対的に二次的で無視できるものだ、と考えるべきなのだろうか。

ファイヤアーベントが秩序の敵であるのは、明らかに見かけの上でだけである。彼が主張しているのは単に、個人はみな「自由に」自分の秩序を選べるのでなければならず、そしてそこには、もし本人が気に入るならきわめて恣意的な秩序やきわめて専制的な秩序も含まれているということだ。だがそのような場合には、大多数の市民が自由である（あるいは自由でない）「合理的な」あり方をかつて選択し、ファイヤアーベントの言う精神的「殺害」をどうやら受け入れているような社会に対して、どんな理由で反対できるのだろうか。ファイヤアーベントはなるほどこう答えるかもしれない。いずれにせよ人々は選択をしたこともないし、おまけに、ある人々は表現したり具体化したりする手段も自分に与えられていないようなまったく違った選択をしてきたし今もしつつあるのだと。だが、市民は自分たちの実際に満足できる状況を実は選択しなかったのだという考えは、ファイヤアーベント自身の観点からすれば、普通の個人に何がふさわしいかをそうした個人の方よりもつねによくわかっていると思っている、知識人の思い上がりの典型的な一例にすぎないかもしれない。別様に生きることを望んでいる人たちがそうすることをどうすれば許容できるのか、つまり少数派や社会の周辺に生きる人々の権利をどうすれば尊重できるのかという問題についていえば、これは明らかに重要にして困難な問題であって、目下のところ、満足のゆく形で解答が得られているどころではない。ファイヤアーベントがいみじくも指摘しているように、われわれの社会のような社会において、幼児殺しや儀式としての殺人やそれ以外にも同種の忌まわしい行為を実行するような伝統を黙認すべきか否かと自問することは、とっくに学校問題なのである。何よりも重要なのは、具体的にいって、学校問題と多少なりとも似た問題を一切起こさないような生活様式を持つ「逸脱した」個人や集団に対して、彼らの主張する権利を与えるつもりがあるかどうかである。でも確かなことは、ファイヤアーベントのように考えると、支配的伝統の信奉者には自分のした選択に対してやましい気持ちを持ち続けるいわれは明らかにないということと、その選択はファイヤアーベントが彼らに浴びせる軽蔑や痛烈な皮肉を他の選択以上に弁明してくれるわけではないということだ。西洋の合理性の伝統を攻撃的傾向があるとか敵対する伝統に不寛容だと咎めることは、このうえなく正当なことである。しかし、残念ながらそのしごくもっともな非難を、最初にその犠牲になるのはその伝統自身の支持者だとほのめかすことによって、典型的な裁判拒否にすり変えてはならない。他の伝統の立場から見ればそのような感じがするかもしれないとしても、もちろん相対主義のおかげでこの点に関して何らかの「客観的な」判断を下せるわけではないのだ。

素朴な客観主義者は、「推論の正しさ、矛盾の存在、真理の現存、行為の人間性（ないし非人間性）を、客観主義者自身がその原因とはなっていない事態として[68]」解釈するという点で、たしかに誤りに陥っている。しかし、どうしてこのことが、命題の真理や行為の人間性のような事柄がもっぱら主観的介入の産物であることを意味しなければならないのだろうか。また、他の文化や他の伝統の代表者たちにしてみると、ある行動が「非人間的」だと感じられ、それを告発することにもなるのだが、当の行動をする本人の属している伝統の観点からすれば、それはまったく当たり前で何の罪もないとされることはしばしばある。このことから、人間性という理念はとにかくもっぱらひとつの伝統の産物であって、伝統と同じ数だけの人間性理念がある、と結論しなければならないのだろうか。その場合、いかなる人間性理念の名において、人間性のためのすべての伝統の共存と自由競争とを要求できるのだろうか。ファイヤアーベントは（残念そうに）こう指摘する。「両親が、宗教の恩恵に子供たちがより直接的な仕方で近づけるようにしたいと望まない限り、公立学校で学ばれるのは、真理を成すものとしての宗教ではなくて、歴史的現象たる限りでの宗教についての知識である」[69]。いったい何が相対主義者に、宗教が（数あるもののうち）特定の真理の構成要素であると語ることを許可するのか。それはどのような真理なのだろうか。

相対主義は、もともときわめて魅力のある教説である（それはとりわけ、この教説が他のあらゆる可能性を尊重し、公正であり、とにかく思いやりをもつ原理のようなものとなる印象を与えるからだ）が、わかりやすくなるにつれ魅力がなくなる傾向がある。概念やパラダイムや世界観の相対性とか、論理の多様性などのようなテーマに関する真剣などんな議論でもほとんど変わることなく示しているのは、相対主義のテーゼが実際何を意味し何をもたらしうるのか真面目に考えようとすると、そのテーゼはおよそパッとしないものになってしまうということだ。たとえばデヴィッドソンはこう述べている。「概念的相対主義なるものは、魅惑的でエキゾチックな教説である。あるいはむしろ、われわれがそれにふさわしい意味を与えることができたとしてもなお、魅惑的でエキゾチックであるというべきであろうか。要するに、その問題点は、興奮を維持しつつ分かりやすく語るということが、哲学における通例として困難であるということである」[70]。

一見もっとも好都合な場合、つまり倫理的相対主義の場合でも、状況は当然さほど変わらない。相対性の原理の強く刺戟的な言い方には、概して、それを口にするやいなやほとんどすぐに自己反駁されるという難点がある。これこそ、ファイヤアーベントの相対性の場合なのである。ファイヤアーベントは、「合理性」「真理」「自由」「人間性」などといった規範的な用語の意味と内容に関する、原則としてまったく相対主義的な論争的解釈を、寛容、平和的共存、強制なき影響力、自由交換、そしてついには真理や人間性そのものといった、明らかに非相対主義的な考え方と結びつけるのである。バーナード・ウィリアムズも強調しているように、「相対主義の立てようとする問題の単なる表明の内に含まれる概念のもつ、非相対的妥当性を否定するようなどんな相対主義も論駁されるであろう」[71]。問題のこうした側面がこれまで何度も議論されてきたことを思うと、自己破壊する相対主義という形態がまだこれほど流布しており、哲学の文献そのもののうちにもこれほど周期的に再び現われてくるというのは、驚くべきことである。

相対主義的なテーゼの首尾一貫した（それゆえ場合によっては真理でありうる）説明についていえば、こちらは、バーナード・ウィリアムズがやっている現実的対決と単なる概念的対決との基本的区別を遵守する必要から[72]、そしてまた、どちらも真である次の二つの命題を同時に考慮しなければならないために、はるかに魅力のないものとなっている。「最初の命題とは、われわれは、われわれにとってメリットがあり当の利害関係も表現できるような他のいくつもの（体系）Sについて考えをめぐらすためには、われわれ自身の現存する（体系）Sに相対化されないひとつの思惟形式をもたねばならないというものである。第二の命題は、われわれはそれにもかかわらず、われわれの判断が何らかの影響力をもちえないほど隔たった仕方でわれわれの利益と関係する多くの（体系）Sがありうることを承認できるというものである。このことは、他人――つまりその人にとってそうした体系が現実的な選択肢の一つとなるような人物――の判断はその体系に影響力を持つかもしれないと認めるにしても、同じことだ[73]」。

ファイヤアーベントが思い描いているような社会とは、できるだけ数多くの選択肢を一緒に提示して、さまざまな伝統を現実的かつ永続的に対決させる可能性を最大限に広げる社会である。難点は、一つの同じ社会の中にそうしたすべての伝統が共存したからといって、理論的に可能などんな選択肢も現実的な選択肢へと変えるのに明らかに十分ではないという点である。さらには、対決が期待通りの成果をもたらしたり進歩の一因となったりできるのは、対決が現実的かつ自由であるという条件でのみ可能だという点も問題である。これは、ある伝統を採用する決定はできる限り、合理的な選択の結果として、いいかえれば比較可能な諸解決の間で実際に行なわれる比較の結果としてなされるべきだということである。どんな解決も原則的には他と同じように良いと主張する相対主義は、現実のあらゆる対決をあたかも概念的なものにすぎないかのように扱い、結局、実際には含まれないような選択肢の中で選択する理由そのものをまったくなくしてしまう。また、(最初に考えるのとはおそらくまったく違う) ある選択肢の方が他の選択肢よりも優れているのだから、選択の機会はたえずあるべきだと主張する人たちは、比較したり評価したりという相対主義的ならざる原理を再び導入せざるをえないのである。「知識人」が一般市民の選択を指導したり指図したりするのを許してはならないと言っても、もちろん問題の本質は何ひとつ変わらないのである。

もしファイヤアーベントが、合理主義的伝統の良心をゆさぶりついには無条件にその信用を失墜させることが重要である場合にはあらゆる行動が許されると——明らかに彼はそう思っているのだが——そのように思ったりしなければ、彼は当然、合理主義者は教育の目標は悪徳を完全に根絶することでなければならないと思うほどいつも素朴で無自覚的とは限らない、と気づいたであろう。大部分の合理主義者がみずからに課している問題とは、むしろ、きわめて多様な形をした人間の活動性と創造性の根底にあるエゴイスティックで非社会的な欲動が、もちろんもっとも「高貴な」ものも含めて、いかにして社会や人類の善のために用いられたり昇華されたりできるのかということである。人間の「非社交的社会性」を通して、「社会の創設をめざして病的に強要される和合」は、カントも言うように「道徳的全体に変わり」うるのでなければならない。したがってカント自身にとっては、改革や進歩のあらゆる種類のまさに原動力となるものを無力化したり取り除くことなどまったく論外である。

かかる非社交的特性は、それ自体としてはたしかに好ましからぬものである、そして何ぴとにもせよ、我欲に駆られて人もなげな振舞をすれば必ず遭遇せざるをえないところの抵抗は、実にここから発生するのである。とはいえかかる非社交的性質がなかったなら、人間はいつまでも淳朴な牧羊生活を営み、なるほど仲間うちの和合、つつましい満足、人々相互の愛は全うせられるであろうが、しかし彼らの一切の才能は永久に埋没せられるであろう、そして人間は、彼らの牧する羊さながらに善良であるにせよ、しかし彼らが自分たちの存在に与えるところの価値は、この家畜がもつところの価値以上のものではあるまい。そして人間は、理性的な本性を具えながら、彼らの目的に関して創造がわざと残しておいた空白を充さないことになるだろう。それだからわれわれは、人間の間の不和合、互いに妬み合いながら競争する虚栄心、飽くことを知らぬ所有欲、さてはまた支配欲についても、自然に感謝してよい。もしかかるものがなかったとしたら、人類に内具する一切のすぐれた自然的素質は、発展しないままに眠り続けるであろう。人間は和合を欲する。しかし自然は類としての人間にとって何が有益であるかをもっとよく知っている、そこで自然は不和を欲するのである(74)。

リヒテンベルクは、ほとんど同じことを言っている。ただ、カントよりは明らかにフロイトにずっと近い言い方になっている。

私の信ずるところでは、人間を進歩させるもっとも確実な道は、洗練された人間の磨かれた理性を使うことで、野蛮人《バルバル》（これは未開人《ソヴァージュ》と繊細な人間との中間に位置する）の原始的で盲目的な捕食的行動を哲学によって洗練されたものにすることであろう。ひとたび、未開人も野蛮人も世の中にいなくなってしまうと、そのときには、われわれは万事休すであろう。

われわれの科学と芸術がもっとも微妙に分岐する、その根元は、われわれの未開さや野蛮さ《バルバリ》（つまり未開さと洗練との中間的な状態）のどこかにある。洗練の研究をすることにはどれだけの哲学が不必要なのだろうか、しかし同時にどれだけの利益がそれから得られることか。(75)

人間本性から基本的な未開さや野蛮さという要素を「削除する」（とファイヤアーベントなら言うだろう）ことは、考えられず望ましくもないのだから、まさにこのために、理想は、実現されるためには単にこの要素を考慮するだけでなく、さらにその要素が表現する力強い潜在力を利用せざるをえないのであり、そして、手段は、人が気づかないうちにそれが仕えることになっている目的のコントロールを受けなくなるという周知の危険を冒しつつも、理想は強制とか術策といった形式をまったく用いないわけには決していかなかったし、これからもそうであろう。

駅ごとに何丁かの機関銃。街ごとに一つの会社。そして理想は強制手段の前に屈服する。数カ月のうちに、人は強制手段に従属した理想をもつことになる。

これが結局のところ人間性の調べ《メロディ》である。強制を排除するということは、無気力になることを意味しているのだろう。とんでもない人間であっても、とにかく人間をひとかどのものにすること、それが難問なのである。(76)

そこで、問題はすべて、代価も高すぎず有利な解決を得るのに最適な状況を作りだせる組織形態がどんなものかということだ。ファイヤアーベントの場合、唯一実際に明らかなことは、彼にとってそれはたしかに、現にある形での「民主的」社会の組織形態などではないということだ。リベラルな伝統を出自とする他の多くの反体制的知識人と同様、ファイヤアーベントも明らかにこの伝統を嫌っており、それは彼が実際に他の伝統に寄せる好意よりもはるかに強いものだ。ブルジョア社会に対してファイヤアーベントが表明しているまったく個人的なルサンチマンは、フーコーのそれと同じたぐいのものである。だが、ユートピア的なきわめて重要な要素があるところが特徴で、これはフーコーの批判にはまったく欠けている。ファイヤアーベントは、知的・政治的エリートの「愚論」に基づくあらゆる種類のプログラムを排除して一般市民のイニシアチヴを信頼することにより、本当の自由社会をしだいに設立する可能性があると信じているのだ。

しかしながら、自由社会が主張する（と同時に愚弄する）自由や人間性や正義といった価値をよりふさわしい手段を用いて実現しようとすることなど当然問題にもならない。なぜなら、こうした価値が実際に重要であるのはある特定の伝統の中だけであるし、市民は価値をしかるべく相対化する能力をまさに身につけるに違いないからだ。同じ一つの社会の中にきわめて多様な伝統が共存し競争することによって可能になるに違いないような訓練とは、まさに、もっぱら民主的相対主義の訓練かもしれない。自由社会において市民は、自分が（さしあたり）所属している伝統が勧めるのとは別の選択、別の解決策がつねにあると気づくことができよう。したがって、ファイヤアーベントの望みは、次の二つのもののほとんど不可能な結合を実現しようとすることではないのか、という疑念も生じうるのだ。何しろそれは、一方においては、個人にとってある特定の伝統に属していることが意味するかけがえのない特典（決定の不変性、知的安心、自然さ、確信など）と、他方においては、まったく異なる伝統との永続的対決によって維持される、未知なるものや新たなものへの欲求、不確かさや危険や冒険への嗜好とを結合させようというものだからである。

個人にひとつの伝統を持つことと同時に、他の伝統の観点からそれを眺める観察者の超然たる態度でつねにその伝統を考察できるようになることを要求するのは、究極的には純然たる矛盾である。ファイヤアーベントは、「戦争に勝ったり科学を進歩させたり真理を発見したりするよりももっと重要なものがある」[77]ことに人々が気づいてくれるのを望んでいる。市民はそうした目標をしだいに相対的に見ることを学ぶべきなのだ。しかしながら、首尾一貫した相対主義者の方は、問題の「より重要なもの」が正確なところ何なのか、またいかなる点でそれはより重要なのか、明らかに言えないのだ。より重要なものをもっとも重要だと考える伝統は、当然のことながら、それ以上に重要なものはないと認めざるをえないのである。あらゆる伝統間での民主的競争の最終的結末（そのようなたぐいのものについて何ごとか語りうるとして）がいったいどうなり、そうした競争が生み出すような理想や価値や行動の最終的結末がいったいどうなるのかについても、速断はできないのだ。結局のところ、たとえ自由交換という方法に全面的に基づいて対決が起こるとしても、そうした対決がこんにちわれわれが眼にしているものとさほど違わない結果になってしまうことを、つまり、再び合理主義的伝統それ自身にまさになりかねないような特定の伝統が主導権を握るに至ることを、始めから排除しておくことができないのは言うまでもない。

現代の知識人のある人々がブルジョア社会に対する憎悪に突き動かされて用いた極端な手段を、後の世代の人たちが理解するのは難しいのかもしれない。サルトルやフーコーのような思想家が正義に関して与えた印象とは、そしてさらに時として明確に主張したこととは、重要なのは正義が正しいというようなことではなく、むしろ何よりも重要なのは、正義はブルジョア的なものではない、つまり正義はわれわれの社会に固有の懲罰的・抑圧的な装置という形式を用いないということであったが、こういう思想家たちを、後世はどのように判断するだろうか。「大衆的」、宗教的、部族的等の特性をもつ正義のあり方は、いずれにせよ、告発されているようなあり方よりもはるかに恣意的で、個人の権利などあまり尊重しないものなのだが、こうした正義のあり方を一時的に是認することである、その場限りの一時的な「過ち」の向こうには、とりわけ次のような根本的悪徳があるのだ。つまり、自分自身の伝統に対する絶対的不寛容と他の一切の伝統、特に、自分のものともっとも対立する価値を採用したり選択をしたりする伝統、に対する限りない好意とを結びつけるようなタイプの考え方がもつ根本的悪徳のことだ。いいかえれば、具体的にいって、そうした悪徳が相対主義を実践するのは、糾弾されたただ一つの伝統に対してだけであって、それ以外の伝統が問題となるときには相対主義をまったく忘れてしまうのだ。そして、ついにはただ単に違いや隔たりだけで、それも大きければいっそう尊重すべき違いや隔たりだけで評判になっているあらゆるものに、いわば「絶対的な」配慮を払うのだ。

　思うに、ファイヤアーベントは、フーコー同様、現在ソビエト連邦で機能している司法・刑罰システムと、その欠陥が同じようにはっきりしているかもしれない西洋民主主義の司法・刑罰システムとの間に、重要な違いを見分けている。しかし、この二人の主張する徹底的な相対主義という観点からすると、当の違いがいったいどこにあるのかよくわからない。特に、ジノヴィエフも言うように、共産主義は、それを甘受する人々によって、あるいはとにかくその大部分の人々によって、結局は受け入れられているばかりでなく、さらにはそのライバルである民主的システムよりもはるかに「自然に」、また自発的に求められているシステムだと認めるならば、その違いはますますわからなくなってしまう。換言すれば、人々が抑圧的な制度に期待しているものは、単により小さな「人道主義的」偽善なのか、あるいはまったく違ったものとしての、より大きな現実的正義なのか、こうしたことを一度ははっきりさせておくのも無駄ではあるまい。正義のとるあらゆる形態のうちでもっとも偽善的でないのは、ある意味では、もっとも粗野でもっとも簡略でもっとも迅速なあり方をする正義である。そして、そうした正義が結局は正義そのものの真の本性を明らかにすることを考えると、もう一つ「別の」正義といった考えを引き合いに出して、ブルジョア的正義という人目を欺く見かけの背後にあるきたない現実をたえず告発することに満足するのではなく、正義そのものの本性を明確に認める勇気をもたねばならない。もう一つ「別の」正義などというのは、重んじられた伝統や情勢や状況によって至高の法則にまで仕立て上げられるもっとも完全な専制と、難なく同化できる特徴をもっているのだ。

フーコーの仕事のきわめて重要な一面は、合理主義的でリベラルな伝統が多くの点でそれ自身の原理と明らかに矛盾しているのを示すことであった。しかし、こうしたたぐいの不正への告発は、その当の原理をある程度まで支持し続ける人によって行なわれて始めて、実際に説得力をもつのだ。なぜなら、ある特定の伝統やシステムが価値を尊重しないと非難するにしても、その価値が本質的には空しく偽りのものであり、したがってどんな性質の伝統やシステムによってであれ実現されえないようなものであるならば、その非難も真剣なものにはなりがたいからである。

もちろん、フーコーが多くの少数者の権利尊重のためにみずから戦ったその並外れた決意と勇気に対しては、最大限の賞賛の念を覚えずにはいられない。社会は、少数者たちがその社会のまとまりやアイデンティティーにとって脅威になると考え、その脅威から身を守るために少数者を締め出したりのけ者にしたりするのである。だが同時に、理想や道徳的価値を破壊することに彼と同様の粘り強さや才能を示した著作家を見つけるのも難しい。〔もし彼が理想や道徳的価値をもっていたなら〕それは、まさにいかなる名においで彼は、どんな場合も排除された人や虐げられた人の味方に回らねばならないと考えたのか、この問いに答えるのを可能にしてくれたであろうが。重要な点は、フーコーが政治や精神医学、また司法、刑罰、刑務所といったわれわれのシステムに対して表明したような根本的非難を免れる可能性のある組織や制度が存在しうるかどうかである。だがこれに関しては、私の気づいた限り、フーコーは、実質的なことや説得力のあることは決して何も言おうとはしなかったのである。

真理への意志がその最終的帰結にまで実際に推し進められると、言葉の伝統的な意味における道徳的要求の執拗さは、ついには、公然と認めるのもますますためらわれる許しがたい素朴さのように感じられる。そして、正義への奉仕に費やされるエネルギーは、もはやほとんど絶望のエネルギーでしかありえない。実際、人々が反対する悪習を取り除くことは、人道主義的な幻想や解放という夢をまだ完全には捨てきれない人にとってしか不可欠で明白な改善とはなりえないからだ。フーコーは、他のどんな現代思想家よりも、こうした幻想や夢を時代錯誤的で滑稽なものにすることに貢献したのである。彼は、哲学において観念論の最後の残滓と見なされかねなかったあらゆるものから身を守るのに激しい敵意をもってしたが、この激しい敵意は、彼特有の絶え間ない社会参加《アンガジュマン》を考えてみれば、結局、深い理論的確信というよりは、防衛策とか一種のルサンチマンとかはっきりした否認といったものにずっと似ている。

フーコーが最新の著作[78]についてみずから行なった紹介によると、彼は何か倫理学の自律性といったような考えを再発見しつつあったように思われる。彼は次のように述べている。「われわれの経済とか民主主義などを転覆しなければ、性生活や家族生活において何ひとつ変えることはできないだろうと思ってきたわけです。私の考えでは、社会、経済、政治構造と倫理の間には分析的または必然的な関係があるという考えを、われわれは脱ぎ捨てなくてはならないのです。もちろん、このことは社会、経済、政治構造と倫理の間にいろいろな関係がないということを意味するのではありません。しかしその関係というのは一定しない関係です」(79)。道徳的規範と行為とを区別しなければならない。「行為（品行）というものは、人々に課される道徳的規範《コード》（処方）に対して人々の真の行動になっています」(80)。道徳的規定にはある重要な側面がある。それは普通、それだけで対象として措定されることはないけれども、規範に還元できるものではない。「人が自己自身に対して持つ関係のあり方、自己との関係、それを私は倫理となづけているわけで、この自己との関係が、個人がどのようにして自分自身の行動の道徳的主体として自己をつくりあげると見なされるかを決めている」(81)。こうした言明が示していることは、ある人々からは革命的な発見だと呼ばれることになるだろうと、今からでも予見することができる。意地悪な人なら、フーコーには、他の指導的思想家と同じように、自分がふとあるときに信じていたことは、同時に他の誰もが自分と同じように信じていることだ、と考えてしまう困った傾向があったとおそらく指摘するだろう。生まれつきが大らかな気質の人なら、何らかの根本的な真理を再発見するのに決して遅すぎることはないと思うかもしれないが、それでも、フーコーよりも少々古典的な（つまり、彼ほど歴史家的でもなく政治的でもないということだが）多数の哲学者たちがそうした真理を完全に見失うような過ちをおかすことは決してなかったと述べるだろう。

第五節　反-人間主義の中途半端と非合理主義の不整合性

どうしてもどちらかを選ばなければならないとしたら、私個人としては、フーコーの立場よりはシオランのような立場を選択しがちだ。反 - 人間主義はきわめて困難な企てであり、それが徹底されたときにのみ現実的な意味をもつのだ。「人権」概念やその他それに類した概念に基づく政治的行動主義のあり方を決定できるほどに、人間中心主義と人道主義的確信がたっぷりしみこんだままの形だけの反 - 人間主義など、結局、それが笑いものにしている頑迷な人間主義のあり方と同様あまり誠実でも現実的でもないのである。なぜなら、反 - 人間主義は、抗いがたくどこにでもつきまとう支配への意志や破壊への意志のような決定的な非合理的要因の発見を、決定的な「革命」であると表明するのであるが、――そんなことは、合理主義の伝統に属するごく少数のもっとも見識のある人たち――同時にもっとも悲観的な人たち――には、はじめから自明のことであったのだ――反 - 人間主義は、その見かけにもかかわらず、自分が感じ取り示唆している究極の耐えがたい真理に、合理主義的伝統におけるもっとも見識のある人たち以上に近づけはしないし、近づくことを認めもしないからである。フーコーは、次のようにはっきり述べている。「私の考えは、何もかもが悪いということではなくて、どこにでも危険があるということで、この二つのことはまったく同じ事柄ではないですよ。何もかもが危険であるとなれば、その場合、われわれはいつだって何かをしなければなりません。私の立場は無関心に行きつくのではなくて、直接行動主義に通じるわけですが、これはペシミスムを排除しているわけではありません(82)」。私の知る限り、現実主義の要求を考慮しつつかといって道徳側の要求を完全には捨てないできた理論家たちは、皆いつも同じことを言っていた。普通「モラリスト」と呼びならわされている思想家たちの考察は、たいがいの場合、道徳といったようなものの可能性そのものについての問いかけにあった。われわれが知っているすべてのことにもかかわらず、道徳を信じること（フーコーが、われわれが道徳についてずっと多くの知識を得てくるに際して恩恵を被った人たちの一人であることは言うまでもない）は、こんにちではこれまで以上にすぐれて道徳的な問題である。

私がとても恐れているのは、完全に首尾一貫した厳密なものと見なしうる反 - 人間主義の唯一のあり方が、ホルストマンのいわゆる「脱人間的思考（anthropofugales Denken）」によって作り上げられるのではないかということである。この思考が提案するのは、ニヒリズムと非ニヒリズムを分け隔てるという最終段階を大胆に踏み越えてしまうことと、人類がみずからに固有の異常を正したり、比較的短期間で自分の本当の使命――すなわち人類自身や他の生きとし生けるものすべてに対して、完全な根絶による最終的解放をもたらすことにある、最高の慈愛を行使するという使命――を見分けてそれに到達したりする手段は、結局人類がもっていると認めることだ。

軍事技術の分野で実際に可能となった種々の成果は現在すでに、これまで蓄えられてきた核融合による超過殺傷（overkill）能力や、またこれと同列に論じうる、生化学的な備蓄とか細菌学的な意味での「クリーナー」などによって、われわれ人類を一人残らず地上から消滅させることもできる状態にわれわれをおいているはずだ。それと同時に、進化のあやまった歩みは正され、自然淘汰の原理は絶対的な支配力をもって再興され、創造のトロイアの木馬は破壊されることになろう。人間精神のうちでは苦しみが自己意識にまで達し、それによって苦しみはいっそう大きな力へと高まることになる。怪物（das Untier）は、長く難じられてきたその不合理さを、可能な限りもっとも決定的なやり方で正式に認め、「私は決して存在するべきではなかった」という単なる条件法から、「私は決して存在しなかった」という複合過去へ移行してしまうだろう。(83)

ゴットフリート・ベン（この人は、ある時期、徹底した脱人間的なものの見方がもっともできる代表的な人の一人であった）はニーチェについて、西洋を創りだした偉大な人々の多くを突き動かしてきた深いニヒリズムと較べると、ニーチェの態度は結局「理想主義的なアンティノオス」あるいは「楽観主義的な教育家」のようなものに見える、と語ったことがある。同じように、フーコーのニヒリズムは、ドルバックやショーペンハウアー、ハルトマン、クラーゲスといった思想家に代表される脱人間的な偉大な哲学的伝統と較べると、ほとんど遅れてきたロマン主義のように見える。人間存在に何も求めず何も負っていない「事物の秩序」に比べて、人間存在は無意味で不合理かつ有害であると示すことだけが重要であるなら、問題はある意味で昔から解決済みだともいえよう。このゆえに、ニヒリストたらんと決意したときには、同様に良さそうな道に気をとられない方がよいということも考慮に入れると、ホルストマンの診断が、私にはまったく適切なものに思える。「フーコーは——他の構造主義の同調者と同様——再発見者である。その哲学史に関する幅広い読書と学識にもかかわらず、フーコーは自分が哲学上の未踏の地（terra incognita）にいると感じてしまい、自分がその空白を指摘し苦労の末発見したものが、かつてすでにその見取図が作られ概念化されていたことを忘れてしまったのである。このあやまちは悲劇的だ。というのも、フーコーが戦い決着をつけようとしていた人間主義的な空位期というのは、それが崩壊するときにさえ、それが反抗する者たちに及ぼす力をそのように示し、脱人間的な伝統からフーコーを切り離してしまうからである。その伝統について知っていれば、フーコーの知性の行程もそれほど骨のおれるものでなくなり、その洞察もより深まり、視野もより広がったであろう[84]」。

こうした事態を、人間主義の検閲の執拗さに起因するものとみるべきか否かは、ここでは重要ではない。考慮すべきなのはとりわけ、脱人間的伝統の過激な結論を前にしてたじろぐ人たちが、人間中心的・人道主義的合理主義のあらゆる形態と根本的に変わらない状況にまた陥るということだ。人間中心的・人道主義的合理主義の全形態が今日直面している問題とは次のようなものだ。すなわち、完全に荒廃を招く歴史的・政治的・人間学的等々の経験が追い越してしまった、そして筋を通すごく少数の識者以外——もっとも、彼らにしてもどの程度真面目に喋っているのかいつもわかるわけではないのだが——あえて危険を犯してまで完全に片付けてしまおうとは誰も思わない、そういう理想の残骸をもって何をするのかという問題である。スローターダイクはたしかに、真正なシニシズムのもつ断固とした「生命愛好」の観点をとっており、脱人間的伝統のもつ基本的生命忌避の視点とは対照的である。彼は、法的に自由で平等なパートナーどうしの平和的な対話という、合理主義によるおおげさなフィクションに関して次のように述べている。「誰だって対話理念の「方法上の反現実主義」をからかいたくもなる。実際、本書の一部も、手変え品変え現われるこの手の愚かな理想主義に対する笑いが、それなりの正当性を持つことを認めようとするものである。だが一度あらゆる異論に耳を傾けた上で、意識が現実主義のあらゆる地獄をくぐり抜けてきたとき、ひとはあらためて出発点に立ち帰ってくることになるだろう。自由な対話というすこやかなフィクションを守り抜くことは、哲学にとって最後の課題のひとつである」[85]。現実主義に属する合理主義者——幸いなことに意外と少ない——だったら、結局はこれ以上のことを言うとは思えない。そういうわけで、決定的な一歩を踏み出すことを（それなりの理由がないではないにせよ）拒んでいる反‐人間主義者も含めて、誰もが今日直面している問題を、ムージルが行なったのとは別の仕方で、あるいはそれ以上にすぐれたやり方で言い表わすことが可能なのだろうか。

今日ひとは人間性の信用危機、つまりいまのところはまだ存在する、人間性への信頼の危機について繰り返し語っています。危機と言わずにパニックと呼んでもよいかと思いますが、それがいまや、私たちは自由に理性によって何事をもなしうるのだという信念に取って替わろうとする勢いです。ここで私たちが勘違いしてはならないのは、この二つの倫理的な、そして倫理的‐芸術的概念である自由と理性は、人間の尊厳のシンボルとして、ドイツ人が世界市民の仲間入りをした古典主義の時代から私たちの時代へもたらされたものですが、十九世紀の半ば、あるいはその少しあとからは、すでに健康そのものという状態ではなかったという事実です。両者はしだいしだいに「振るわなく」なりました。人々はもはや彼らをどう「扱う」べきか分かりませんでした。そして彼らが萎びるがままに置かれたのは、彼らの敵が挙げた成果であるよりもむしろ、彼らの味方こそが原因をつくったと言えるのです。ですから私たちは次の点に関しても勘違いしてはなりません。私たち、あるいは私たちの後に来る者たちも、多分この変わりばえのしない観念に還帰することにはならないだろうということです。むしろ私たちの課題、精神に課せられた試練の意義は——それこそは、めったに把握された試しのない、時代を問わずにあらゆる世代に与えられる、苦痛と希望に満ちた課題なのですが——つねに避けることのできない、いやきわめて望ましい、新たなものへの移行を損失を最小限に抑えてなし遂げることでありましょう！　そして、本来ならもっと早くなされるべきである、保守しつつ変化する理念への移行をやり過ごしたからこそいっそう、こうしたときに助けとなる諸々の観念、つまり真とはなにか、理性的とは、意義深いとは、賢明であるとはなにか、さらには反面教師として愚かさとはなにかといった観念群が必要なのです。ところが悟性と知恵の概念がぐらついているときに、愚かさの概念ないし部分概念を形成することができましょうか。(86)

まったく今風の哲学的ラディカリズムには多くの形態があるが、それは意図的に損失の問題を無視したり、損失や清算の重要さによって変化のもつ意義を評価する傾向さえもっている。さまざまなラディカリズムは知識階級のなかでは一時的に成功を収めたが、どうやらそれは、われわれに先立つすべての時代に生じていたのと同様、われわれの時代に多少なりとも差し迫った仕方で生じている現実問題とは、何の関係もないものと考えなければならないと私には思われる。

こんにち、えてして理性に幻滅したとか、失望した、あるいはがっかりしたと語られるが、合理主義の偉大な伝統の代表者たちがたいてい、現代の大部分の非合理主義者よりもずっと幻想を抱くことの少ない人々であったことは、少々あまりにもたやすく忘れられている。典型的に合理的と原則的にはみなされている活動に、まったく非合理的な動機が介入していることを明らかにする出版物は、目下のところ、ほとんどいつも成功確実だとおおむね言ってもいいだろう。たとえば、次のような著作が増えつつあることはご存知だろう。それは、もっとも立派で著名な科学者でも、かなり多くの場合、個人という観点からみると、野心的で出世欲が強く、計算高くて日和見主義的で、——破廉恥極まりないことには——時と必要に応じて典型的ないかさまや不正でもやりかねないような人物だったことを証明しようとする著作である。ここから一般的に導き出される結論は、科学において前提されている合理性とか客観性といったものは、哲学者が合理主義的学問〔科学〕についてでっちあげた神話だということだ。しかしながら、このようなことをしてもその意義の大部分は結局失われないという保証は少しもないのだ。そうしたたぐいの出版物が惹き起こすと思われるおぞましいスキャンダルは、たいていの場合その著者の頭の中にしか存在しないのである。科学者の振舞についてそうした著者があげている「新事実」なるものは、当事者にはたいてい周知の事柄を扱っているのであって、それが関係者に受け入れられるときにも、実際の驚きはまったくないし期待通りの憤慨を呼び起こすこともない。そのうえそうした「新事実」なるものは、本当に興味深い問題はまったく手つかずのままにしておくのだ。つまり、自分本位で挑発的な個人的動機や、「野性の」

カンや、根拠のない思いつきが、学問〔科学〕共同体のうちで行なわれる厳しい間主観的な点検を通して、いかにして客観的認識の獲得や向上に至りうるのか、またどの程度それは可能なのか、という問題である。科学史や科学社会学からまったく非合理的な結論を導きだす人たちが通常想定しているように、科学の合理性・客観性・公正さは科学に実際たずさわる人の合理性・客観性・公正さとまったく単純で直接的に結びついているなどとは、信頼できる合理主義者なら誰ひとり決して思ったことはなかったのである。

ときどき行なわれる、批判的合理性とかコミュニケーション的合理性のような「乗り超えられた」価値や、真理や人間性といったものを最終的に清算してしまおうという提案は、進歩を構想するにしては奇妙なやり方である。なぜなら、そうすると結局、もっとも弱く貧しいものが大量武装した最強の専制に対してもっている最後の防御策を、明確ないかなる代償もなしに撤去してしまうことになるからである。もしこの防御策がまったく空しいものだと思うのならば、それより有効な防御策は何からできていて、何をもたらすのかをはっきりと示さなければならない。この点について私は、「左派」ニーチェ主義者たちの貴族意識やエリート意識には、私ごとき単純な人間の理解をいささか超えたうかがい知れない謎が含まれていることを謙虚に認めなくてはならない。

たしかに、「批判、寛大さ、単純さ、自分自身の限界をよく知ることなどを説きながら、それにもかかわらず、味気ない教条主義的な教会を創設した」(87) 合理主義者たちを皮肉ること以上に容易なことはない。それではファイヤアーベントは、(自分自身の伝統への)批判や(他の伝統への)寛大さ、各人の自由の尊重、および他の同様のこと以外いったい何を説いているのだろうか。批判精神、寛容さ、精神の自由さ、現実的思いやりといったものは非常に容易で広くいきわたっているなどと、これまで誰も言ったことはないし、それらの確実な発展を可能にしながら、自由主義や多元主義の唱道者(それが合理主義者であれ非合理主義者であれ）が自分の説くのとは正反対のことを行なうのを阻止してもくれるような万能薬を、これまでに発見した者などいなかったのだ。そのほかの点に関しては、ファイヤアーベント自身もまた、自分の敵である合理主義者に貼りつける愛想のいいレッテルを活用するべく、まったく同じように教条主義的な自分自身の教会を、つまり、理性の伝統の何たるかをまったく知らないでいてそれを弾劾するような多数の日曜読者や無学者や宣伝屋から成る教会を、すでに創設したのではないか。そしてファイヤアーベントが、自分と対立する間抜けな批評家たちにちゃんとわからせようとしたら、同じ考えを初歩の初歩から三回は繰り返さなくてはならないなどとぼやいているのだから、正確に同じことが言えないという合理主義者とは、論争の現状においては誰のことなのか。

たしかに、事の真相は、「冗談、娯楽、幻想こそがわれわれを解放するのであって、「真実」ではない」[88]という考えのうちにある。ファイヤアーベントは、唯一本当に許しがたいのは真面目の精神だと考える長い嘲笑の伝統の、最新の代表者なのである。だが私の考えでは、さらにいっそう有害なものがある。その一つは、自分は「真面目な」認識〔知識〕とは何の関係もないと公言しているのだから、自分はきっと愉快に違いないと思いこんでいるたぐいの著作家たちに見られる、耐えがたい真面目さである。もうひとつは、ますます増殖している一種の哲学的著作が産みだす我慢ならない退屈さである。そうした著作というものは、リヒテンベルクの言葉を借りれば「納得できるほど十分な論証がされているわけでもないし、かといって楽しめるほどに気が利いているわけでもない」[89]、つまり強制力のある立論のような説得力もなければ、風刺の辛辣な力（や別種の真面目さ）もないのである。結局、私はスローターダイクとかなり意見が一致しているので、こう言ってもいいだろう。われわれは巧妙な非神話化も脱構築もイデオロギー批判も社会学も精神分析も十分に持っているのだが、その代わりわれわれには真のイロニストがひどく足りないのだと。残念ながら、現実の幻滅は、偉大な笑いの伝統のもつ比類ない絶対的な力を、きわめてわずかであっても喚起するようなものは、これといって生みださなかったのである。今日多くの人がそうした笑いの伝統を復活させると言いはするが、たいていは、自分以外のものを面白がって笑わせることなどできないのである。

スローターダイクの言うように、現在の状況において賢明なのはおそらく、混ぜものの思想・折衷〔雑種〕化の思想・混乱の思想がその魅力をいくらかなくし始めるのを待つこと、そして、何を考えるにせよやはり現実のものである明晰な思想の魅力がしだいに再発見されるのを待つことであろう。「ヨーロッパのロマン主義以来、いわゆる非合理主義の潮流が繰り返し近代合理主義の過程に抵抗してきた。現代にもまたこのような反合理主義の波が押し寄せている。そこには感情の論理、神秘主義、瞑想、自己省察、神話、魔術的世界観等のモチーフ、要するに「別の理性」の様々なモチーフが混じり合い渦巻いている。ここで善玉と悪玉とを選り分けても仕方がないだろう。流行が去ったとき、どのインパルスが生き残るかは自ずと明らかになるはずだ。アメリカ流のごった煮趣味がこちらにも上陸し、anything goes〔何でもかまわない〕に束の間の興がそそられ、やがてその興奮が消えていったとき、明晰が持つ魅力がふたたび見なおされる日がやってくるだろう。濁った混ぜものの旨味は長続きはしない。「何でもいける」ところでは、何でもよい、どうでもよいになってゆくだろう。だが、そこをまたわれわれは通ってゆかねばならないのである」(90)。

現代の非合理主義の弱点とはまさに、自分を重大視し教条主義的な有無を言わせぬ口調で「別の」認識や理性に触れる、そのひどいやり方だ。「別の」認識や理性は、それに敵対する通常の認識や理性よりもずっとすぐれた結果に到達する——その手段を詳しく説明はできないが——のを可能にするということ以外、現代の非合理主義はそうした「別の」認識や理性について概して何も言えはしないのだ。「堅気であることを強いる市民的な束縛が、非合理主義の持つ風刺性や詩的可能性、イロニー的な側面を台無しにしてしまう。「異」なるものを見る者は、また異なった語り方をするべきなのだ。しかし狭い合理性の彼方に「把握」したものを披露するのに、よりによって堅気の認識の有効性を主張するというのでは、非合理的なものも合理的なものも両方とも駄目にしてしまう。自分の世界観を語るには言語的に未熟な思想家をドイツでは一般に預言者と呼ぶ[91]、と言ったのはゴットフリート・ベンだが、託宣を垂れる非合理主義の核心を突く指摘と言えるだろう」。同じように、ムージルも次のように指摘して、一貫して過度に「直観」に訴えることについて、本当のことを述べている。「この点についてこんにちの状況は、証明もできず徹底的に考えぬかれもしなかったことを主張したいと思う者は誰でも直観をもち出すといったかのごとくなのだ[92]」。

挑発者・イロニストの才能に本当に恵まれているファイヤアーベントを除くと、現今の非合理主義的形而上学の代表者の大部分がしていることといったら、「重い理論を背負う憂鬱と勿体ぶった自惚れとが同居[93]」して、面倒なやり方で真面目な認識を装うことぐらいが関の山だ。この人たちは、司祭や預言者風の口調をほとんど抑えることができない。そこではスローターダイクが「偉大な哲学的道化」と呼ぶものが座を占めることになる。だが、だからこそ道化師に、まして哲学的な道化師に価値があるわけではない。ファイヤアーベントが賞賛をこめて引用する多くの思想家たちのなかには、啓蒙や合理主義の伝統のまったく典型的な代表者と普通見なされている著作家がかなり多くいる。これに驚きを覚えられる唯一の人たちといったら、われわれの近代を構成する構造的特徴のひとつである合理主義と非合理主義との闘争が、一方的な解決や排除する手続によっては決着がつかないことをいまだに理解していない人たちだけである。

論争の現状において確かなことは、リヒテンベルク（もっと新しいところではムージル）のような啓蒙家がそなえている懐疑主義、柔軟さ、繊細さ、明確さや微妙な違いに対する抜群のセンス、深く模範的な人間性などを考慮してみると、いまの非合理主義側の司祭や預言者の態度はたいてい、独断的で、粗雑で、堅苦しく、短絡的で、まったく困ったくらい原始的であるといった印象を与えるということだ。非合理的なものの思想的指導者の大部分は、自分で思っているように先に進んでいるのではなく、ただ単に遅れているのである。しかも時には、合理主義がとりわけ自分にもうまったく自信をもてなくなっていた時期に生みだした最良のものと比べてみても、非常に遅れているのである。

第六節　認識なき行為から認識に逆らった行為へ

ノイラートが「似非合理主義」と呼んで、紛れもない迷信と同一視したものは、合理的な討議や正当化が、決定の場合には一貫して本能、権威、伝統といった動機の代わりとなりうると考える傾向のことであった。典型的に近代的なこの幻想に対してノイラートは、彼が「補助的動機（Auxiliarmotiv）」と呼ぶものの重要性を強調した。「多くの場合、行為者はさまざまな行為可能性を考慮することによって何の結果も得られないことがわかった。行為者がそれでもやはり実現するためのひとつの可能性を選択し、その実現のためにより一般的な原理を用いるなら、そのときわれわれは、このようにして生じる動機、つまり問題となっている具体的な目標とは何の関係もない動機を補助的動機という名で指し示すことにする。その動機はある意味で、どうしても決心できない人の助けになるからである。もっとも純粋なかたちで補助的動機が現われるのはくじ引きのケースである……」[94]。合理主義のめざましい進歩は、不可避的な結果として、本能の衰弱や伝統の衰退をもたらした。これは普通考えられているのとは反対に、補助的な動機づけの重要性を相当程度高めることになった。「補助的動機はおそらく、伝統と合理主義との間をいわば媒介するのを可能にするのにふさわしいものである。かつては前兆とか運命の決定には内的な意義があったけれども、いまではそれらは単なる方策となってしまった。典型的な補助的動機が、多くの合理主義者の特徴である傲慢さをもって伝統的人間や本能に従う人間の面前に立ちはだかることは決してないだろう。そういう人間は、本能と伝統が支配していた共同生活の時代が終わってしまったことを場合によっては遺憾にすら思って、もしものときには、補助的動機を合理主義の発展によってまさに不可欠のものとなった代用品としてすぐに扱いかねないのである。この意味で、本能、伝統、補助的動機は、似非合理主義の共通の敵である」[95]。ムージルも次のように指摘している。「いわゆる文明を語の最悪の意味で理解する時、それが実際本質的に意味しているのは、個人が、(政治的民主主義や新聞を考慮するといった)初歩的なこともほとんど知らないような問題の重荷を課され、その結果個人はまったく病的なやり方でそれに反応するのが当たり前になってしまうという事実にほかならない。われわれはこんにち、ライプニッツのような人でも意識的な選択が不可能であるような決定の責任を、平凡な商人に負わせているのである」[96]。ところで、すべての問題はまさしく、個人はたいていの場合合理主義者の言うような意識的選択をすることができないままに決定しなければならず、事情をよく心得て十分な理由のある行動をそのつどしようとする意志も、結局は行動の全面的な不可能性を招来するにすぎないという点である。

ファイヤアーベントの立場は、明晰に定義しうる限りでは、似非合理主義とも非合理主義とも共に何か関係がある。見かけはすべて反対であるにもかかわらず、彼の立場には典型的に似非合理主義的な要因がある。なぜなら、ファイヤアーベントには、合理主義者が認めないところにさえ、行為を正当化する理由や規範や規則がやはりあると信じたり、明らかな合理性がないところにさえ、暗黙の合理性がやはりあると信じたりする傾向があるからである。ノイラートは、「似非合理主義者はつねに自分の見識(Einsicht)に基づいて行為したがっており、だから自分が見識によって行為したという意識を自分に喚起してくれる者なら誰にでも感謝する[97]」と指摘している。合理的に正当化された実践という考えが強迫観念となったのは、もっぱら、行為の主導動機となる価値、伝統、行動モデルの衰えのためであるが、ファイヤアーベントの考え方に、この考えが漠然と相変わらずつきまとっていることは明らかである。ファイヤアーベント自身はどうやら、なんでもかまわない(anything goes)、すなわち、たとえばコインの裏表で決めることも含めて、ひとつの決定を導きうるどんな方法でも実際にはよいとノイラートなら言うであろうような、そうした場合が現に数多くあるとまで率直に認めるのではなく、その考えを合理主義者に帰している。だが合理主義者は、彼らが規則、規範、正当化と呼ぶものがこのような場合に介在することは認めない。伝統の力と優れた点は、そのおかげで、たいていの場合個人は「知る」には及ばなくても断固たる態度で行動できることだという考えを、ファイヤアーベントは素直に受け取る気はないようである。一般に伝統のいいところとは、厳密な意味での知(le savoir)と同じくらい、あるいはそれ以上に知っていることも(savoir)なのではない。伝統に従って行為する個人は、その伝統が備えている特定の「見識」に必ずしも基づいて行為するとは限らないのである。われわれは今日そうした「見識」を、合理主義者が「合理的」と呼ぶようなたぐいの正当化によって置き換えようと無駄な努力をしているのだが、そうした正当化は、実際はたいてい遅ればせの合理化にすぎないのである。

たしかに、ファイヤアーベントはかなり意表をつくタイプのアナーキストである。なにしろファイヤアーベントは、どんな伝統であれそれの認めた有無を言わさぬ形態にはほぼ無条件に敬意を払うと表明しているばかりか、規則一般を愛好するとも公言し、それは、見方によっては決して十分なものではないが、確信にまでなっているからである。よく考え抜かれた方法論的アナーキズムは、規則の増加と同時に、あらゆる規則を具体的な状況にそのつど適合させるその柔軟な使い方に特徴がある。「私は、あらゆる規則には限界があるという事実の説得力を高めているのであって、われわれは規則をもたずに生きるべきだと結論づけてはいない。私はコンテクストを考慮に入れるよう勧めてはいるが、コンテクストに依存する規則が絶対的な規則にとって代わるべきなのではなく、前者は後者を補完すべきなのだ。私は、規則や規範を排除したいのでもないし、規則や規範には何の価値もないなどと証明したいのでもない。それどころか、私はわれわれの規則の目録を増やしたいのだ。つまり、規則が多くあればあるほどいっそうよいのである。さらには、私はあらゆる規則や規範のための新しい使い方を提案しているのである」[98]。御覧のように、合理主義一般を荒廃させる批判は、不都合な場合には次のような用意されていた地点まで後退する準備がいつでもできているのである。すなわちそうした地点とは、実際はほとんど、合理性の明確でアルゴリズム的で形式化できる等々のモデルに対する（まったく正当化された）単なる批判という地点なのである。

科学技術文明の問題について真剣に考察するあらゆる試みがこんにち見せる困難の大部分は、われわれが実際に科学や技術に依存している度合いが、われわれの立てようとしている（そしておそらくまたそうすべき）根本的な問いのいくつかを多かれ少なかれ修辞的なものにしてしまいがちだということに由来している。

こんにち科学に依存して生きている人々の大部分は、もし科学が彼らの生活を可能にし守っているのでなかったら、心配でまったく気が気でないだろう。……さらに科学は、適者生存 (survival of the fittest) の野蛮なメカニズムを断ち切った。科学は、生きることに不向きな人々により多くの生を授け、その人々の生をより永らえさせるのである。……生物学的な観点からすると、われわれはもはやダーウィン的世界のうちで生きているのではないという事実、あるいは、いずれにせよわれわれがそのような世界で生きることがしだいに少なくなっているという事実、これは科学がもたらした結果である。たとえ科学が、見定めがたい影響を今度は自分が抱えているとしても、科学のもたらした結果をあっさり取消すことはできないのだ。科学の影響の結果に関する権限は、科学が警告を発する限り、なおも科学に属するものである(99)。

たしかに、われわれは科学が無ければ気が気でないという事実や、科学が実際上絶対に不可欠なものになってしまったという事実、これ自体が十分に科学の結果だということは正しいし、必然性は決して正当化と同じものにはならないということも正しい。しかしながら他方では、科学のおかげで生存や長生きが可能となった人間存在が存在していなかったら、あるいは消滅していたら、より満足のいくより人間的な解決がもたらされていなかったかどうかという問いにわれわれが明確に答えないうちは、われわれは科学の存在を意のままにすることもできないし、科学がどの程度存在を許されうるのかを自由に決めることもできないのは明らかだ。その結果、ブルーメンベルクが指摘しているように、次のようになるのだ。「ここでは、われわれが責任をもてるものの限界は、あちこちで考えられているよりもはるかに狭い場所しか残さないような仕方で引かれるかもしれない。単独で歩みを進める科学が呼びさます不安と科学の不可欠性の束縛との間には、漠然とした遊動空間がある。これは自由に使える予備のものとしてふさわしいのだが、それを全体の上に投射することは過ちのもとである(100)」。

ノイラートは、決定と行為の問題に関して、知が現実に伝統のかわりになれる見込はまずないと主張している。ニーチェがつとに確認していたように、人間はより啓蒙され物知りになるにつれて、より気弱で意志薄弱・優柔不断になるだけなのである。

知的啓蒙は、人間をより決断力のない、より意志薄弱なものにし、手下や支持者を見出したいという欲求を増大させるのに、要するに人間のうちの群棲動物（das Herdentier）を成長させるのに、絶対確実な手段である。こうしたわけで、統治にかかわる偉大な技術家たち（たとえば、中国の孔子、ローマ皇帝（Imperium Romanum）、ナポレオン、そして世界に対してだけでなく権力に対しても関心をもっていた時期の法王）――彼らのうちでは、支配本能がいまでも頂点に達している――は、実際に知的啓蒙に努めたのだった――あるいは少なくとも、（ルネサンス期の法王のように）支配的となるにまかせたのであった。たとえばどんな民主主義でもそうであるように、大衆のこの点に関する自己欺瞞の仕方は大変貴重である。人間が卑小化し支配されやすくなることが、「進歩」の名のもとで切望されているものなのである。[101]

現実政策（Realpolitik）の多少ともシニカルな名人たちの手にかかって啓蒙があれほど有効な道具となりえた理由とは、ニーチェによれば、啓蒙は当然のことながら、人間存在を、十分に強力な本能や野心や意志をもちつづけた並外れた個性からいっそう影響されやすく操作されやすいものにしてしまうということだ。啓蒙のいう意味での認識と自覚の増大とは、通常の個人にとってはせいぜい不安定さや優柔不断や依存関係が強くなることを意味している。換言すると、知は、本能的動機を知性化することによってそれを破壊したり弱めたりするが、本能的動機の代わりとなる手段をもってはいないのである。

ファイヤアーベントの場合、非合理主義とは、伝統が知にとって代わりうるということを、しかもたいていは自信満々で知にとって代わりうることをほのめかすことにある。今日的な意味での知の発展は、実践的決定の問題を往々にして解きがたくするほど複雑にしてしまっただけでなく、数多くの認識〔知識〕、特にきわめて貴重な実践的認識〔知識〕の衰退をもたらしたことは間違いない。しかしだからといって、知の近代的なあり方に行きつき、同時にそのさまざまな難点や否定的な結果を十分に体験する機会をもった人ならば、一方の知と、他方の伝統、本能、宗教、神話などの力とを対立させてきた競争のいわば原点からやり直す、きちんとした解決のようなものを提案できるという結果にはならない。これには少なくともごく単純な理由がある。ブルーメンベルクがそれを指摘している。「この成功に飽き飽きした人々にとって、現実を支配することは、夢見ることをやめてしまった夢、夢見るに値しなかった夢のように思われるかもしれない。生が自分の被っている抑圧を、周縁的な問題においてほどは感じないような状況が当たり前のことと受け入れられ、もはや気づかれもしない場合、嫌悪感や不快感を醸成することは容易なことである。いまだ現実を支配するに至っていない文化はその夢を見つづけ、それからもう目覚めたと思っている人々からその夢の所産を奪い取るだろう[102]」。

第三章　「ポストモダン」時代の正当性

われわれが古代文明に対してもつ賛嘆の念を思うにつけ、哲学の入門者を自殺から免れさせるものが、プラトンやアリストテレスが長ズボンをはいていなかったという事実の他に何があるか、私にはわからない。長ズボンは、人が考えている以上に、ヨーロッパ知性の構築に貢献したのである。長ズボンがなかったら、ヨーロッパはおそらく、古代文明に対して古典人文主義的な劣等感から決して自由になれなかったであろう。してみると、われわれの時代がそれと共に生きている一番奥深い気持ちは、われわれは、現在流行の衣服を身につけずに暮している何人《なんぴと》とも一緒に変化したくなどないというものだ。同じ理由から、芸術そのものにおいても、われわれは年々進歩している気がするのである。たとえそれが、おそらくは、絵画展が春秋のニュー・モード発表と同じ時期に開かれるという単なる偶然の賜物であるにしても、である。しかしこの気持ちは、心地良いものではない。事態は、まるで夢の中で降りることのできない馬に乗せられているかのように起こるのだ。一瞬たりとも立ち止まれないからである。進歩は、人がひとつの目的を持ってさえいれば、進んで歓迎されるであろう。人は、ちょっと立ち止まって、馬の背の高みから過去に向けて「私が今いるところを見てみろ！」と言ってみたいのかもしれない。しかし、すでに気の休まることのない進化が続いており、すでに幾度となくそれに加担しているとしたら、腹の下の四肢がバラバラに、しかも確固として前進し続けていることに、惨めさを感じはじめるのである。

ロベルト・ムージル『芸術のいくつかの困難』(一九二七)

第一節　哲学ー小説《フィクション》のある種の実践法について、あるいはいかにして安上がりに合理主義者になるか

非合理主義の長い伝統の中でもいたって卓越した代表者たちはたいてい、自分の敵方を明示して、自分が批判しているのはまさに理性そのものであり単にその時々の文化や時代が思いついたひどく単純で狭隘な理念《イデー》ではないことを隠したりしないという、誠実さと勇気を持っていた。現代のとりわけ著名な非合理主義者たちが用いる戦略は、もっと巧妙であると同時により有効なものである。その戦略はおおむね次のことから成っている。すなわち、伝統的な用語で言えば、「合理的なもの」と「非合理的なもの」の対立が示唆しているようなたぐいの、興味深くまた重要な区別の実在を否定し、合理主義と非合理主義との古典的な対決を、彼ら非合理主義者に敵対する当節の合理主義者たちの無分別や悪意に起因する不合理な捏造だとすることである。右派の人間だけが右派と左派の区別の現実性について疑念を抱くことができる、と言われたことがある。同じく次のようにも言えよう。いまの非合理主義者から見れば、合理主義的伝統をもっともよく特徴づける先入見にいまだに依拠している哲学者だけが、なおも合理性と非合理性という区別や対立の現実性を本気で信じられるのだ、と。

ごく当然な理由があって「非合理主義的」というレッテルを貼ろうとしても、大部分の哲学者は、それがいざ我がこととなると激しく抵抗する。これは、必ずしも「非合理主義的」という品質形容詞が純粋に軽蔑的な含みを持っているという理由だけによるのではない。そうした哲学者たちは、その語が、自分の言っていることや言わんとすることとどう見ても合致していないという点を特に非難する。というのも、その哲学者たちにとって、問題なのは真理・合理性・正当性・権利等の概念と縁を切ることではまったくなく、むしろ、われわれが今はまだ正確な観念を少しも持ちえないでいる、新しい真理・合理性・正当性・権利等といったものを広めることだからである。根本的な批判によって、伝統的な内容をあらかじめ全部取り去られてからっぽにされてしまった諸観念になおも準拠し続けることが、たいがいの場合、単に形式的で言葉上だけのものにとどまるのは、不可避的ではあるが、大したことではない。そうした観念に全面的に更新された内容を与えることは、まさに後世に課された義務だからである。

　ローティは、他の多くの人々と同じように、合理性に関する不毛な議論や論争をきっぱりと終わらせて、合理性についての改善された考え方が現われやすくなるようにしようと提案している。そして、今し方言及されたやり方のまったく驚くべき例を挙げ、次のように言うのである。「五十年後の本好きな人たちの常識が何に類似しているか知りたいと思うなら、いま「非合理主義的」だといつも決まって攻撃されている哲学者のものを読むとよい。そしてその人たちが言っていることのうち、建設的な部分は無視する。その否定的なところ、つまりその人たちの伝統批判に注意を集めることだ。過去の常識のこうした廃棄は、久しい以前から姿を消していた「非合理主義者」に帰すべき不朽の功績であろう。次に何をするのが望ましいかについての非合理主義者の提案は、少々古風なただ一風変わったものに見えるであろうが、その先行者への批判は、明白なものに思われるだろう(1)」。

「後世の人が判断するであろう」とは、霊感を受けた改革者が懐疑論者に対して行なう古典的な応答である。ローティは、後世の人は事情がどうであるかを語ると確信しているだけでなく、後世の人が語るであろうことを今すぐに語ることもできると確信しているのだ。ある哲学者たちと伝統との対立は、「非合理主義的」と呼ばれることを彼らに現在もたらしているが、そうした哲学者たちの周縁性は明日には(「合理主義的な」)常識になっていることだろう。こんにちの「頽廃化」は、別の時代にはすっかり出来上がった観念となるに至り、それに対してはおそらく、新手の「普通でない」観念が対置されることになろう。予後診断というものは、厳密には、明日の正常さに必ずふさわしいものよりも、きっとふさわしくないものの方に余計関係するものである。ただひとつ今すぐに確信できるのは実際次のことである。つまり、明日の正常さは、今は非合理主義的哲学者の試みを英雄的で見かけは自殺的な企てとしているものを、すなわちわれわれが依存し続けている哲学的伝統、あるいはより一般的にいえば、文化的伝統の完全な廃棄を、自明の理のごとく取入れるであろうということだ。

このように比較的慎重であるのは、非合理主義的哲学者の著作の積極的で建設的な部分が結局は呼び起こしてしまう疑いや不満が、彼らの批判する時代遅れの「常識」に関して惹き起こすことのできた疑いや不満とほとんど同じくらいに深刻なものだからである。

たとえば、誰でも超人とかエディプス・コンプレックスには疑いを抱いてはいても、ニーチェやフロイトがしかるべきところに見出した道徳心理学を甦らせたいと思っている人はいない。誰でも、真理はまさに「動いているもの」かもしれないという事実には疑いを抱いていても、ジェームズやデューイが批判した「観念‐模写説」を復活させたいと思っている人は、ひとりも(まあほとんどひとりも)いない。五十年後には、誰も

〈存在の声〉を聴きたいとも思わないだろうし、テクストを脱構築したいとも思わないだろうが、ハイデガーとデリダの批判する、科学〔学問〕と哲学と芸術との区別の仕方をまともに取り上げる人もいないだろう。この二人は、いまのところ、中心をはずれて《エキセントリック》いるように思える。彼らは懸命に、この印象を助長しようとしているのである。二人の著作は、彼らがいかなる点で周縁的《マージナル》〔逸脱的〕であり、他のあらゆる哲学者から乖離し異なっているかを説明する考察に満ちている。しかし、時が経つにつれて、二人は哲学の伝統において中心的な位置を占めるものと考えられるようになり、「神秘的」もしくは「眩惑的」であった、あるいは「ある文化だけに限られていた」ある種の思考様式を克服しえたもの（あるいは、「非合理的」とほとんど同じことを示すために、その時には流行しているであろうまったく別のもの）と見なされるに至るであろう。「理性」は、前世代の非合理主義者を満足させるようなやり方で、つねに再定義されてきたのである。(2)

ローティはどうやら次のことを認めるつもりがないらしい。つまり、通常非合理主義と呼ばれるもののうちには、合理性が決して到達できなかったし、ましてそれを統合しようと試みもしなかったような要素がありうるということだ。というのも、そうすることは合理性にとって、合理性がこれまで被ってきた、そしてこれからも被りうるあらゆる変化を考慮してもなお、基本的に不可能なことだからだ。理性や合理性に関するまったく歴史主義的な考え方からすれば問題にならないことがある。それは、合理主義的伝統の内にもそのライバルたる非合理主義的伝統の内にも同じように不変の核があり、これは、合理性の絶え間ない「定義し直し」によっても決して完全に取り除くことはできなかったし今後もできないだろう、と認めることである。理性は、自分に異議を申立てるものに、少しの間いわば申し訳程度に抵抗するだけだ。理性の柔軟性・愛想のよさ・日和見主義は、ただ単に、本質的・決定的に「非合理的」な考え方を抱かせてくれるようないかなる限界も持っていないだけなのだ。ローティが「非合理的」と呼んでいるものは、文化の（より正確にはある文化の）一定の発展段階に対応する合理性のタイプが、「合理的なもの」としてまだ受け入れることができないものにほかならない。「非合理主義者」とは単に、一時的に自分たちを排除している合理性の歴史的に限定された考え方の周縁にあって、より拡張された合理性への道を開示する人々のことである。そしてその拡張された合理性は、ついには、先代が許しがたい挑発だとして憤然と追放してしまったものを、取消しえない獲得物のように自分のものとするにいたるのである。

「批判的な」時期の方が「組織統一的な」時期よりもはるかに興味深いと考え、哲学の模範的な価値を、いわば、つねに慌ただしく未熟な暫定的統一性を再構築することのうちにではなく、むしろ緊張や断絶、越境、現存秩序の解体などの内に置く傾向の人もいる。このような人にとっては、理性に、もっとも中心をはずれて《エキセントリック》逸脱した要素を、理性自身の歴史における中心的な姿のように後から取り戻せるようにしてくれる見かけは漠とした寛容の余幅《マルジュ》などは、真の進歩への希望どころか、明らかに一種の不幸のようなものである。「「ギリシアの奇蹟」の拡散を、世界を貫く理性の歩みとして性格づけるために白人によって払われた努力(3)」が、ハイデガーやデリダのような著作家が陰に陽にほのめかしている東洋への転回によって、自分の道から逸されることは多分ないだろう、と推定することはできる。「……白人の哲学的重荷の担い手たちが、この二人を怠けものとして告発するのにもうんざりしてきた時には、彼らは二人を、その振舞も何もかもひっくるめて大理石のうちで身動きできなくさせ、理性のたどった道筋の上の標識に仕立てようと思うだろう。それにしても、こうしたたぐいの著作家が増えるにつれ、われわれはしだいにギリシア的でも、おそらく白人的でもなくなってきているのであろう(4)」。

さらに、おそらくわれわれはすでに、差異や対立やヒエラルキーといった、西洋人がその全歴史を通じて苦労してその重荷を背負っていかなければならないと信じてきたものが、完全に消去される点に近づいている。デリダのような人たちが終局的な無差別の地点に近いと思っているよりも、われわれの方がもっとその点に近いのだ。ここでは「われわれは、合理性と非合理性の区別や哲学・芸術・科学の区別が分け隔てているものを一つにすることができるであろう——そこは、考えられたり書かれたりする一切のものが、ただひとつの水車のための水となるような地点なのだ」[5]。となると将来の哲学者は、「デリダの身振りを身動きできなくさせる」[6]ために、(西洋)理性がたどってきた道に点在する大理石の古典的な巨像とは別の表現手段を見出さなければならないであろう。

ローティの特徴的な例が立証しているように、新手の非合理主義者の行動は、合理主義者が合理性そのものの構成要素と考えがちな原理に、今では認識論《エピステモロジー》の領域でしだいに流行しつつあるかなり異論の余地のある多元論的な考え方を応用しているにすぎないのだ。合理性に関するきわめて多様で相反する考え方の増殖は、合理性そのものの利益になるように促進されるべきである。これは、(ファイヤアーベントあるいはその他大勢によれば)科学的な仮説や理論の増殖が科学にもっとも役立つように促進されるべきだ、というのとまったく同じことである。ミッテルシュトラースは正当にも、こうしたたぐいの妥協的な多元論が、実際は、まさしく問題となることをきわめて簡単に清算できるようにしてしまう安易な解決法であることに、注意を促している。

> 個人的に研究計画を立案することが、科学論《エピステモロジー》が規定する多元論的科学観からの主観主義的な帰結として、こんにち広く生じている。このお手軽な考え方は、研究の自由とは、他の異なるどんな選択肢でも選びだせる権利である、と定義している。方法や理論の多元論と呼ばれるものの形をとって、議論や利害関係の多元論的

代表制という政治的原理が、科学的実践の基礎としてもまた推奨される。同時に、理論は意見として扱われ、それを超えた正当化の要請に基づく不動の支点をもつこともなく、人は意見を恣意的に用いる権利を持つ。言い方を変えよう。この科学的多元論の考えによれば、規範的な根拠を援用することによって、科学の実践の枠内で可能なことに対し（言語的なものの領域においてさえ）いかなる種類の規制もそうした実践の中に持ち込んではならないのである。認識〔知識〕の増大は、市場経済の競争のごとく組織された、方法論的な規範と理論の恣意的なイニシアチヴとの間の競争の結果として期待されるのである。研究の自由は自由裁量への認可だと誤解され、待望の合理性の増大は、この恣意性の明らかに神によって授けられた結果であると誤解されるのだ。[7]

このやり方は、将来のみが裁定しうる理論的・科学論的《エピステモロジーク》な諸選択間のほとんどやみくもな一種の競争から、認識〔知識〕の進歩を神の摂理のように出現させるのであるから、残念ながら科学の理念そのものとまったく矛盾することになる。「合理的実践という理念への参照を求めるある意味で多くの条件を要する科学には、真理や純粋な認識といった正当化する目的につねに役立つ諸概念を含めて、そしてまさにそうした諸概念に関して、自分自身を啓蒙する（Aufklärung）という要求がつねに含まれている」[8]からである。換言すると、これもミッテルシュトラースの言っていることだが、科学という理念をすべてきれいさっぱり放棄したいのでなければ、科学の現実はこのような仕方で理解されるだけなのだから、その現実はすでに合理的なものだと仮定しておくことはできないのである。

実を言えば、これは、あらゆる種類の政治的意見の「議会的な」代表制や対決をあらわす多元論的なモデルというよりは、むしろ強力な少数派のモデルであり、それは新しい合理性の唱道者への指示として役立つのだ。ローティがデリダ流の考え方の将来について立てている予想は、いろいろな理由から、かなり時期尚早で不確実なものと思われよう。だが、強力な少数派の特徴とはまさしく、この点に関していかなるためらいや疑いも自分に許すことができず、本当らしいまたはもっともらしい考察をすべて受けつけないということである。ある意見がある時には優位に立つ可能性があまりないのは、その意見が完全に周縁的《マージナル》であるからではない。それが明日には（きっと）認められる意見だからこそ、いま現在は完全に周縁的なのである。将来の科学や合理性、哲学を一貫して引き合いに出す前衛の振舞は一般に、破壊を目指す積極的行動主義と次のような性急さとをあわせもっている。すなわち、それについて記述することも想像することもできないが起こりそうだと想定されるものごとについて、まったく驚かずにはいられないほど消極的なかたちであらかじめ認めてしまうように駆り立てる性急さだ。不確定、決定不能、予測不能、検証不能等々の事柄はすぐれてポストモダン的な価値となったのであるから、どのみちまもなくわれわれに起こることを曖昧模糊とした言い方で指し示すことで満足してしまわずに、人々が望んでいることをもう少しはっきり示す危険を冒すことは結局、遺憾ながら、生成の自発性を妨げ、われわれに約束されている並外れた新しさの出現を危うくすることになるのであろう。

となると、「（自然や社会についての）意のままになる知（Verfügungswissen）」と「（自然や社会の中で）方向づける知（Orientationswissen）[9]」との間に存する劇的な分裂を受け入れるだけでなく、さらに、何らかの指導理念や目的性に応じて歴史的生成を方向づける一切のあからさまな意志を放棄すべき時が来たのである。哲学は、かつては、全般的に支配的立場にある知に対して方向づけの役割を果すと考えられていたが、そうした役割は科学がその現代的な形態においてだいぶ前から求めていないものである。哲学は、こんにちでは逆に、あらゆる指標を評定し、不安定化と激変につながるあらゆる要因を増大させることを任務と定めるべきである。そうした要因は、必要が徳となり、他律が自由の象徴となり、分別のない性格がすぐれて積極的で有望な特性となるような過程を維持し促進するかもしれない。

ポストモダンの哲学は、発展という既成事実を記録したり、未来の風が吹きたいところを吹くがままにさせておいたりするという点で、典型的に歴史主義的なやり方をとっており、このやり方において現実主義への驚くべき転向を遂げる。これは少し以前だったらまだ、哲学という理念そのものの純然たる否定だと解釈されたであろう。マンフレート・フランクも次のように述べている。

哲学は——自分を道徳的に理解している限り——進行中の過程の正当性について一言もいわずに、(ドロイゼンの命名にかかる)「宦官の中性」という態度で存在者を概念に短絡的に引き入れてしまうことのないよう、つねに警戒すべきである。たしかに、画一的で包括的となった世界においては、個体性はその存在が脅かされているように思われるし、見出すことができなくなるようにさえ思われる。そのうえ哲学は、主体性が見失われてきた間のことの推移を理解可能なものにし、明らかにしなければならないことも確かである。だが、主体の死を世の成り行きに基づいて説明することと、フーコーのようにそれを拍手喝采をもって承認することとは別である。事実的なものは、それだけで真であるわけではない。この差異を消し去る「幸運な実証主義」は、支配的権力の行動を(それを承知の上でであろうとなかろうと)単に真似するだけなのである。たしかに、個体は(国家の・官僚制の・社会機械の・あらゆる多様なディスクールの)自律的なものとなった「コード」においては、しだいに消滅しつつある。また死んだ主体はもはやうめき声もあげないとの確認も正しい。けれども、(ドゥルーズ・ガタリ風の)主体無き物象化された機械を喜んで是認するに至る科学史の観点を、主体を沈黙させる力から引き出そうとする解釈をとることは、私にはシニカルだと思われる。主体の危機を、成就しつつあるひとつの事実として中立的に記述することは、単に(「善悪の彼岸」に位置する見地の意味、すなわちたえず認められるべき超‐道徳的認識という態度の意味において)非‐道徳的なのではない。それはむしろ反‐道徳的なのである。なぜなら、それは、現に在るものを、在るべきものの測定器具へと昇格させるからである。(10)

おそらく、もっとも典型的なポストモダンの思想家たちが一貫して「非現実性という留保条件」に訴えているというのは正しい。それについてフランクは正当にも、哲学はいかなる場合にも、またどんなときにもそれを勝手に浪費することはできないと考えている。けれども、ポストモダンの思想家にとって、非現実性という留保条件は満足させるべき要求や実現すべき使命といった観念から出来ているというよりも、現行のシステムの周縁において、システムそのものと対立すると同時に、システムの統一性を強化しその効率を高めるおそれのある一切の企図――そこにはまさにほかでもない、システムによる抑圧を弱めることによって、システムをより許容できより人間的にするような企ても含まれている――と対立するあらゆるものから成っているのである。(ある程度まで)予期され、方向づけられ、コントロールされうる将来という考えそのものは、結局は、システムの論理から現われ出たものとして、またシステムが個人に及ぼす統制や抑圧のもっとも狡猾な形式としてしか考えられない。「たとえばデリダ、ドゥルーズ、リオタールが反対する「コントロール」とは、合理性の、すなわち形而上学の言語ゲームにおけるひとつの手である。形而上学は、単に人間に対して実存の方向づけを与えるだけではない。形而上学は、同様にこの方向づけを、支配というかたちで保証し行使するのである。形而上学的宇宙において、その「秩序」は、人間精神の法則が素材――たとえば自然――の形式を支配する限り君臨するのだ。自然や物質性が考慮されるのは、対象として、あるいは合理性の影響力の適用領域としてにすぎない」[11]。

それゆえ、ポストモダン期の理論家が代わりの解決も本当に信頼できる将来への展望もまったく呈示できないのは、単に、「継承された慣習が衰退した後われわれの将来に与えるべき形がわからないのがわれわれの共通した現状である」[12]ということのためばかりではない。現在の合理性の観点から見て典型的な後退の試みとしか考えられない企てを、公然と助長してしまう危険が大きいとしても、結局のところそうした危険は、「よりすぐれたもの」と自分自身で定義するような将来を獲得する追加的チャンスを、システムにもたらしてしまう危険ほど大きくはない。デリダ、ドゥルーズ、リオタール、セールといった、まったく異なる著作家たちを「ポストモダン」と呼ぶことを可能にしているのは、次のような共通の敵意と特有の偏愛である。共通の敵意（これは時として、純然たる固定観念に変わることがある）とは、「閉鎖的な」秩序という理念の一切に向けられているが、その秩序は十分に「閉鎖的」なので、秩序をよりいっそう合理的にしうる「積極的な」変容のみを認可し産みだすことができるのだ。特有の偏愛とは、差異化、損失、拡散、解体等の、あらゆる「否定的な」要因に対するものである。システムの代表者たちがそれを非合理的だと告発するのは、そうした否定的要因が科学や生活様式や組織のように合理的と考えるべきだとされているものの改善のために利用できないからにすぎない。

秩序に対する不信が型にはまったものでしかありえないのとまったく同じで、無秩序を表面化させるための哲学の関与《アンガジュマン》も未分化で全体的なものでしかありえない。いかなる規範的な原理によっても、次の二種の無秩序の表面化は実際区別できないからだ。一方は、よりすぐれた秩序を予告すると見なされうるために、是認され促進されるに違いないような無秩序の表面化であり、他方は、単に、どんな種類の秩序でも必ず呼び起こす敵意に対する反動のひとつであるために、許容せざるをえないような無秩序の表面化である。いうまでもなく、実際には一つの選択が間違いなく行なわれている。だが、その選択は結局、多かれ少なかれ盲目的な決定論にのみ依存しうるのであって、何らかの正当性原理には依存できないのだ。問題のアナーキズムは、おおむねひとつの道徳《モラル》を実際に持っている。しかし、ポストモダンの意識が最終的に得たもののひとつは、そうした道徳が現存秩序の犠牲者と見なしうる主体を解放する道徳ではありえないことだと思われるので、そうした道徳とはただ単に特徴的な一貫性のなさの一部にすぎないのであって、それについてポストモダンの指導的思想家たちは説明するのを概して注意深く避けているのである。

ローティによればこうだ。「ハイデガーがニーチェにしたのと同じことをハイデガーに対してしたことは、消極的達成であって、それは、「脱構築」についてのお喋りがすべて止んだ後に、デリダに哲学史上の一つの地位を与えることになるだろう。二〇三四年頃、新世代の「非合理主義者」がハイデガーやデリダを飼い慣らした後に、今世紀の哲学者の系統図はおそらく、デリダのハイデガーに対する関係をウィトゲンシュタインのラッセルに対する関係と同じ立場にあるものとして示すだろう。ラッセルがミルに対してしたことを、ウィトゲンシュタインはラッセルに対して行なったのだが、それはミルのうちにも結局のところある正しさがあったことを、つまりア・プリオリなものの経験的性格を見つけだすことによってであった。ハイデガーがニーチェに対してしたことを、デリダはハイデガーに対して行なったのだが、それはニーチェの至福の無関心主義（楽天的な無関心主義）を、つまり「まじめさ」や精神集中や思慮深さ（Thoughtful）への拒絶を再発見することによってであった。[13]」。もちろん、五十年後にデリダは、あまりにまじめなハイデガーのような人からは、脱集中的で陽気なニーチェのごとき存在に思われるだろうなどと予言する人は、何よりも、われわれがデリダのことを今からそんな風に考えるように仕向けたいのだ。これは、ある種の著作家に関する限り、明らかにかなりの説得力を持つ解釈である。それはつまり、「まじめ」で「思慮深く」思われたりすることのないようにと見上げた努力をしたり、レトリックや「文学」、偽物、浅薄さ、軽薄さといった（哲学的には）否定的な価値に対する、ある種ニーチェ的な好みを進んで誇示したりするような著作家のことである。

デリダが、哲学の新たなページが簡単にすぐさまめくられうると思いこんだり提案したりするほど素朴では決してなかったことは認めねばならない。ページは事実上めくられているにもかかわらず、このテーマについて立てうる命題はみな、依然どうしようもなく哲学的なままであるおそれがある。哲学のもっとも根本的な異議申立てでも、（およそ）避けがたく、哲学自身が異議申立てをしている当の哲学的な言説《ディスクール》の形式や論理や暗黙の前提を取り入れざるをえないのだ。論理実証主義も日常言語学派も、より一般的にいえば、検死をしてはそのたびに何としても甦らせようと繰り返される死体解剖の試みも、これまでのところ、この運命を免れることはできなかった。哲学的言説を反復したり別の形で永続させたりする危険を冒さずに何かに決着を付けることが不可能であるがゆえに、デリダは、（もはや不可能な）これでもなく、（これをなおも前提している、ないし別の名前になっている）それでもない、（せいぜい予感されうるものであり、まだ名称も場所も身分も持っていない）他なるものという付随的な否定（あるいはおそらく、より正確には脱‐否定）のテクニックに一貫して頼ることになったのである。[14]

これはまさに、脱構築の専門家にあっては、自分自身の企てに関して、イロニーと懐疑論をたっぷりと含んでいるに違いないと思われるような状況である。だがそれについて、この学派のもっとも特徴的な作品のうちに何らかの痕跡を探し求めても無駄であろう。そこでの嘲哢は反省の次元をひどく欠いており、真の無関心主義者の態度の特徴である繰り返しの様式をまったく無視している。たしかに、ニーチェ自身が、まじめさの精神による致命的な感染から全面的に免れてなどはいなかった。けれども、彼の弟子の大部分にとっては、ほぼ自分たちだけがそこから脱出してきたと信じている状況に、再び陥ってしまうことなどは、問題にもなりはしないだろう。ニーチェの著作がフランスに出現させた無数の註解者や継承者のうち、私が個人的に分かるのはほとんどロッセくらいだが、ロッセは、ニーチェの教えの中でもっとも明白だがもっとも体得しにくい側面、すなわち、正当に無関心主義と呼びうる側面を本当に理解し発展させた。直接間接にニーチェを引き合いに出す現代の思想形態はえてして、「まじめ」な人々に一種のアイロニカルな歓喜を説くのだが、そうした歓喜とは、現代の思想形態自身がほんのわずかな自発性や自然さや確信によっては実践できないようなものなのだ。デリダの思想形態がその例外であるとは思えない。他のほとんどすべての思想形態と同様、それも「どんな検証も受ける用意があるが、ただし無関心による検証を除く[15]」ということが明らかとなったのだ。

全面的な嘲哢の偉大な伝統のもっとも才能のある代表者たちは、デリダが哲学そのものの動機として結局は持ちつづけているようなたぐいの、きわめて重大な心配を表明するのを差し控えてきたが、それは、彼らが評判を落としたり破壊しようとしていたものを永続させ改善するためであった。しかも彼らは、自分たち自身の脱中心性《エクサントリシテ》を、正常さのより興味深い形式を構成するに向けて不可欠の一段階として呈示しようともしなかった。デリダの立場が奇妙で特異であるのは、哲学的伝統がそれを産みだした西洋のために表現しえたすべてのものに対する（原理的に）呵責のない風刺と、哲学が以後どのような外観を呈することになろうとも、なおも哲学に期待し希望し要求できることについての、本質的には積極的で、その点まったく伝統的な考え方、これらの結合に由来している。もちろん、デリダが理論上哲学とけりをつけようとするやり方は、確固とした無関心主義者のものではまったくない。無関心主義者が嘲弄するのは、自分が批判するものの未来に生じることだけでなく、自分の批判自身の未来に生じることでもあるのだ。ローティによれば、デリダのやり方はむしろ、意識的にであろうとなかろうと、とにかく自分がいつかそのうち最後にはなるであろうものになることを、つまり、自分の拒む伝統と、自分が完成させるつもりの歴史とによって、まさしく認められ敬われる英雄の一人となることを、切に望んでいる人の取るやり方なのである。

第二節　板挟み——中間的立場の忘れ方

オルトンは正当にも、「新アポロン派」と「新デュオニュソス派」の対立において、二つの両極端な党派は「お互いに対してではなく、両派の中間領域に捕えられた人々に対してもっとも大きな損害を与えるものだ。事実、そのどちらも他方の立場を強化しているように思われる。それは、冷戦下で敵対者が互いにそうしがちなのとよく似ている」と指摘している。同じことが「西洋形而上学」の公式の代表者とデリダ流脱構築の代表者との対立についても妥当する。脱構築論者の「議論」が、それの攻撃している遺産をそのままの形で無条件に守ろうとする哲学者（がいたとしてだが）の確信を首尾よく大きく揺るがすことなど、おそらくあるまい。逆に、その「議論」は、説得的で興味深い中間的立場の存在をすっかり忘れさせることができる可能性が十分にあり、首尾よく十分忘れさせてきたのである。極端な解決を擁護する人々はさらに、決まってよく知られた戦略をとる。それは成功がほとんど確信され潜在的対立が実際上沈黙に追い込まれているような上昇局面にあっては、極端な解決をもっとも強硬な形で呈示し、反対に、そうした異議申立てが現実の反響に遭遇し事実上少々深刻で切迫しすぎたものとなりはじめたときには、解決をトーンを落としてよりいっそう「合理的」な言い方で提出する、という戦略である。内容が過激主義的でなかったら、成功は不可能であったか、あるいはともかくはるかにささやかなものになっていたであろうが、この過激主義は、状況《コンテクスト》や情勢によって規定された、そして誰もがそれにどう対処したらよいか分かっているべきだった単なる形式の問題であった、という具合に回顧的に叙述される。周知のことだが、過激主義者が、その敵たる穏健派による圧力を受けて結局は認めることは、過激主義者が本当はそもそものはじめから「言いたかったこと」だと思われるのが常である。

　デリダのもっとも挑発的なテーゼも、ローティのような注釈者（私はここであえてデリダ思想の注釈者の質について云々するつもりはないのだが）によって要約されると、結局のところ、いかにも受け入れやすくそれどころかまるで毒にも薬にもならないといった感じにどれほどなってしまうか、これを認めるのは驚くべきことだ。「もし、話し言葉を文字言語より前のものとする「ロゴス中心主義的」でプラトン主義的な考えが正しいならば、〈究極の言葉〉というものが存在することになるだろう。デリダがわれわれに納得させようとしているのは、究極の注釈、究極の論考の文案、そしてより良い文章表現を期待しない良い文章表現などといった概念に意味を与えることは誰にもできないということなのだ[16]」。この主張の深い意味が、そこに言われているような意味での究極の言葉が存在しないということだとすると、こんにちの大部分の哲学者にとっては、その主張がもちうるとりわけ新しいものや本当に法外なものがいかなるものかを理解することは困難になる。ローティはそのうえ、デリダが破壊しようと試みているものが、具体的な現実よりも、デリダ自身が易々と作りだした物語《イストワール》〔歴史〕にいっそう類似しているかもしれないことも認めている。もし哲学が、デリダの言うように、いかなる場合にも哲学がそうはありえないものであるならば、あるいはこんにちなおありえないものであることを望んでいるならば、哲学者にとってはどうしても、その「証明」を理解しなければならないであろう。だがおそらく、それが証明するのは結局のとこ根本的に不可能であることだけであろう。

デリダが狙いを定めている物語〔歴史〕とは、何ものかについての明晰判明な観念や、十分に限定され安定した意味や、隠喩的ではない陳述や、重要な問題について論じられる討論等々が素朴に語られるような、物語〔歴史〕である。デリダは「「哲学」にはある有用な定義があって、この定義に従えば、その言葉はある種の信頼を的確に名指すことができる、と考えている。つまり、明晰判明な観念への信頼、文脈《コンテクスト》が水滴のようにそれをめぐって展開する程に磨きあげられた概念への信頼、記号を曖昧に用いるためになしうる試みなどまっすぐに断ち切ってしまう程に鋭利な刃をもった記号への信頼、単に読者層にとっての親しみやすさとは関係なしに、明晰さが本質的であるような思惟や書き方《エクリチュール》への信頼などがそれである。このように定義された哲学が『哲学の余白』の——唯一の——主題なのである。この書物をコミュニケーションや意味や隠喩や言語についてのエッセイとしてよりも、むしろそうした主題についてのエッセイとして読むとき、これは賞賛すべき意味をもつことになる(17)」。

私にはよくわからないのだが、次のように考えるべきなのだろうか。つまり、デリダの思想がアングロ・サクソンの哲学界に浸透できなかった本質的な理由の一つは、ローティがそれとなく言っているように、ある程度以前から後期ウィトゲンシュタインのテクストに親しんできた読者にとっては、デリダの思想は何か本当に新しいものをもたらしているという印象を与えず、むしろいかがわしくまた無意味に大仰なやり方で、比較的よく知られ受け入れられていることを表現しているような印象を与えていた、という事実だった、と。デリダとウィトゲンシュタインをほぼ一緒に読んでみて私に言えることは、デリダの著作において真実で重要で後々まで残ると私が結局は考えようとしているものは（デリダの作品の文字どおり歴史的な部分を除外すれば)、ウィトゲンシュタインによってより簡潔で適切で説得的な形で実際すでにおおむね言い表わされてしまっていると、私にはいつも思われたということだ。(私が言っているのは、マウトナーや他の同じような過激主義者も読んでしまったときには、デリダのきわめて不徹底な急進主義によって何らかの仕方でまた不快になったり憤慨したりするのは困難だということではないし、脱構築の言説が、言語や科学や哲学に対してわれわれが抱き続けている伝統的な信頼を脅かすという印象を与えるかもしれないとおびえるのは困難だ、ということでもない。)

もちろん、ローティも強調しているように、ウィトゲンシュタインを読んだ後ですらあらためて教えを受けることが、まったくの無駄というわけではないのは確かである。なぜなら、存在‐神論に再び陥るおそれは、多分これから先も長い間、現実的で深刻であり、永続的なものだからである。だが問題は、型通りの議論に少々ぴったりすぎるおそれのあるような(そして実際、これからは形而上学を超えたところに定位するのが重要なのであって、そうした形而上学になおも暗黙のうちに従属するような)ものなどないのだから、どんなときにも存在‐神論に再び陥らないことや、西洋形而上学の伝統とは一切妥協しないよう用心を重ねることがどうしてそんなに大事なのか、最後にはもはやよくわからないという点にあるのである。唯一、実際に成果といえるのは、ある特定の文化的世界に固有の多くの前提や概念が、いわばさらけ出されることである。動機の説明は周知のことと考えられるものの一部だが、これまではっきり述べられたり議論されたりしたことは一度もなかったのである。

ハイデガーやデリダのような「非合理主義的」哲学者から引き出すべき主要な教えが、ローティの考えているように、究極の言葉や最終的で決定的な観点や、競合するさまざまな言語について議論し判定しうる特権的な言語や、「新種の概念的道具のすべてをテストできるメタ道具」[18]などを放棄しなければならないことであるとすると、これはウィトゲンシュタイン自身からおそらく非常にうまく引き出せる教えである。しかもウィトゲンシュタインの場合、デリダが引き出したような極端な帰結をまったく受け入れる必要もないのである。ウィトゲンシュタインから学ぶことのできるもっとも重要な事柄の一つとは、まさに、次のような二者択一を受け入れるいわれはまったくないということだ。つまり、きわめて明瞭な輪郭を持つ形而上学の、完全な「現前」様式に直通した超越論的記号内容《シニフィエ》か、それとも、いまや制御できない「ゲーム」に委ねられた意味作用《シニフィカシオン》の、際限のないずらし《グリスマン》や漂流や散種か、という二者択一である。この点に関して、サールもこう言っている。「古典的形而上学者の本当の誤りは、形而上学的な根拠があるという信念にはそれほどなかった。むしろ誤りは、何としてもそのような根拠が必要なのだという信念、そのような根拠がなかったら、何かが失われたり脅かされたり、つき崩されたり危うくされたりしてしまうという信念にこそあったのである[19]」。

明白だと思われるのは、デリダの批判には、それが脱構築する伝統的な根拠づけの立場に対して一種の暗黙の依存関係が見てとれるが、ウィトゲンシュタインの批判は（おそらくまさに伝統や歴史〔物語〕への準拠がそこでは比較的無視できる役割しか果していないからであろうが）、逆にそうしたものからまったく自由だということである。「デリダは、学問や言語や常識に超越論的な根拠を与えることをめざすフッサールの企ての失敗は考慮している。だが、その失敗が学問や言語や常識をすこしも脅かすものではないという点は考慮していない。ウィトゲンシュタインが言うように、それはすべてをまさにそのあるがままにしておくのである[20]」。デリダは、自分でも気づかぬうちに、自分の批判している伝統と共に、根拠が必要だという信念を共有してしまっている。おそらくそのゆえに彼は、自分の批判にウィトゲンシュタインとは比べものにならないほどずっと根本的な帰結があると考える傾向があり、自分の批判はまさに事態を現状のままになどしておかないだろうと依然として確信しているのである。ウィトゲンシュタインは、頼りない哲学的な構築物だけを破壊することを求めているのであって、それが決定的に崩壊しても本質的には何も変わらないであろう。これに対して、デリダは明らかに、それ以外にも多くのものを問い、疑い、異議を申立て、破壊していると信じこんでいる。デリダは、自分が脱構築する文化的伝統の根本的な特性は「形而上学的な」ある特定のタイプの問いや答えや確信によってすみずみまで規定されてきたが、それらは脱構築によって不可能で不合理なものとなった、と考えている。もっぱらこの考えによって、デリダは、完了する過去と共に自己を告知する未来の持つ絶対的な計りがたさを主張し、また「未聞の」とか「いまだ名づけえぬもの」とか「怪物」[21]などといった言葉で、これから先——われわれがその戸口に立っている前途——について語ることができたのである。以来われわれが直面することになったのは、未聞の問いの開けにおいて未聞の仕方で考える、という義務以外の何ものでもない。それは、「当然のことながら、何ものをも意義しないものとして、もはや意義作用の体系に属さないものとして解されるであろう」[22]。

ところで、実際には、西洋の伝統が何世紀にもわたって存続する糧としてきた公認の区別や対立のシステムが、（哲学的な）根拠——その伝統はこれを見出せると信じている——といったたぐいのものを持っていないということが本当だとしても、だからといってそこから、当の区別や対立が役立たずになったとか、さらには単にまったく疑わしいものとなったという結論がおのずと出てくるわけではない。（そのような意味での）根拠の不在は、必要な何かが欠けており、事態をすっかり変えるためにはそのことに気づきさえすればいい、ということを必ずしも意味しているわけではないのである。

一般的には、いくつかの根本的な哲学的幻想を放棄した場合、その結果職業的哲学者以外の人々にどのような変容が起こることになるかという問題は、単純な答えを容れるものではまったくない。哲学者には、世界をその哲学者自身の自覚や覚醒や放下のペースに合わせて進めさせたがるという妙な傾向がある。ポスト‐何とかといったたぐいの形容語（ポスト‐モダン的なとか、ポスト‐哲学的な、ポスト‐歴史学的な等々）の目的は通常、文化や社会のあるひとつの状態、それも先行する時代を構成すると考えられていたある種の根拠・正当化・目的性・企てなどが今後幻想的なものと見なされてしまうような状態、を特徴づけることであるが、そうした新しい状況の自覚から期待しうる具体的な変化の種類は、いまのところあまり明らかでもないし説得的でもない。

リオタールが「ポストモダン」と呼ぶのは、「メタ物語に対する不信感[23]」に由来する状況のことである。いまやわれわれが属するポストモダン時代《エポック》では、「偉大な主人公、重大な危難、華々しい巡歴、崇高な目標[24]」が姿を消していくのが見られる。この時代は同様に、「グランド・セオリー」の終焉と、正当化というメタ物語の名高い産みの親と考えられている、「知識人」なる古典的人物像の消滅をも示している。だが、精神・意味・歴史・進歩・解放等の哲学的な大きな物語が蔓延する懐疑主義と今後対立するからといって、必ずしもわれわれが、ある種の正当化を唱える可能性よりも重要な何かを失ってしまったわけではない。そうした正当化の言説が十分信用できたためしなどおそらく一度もなかったし、その言説を産みだす任にあたった本人以外誰も実際信じてなどいなかったのだ。

リオタールによれば、ポストモダン的状況への移行は、科学そのものにとりわけ深く作用するまったく桁違いの変化から明らかに読み取れるという。知りうることや言いうることの領域の著しい拡張は、知ることや言うことの概念そのものを根底的に定義しなおすという代価を支払った上で実現されつつある。関心や方法や目標がこれまでとはもはや同じではない「ポストモダン」的な科学は、いわゆる「近代的《モダン》」な科学の後を嗣いだのである。実際には、ここで問題にされている変化が、経験的に検証されているのではなく、すぐれて「哲学的な」仕方で要請されていることは、容易に気づかれよう。ウィトゲンシュタインならこのように言うだろう。リオタールがより強く興味をひかれているのは、ある哲学的な記述が不可能ないし非説得的になったという事実から（語のもっとも「近代的《モダン》」な意味、すなわちもっとも古典的な意味で根本的に依然哲学者のものである見地において）生じうるであろうこと、あるいは生じるに違いないことであって、現実に起こっていることではないのだと。

リオタールが、現代のいくつもの研究から引き出せると本気で信じている奇妙な結論は、ただ単に次のようなものである。

> 知識と予測のパラダイムとしての連続微分関数の優位が消えつつある。決定不能なもの、制御の正確さの限界、量子、不完全情報の争い、「フラクタル」、カタストロフィー、言語行為のパラドックスといったものに興味を示しつつ、ポスト・モダン時代の科学はみずからの発展を、不連続な、カタストロフィー的な、修正不能な、逆説的《パラドキシカル》なものとして理論化する。ポスト・モダン時代の科学は知という言葉の意味を変えてしまい、しかもこの変化がどのようにして起こるのかを言うのである。それは既知なるものではなく、未知なるものを生み出す。そしてそれは、最良の遂行のモデルではまったくない正当化のモデル、パラロジーとして理解される差異のモデルを示唆しているのである。(25)

リオタールはこれに関して、ファイヤアーベントの「認識論的アナーキズム」に言及している。しかしリオタールは、『方法への挑戦』が、やはり依然として科学的認識の進歩のためであるような目的で、相反する説明や理論の一貫した増大を奨励していることに注目するのを忘れている。ファイヤアーベントは、不一致や対立や争いがそれ自身、目指される目的や追求されるものとなりうるなどと、決して実際には示唆していないのである。

リオタールにとって現代科学は、かつてのように現実認識を目的とするものではもはやなく、単に「いい考え」や「いい話」を作り上げることだけが目的なのである(いずれにせよ認められているのは、そうした考えや話を学者が原則として検証しなければならないということだ)。そもそも、どうしてなおも検証が問題とされるのだろうかと思われるだろう。というのも、検証の目的は、真理に関する何らかの同意の実現や、あるいはともかくある命題の受容性しかありえないからである。ポパーは、「批判的態度」を知的生活の定言命法に仕立てあげるという致命的な過ちをおかしたとして非難されたことがある。つまりそれによって、無知な人たち(もっともこの人たちには、そのような保証は必要なかったのだが)は、「敵対する姿勢」と原則的な異議申立てが唯一重大なことだと強く思いこまされてしまったのだ。[26] リオタールにあっては、反対の立場は自己正当化の特権を持つだけではない。実際は、探求の過程を全体として正当化するものこそ、ほかならぬこの立場なのである。

事態をこのように見ることには、とりわけ、正当性一般にかかわる問題に対して直接的で容易な、しかもまったく画一的な解決を提供できるという利点がある。答えは、科学・哲学・芸術、そしておそらくは道徳に対しても基本的には同一である。ドゥルーズなら、哲学は「他の学問分野とまったく同程度に創造的な言説と考えるべきである」[27]と言うだろう。他の学問分野と同様に、そしてまた他の分野以上でも以下でもなくまったく同程度に、哲学は概念を考案することに限定されるというのである。いかなるたぐいの概念であり、何のためにそうするのだろうか。どのようなタイプの問題を解決するためなのだろうか。文化の他のセクターにおいて創造されているあらゆるものに、そのうえまさに(「哲学的な」)何を加えるためなのだろうか。こうした問いが立てられることはないだろう。そうした問いは正当性の言説への回帰を意味するであろうし、正当性の言説は、哲学が他のいかなる分野についても、もちろん哲学自身についてももはや唱えることのできないものなのだ。創造性そのものによる正当化（これは、リオタールが「パラロジー」とか「相違・対立《ディサンチマン》」とか「抗争《ディフェラン》」などと呼ぶようなものを、一貫して重視することを意味している）は、こんにちでもなお受け入れられうるまさに唯一の正当化の形式である。具体的にいうと、このことが意味しているのは、哲学に対して（そして結局は科学〔学問〕そのものに対して）提示されているモデルが、文学・芸術における前衛的なモデルだということである。そのモデルにおける正当性は、しばしば、本質的に、先行するものとは一致しないこと、つまりこれまで作られてきたものとは可能なかぎり根底的な差異をもつような「別のもの」を提示するという単純な事実にあるのだ。

リオタールがわれわれに納得させたいのは、いうなれば、ポストモダン時代の科学〔学問〕の目的とは、科学がみずから立てた問いに対する確定的であまねく受け入れられるような答えに到達することにではなく、むしろそのような答えが最後には課されることになるのを何としても避けることにある、ということであろう。ローティは、私見では、この点に関してまったく正当にも次のように主張している。

今の学問〔科学〕の重要な関心事の例として、〔リオタールによって引用されている〕そのようなものを挙げてみても、それでもって「コンセンサスは議論の目的ではない」という主張を擁護できるとは思えない。クーンによって馴染み深いものとなった通常性と革命との交替よりも、むしろ永続革命を目指すべきであるということを、学問〔科学〕は今、ともかくも発見しつつある――このような主張を、リオタールは、さまざまな科学的諸学問分野の現在の関心事から導き出す。だが、その結論は妥当なものではない。「学問〔科学〕が目指している」のはパラロジーを積み重ねることであると言うのは、「政治が目指している」のは革命を積み重ねることであると言うのと同じようなものである。現代学問〔科学〕や現代政治の関心事を調べてみても、その種のものを示すことはできないであろう。せいぜい示すことができるのは、どちらの場合でも、その目指すところについて語ってみたところで特に役に立つようなことはない、ということくらいであろう。(28)

『ポスト・モダンの条件』、さらには『文の抗争』は、枚挙的‐暗示的なスタイルとでも呼んでもいいものを使用し、乱用している。このスタイルは、お互いはたいていきわめて漠然と似ているだけで、しばしば現実問題とは直接的な関係がまったくないような事例を積み重ねることによって進められる。しかし、事態をそれほど子細に検討したいとも思わない人に対してこのスタイルは、いまやわれわれにとって何よりも重要なことは、対話よりも解決不能の抗争であり、一致よりも不一致であり、決定よりも決定不能性であり、共通点の存在やその探求よりも特異性と共約不可能性なのだ等々、といった考えを容易に権威づけることもできるであろう。あやうく、われわれが決定不能性という結果に寄せる関心の意味は、数学者や論理学者の主要な目的はもはやこれまでのように何かを証明することではなく、むしろそれが証明不能であることを証明することである、という意味になるところであった。たとえば、ゲーデルの結論とは、どう考えても、一部の哲学者が信じているように、真でも偽でもない数学的命題があることを証明しているのではまったくなく、むしろ（逆に、と言ってもいいくらいだが）あるタイプのあらゆる形式的体系に対して、その体系内で表現でき、なおかつ真でありながらその体系内では証明できない（反駁もできない）数学的命題を構築できる、ということを証明しているのであるが、あたかもこのゲーデルの結論が、とりわけこんにちの数学者をとりこにしているのは数学的命題の真偽とは別のことであるというような考えを、何事につけても助長しているかもしれない、とでも言うかのごとしなのである。

一般的にいって、ある種の問題に対する一般的な決着法の有無を知るというような問いにわれわれの（当然の）関心がある場合、答えが否定的であるからといってそのような個別問題の解決がわれわれの優先課題とはならないことなどは絶対にない。これは明らかである。リオタールが示していると思われるのとは反対で、アポリアやパラドックス、解決不能性（insolubilia）、アンチノミー等々が論理学や言語理論を眩惑する（これはまったく伝統的なことである）にしても、主要目的は今後、それらの解決よりもむしろ産出になるかもしれないなどと考えることはまったく許されない。ポアンカレは、「記号論理学（Logistique）」（当時そう呼ばれていた）は実りがないわけではない、なぜならこれからそれは諸々の矛盾を産みだすことになろうから、と意地悪い指摘をしていた。リオタールなら多分（パラドックスに陥ることなく）、それこそまさしく記号論理学が産みだそうとしたものなのだと言うだろう（気の毒なフレーゲ！）。そしておそらくリオタールは、量子理論の有名な特異性《アノマリー》（ただしこれは、もっとさまざまな手段によって解決の試みが続けられる問題であって、そこには、量子現象に対して古典的論理学とは異なる論理学を採用することにかかわる問題も含まれている）から、「異常さ《アノマリー》」の排除ではなくまさにその産出、理解できることの探求ではなく理解できないことの探求、これこそが物理学の新しい対象であり、より一般的に言えば、ポストモダン時代の知の新しい対象になるということ、このことの証拠を引き出すであろう。

現代物理学の最近の発展が、物理学的な探求は唯一の真なる物理理論のようなものに結局は必然的に収斂するはずだという考えを、もう一度真剣に検討の対象にする性質のものであることは間違いない。だからといって、そのことから、不一致が目的として、あるいはともかく探求の地平として、一致にとって代わったのだという結論を導くのはまったく馬鹿げたことである。リオタールは、「ただパラロジーによってのみ権限を発揮するような正当化が可能かどうか[29]」と自問している。そしてリオタールは、ハーバマスは議論としての対話の結果である普遍的なコンセンサスの探求という見地に立って問題を扱い続けている、と彼を非難する。ハーバマスの立場には、「対話の目的はコンセンサスである[30]」と仮定している難点があるというわけである。そこで、リオタールはこのように反論する。「科学の言語行為《プラグマティーク》を分析しつつわれわれが示したように、コンセンサスは議論の一状態に過ぎず、決してその目的ではない。目的はむしろパラロジーなのである。この二重の確認（規則の異質性、相違・対立の追求）によってかき消えるのは、いまだにハーバマスの研究の源にある信憑、すなわち集団的（普遍的）主体としての人間が、すべての言語ゲームにおいて許容される「手」の制御という手段によって、その共通の解放を追求するという信憑、そして、ある言表の正当性はこうした解放への貢献にこそ存するという信憑である[31]」。

コンセンサスは、おそらく実際に「廃れた、疑わしい価値」となっているのではあるが、科学的な言語行為を真面目に分析してみれば、リオタールが科学そのものの本性に照らして明らかにしたと考えた決定的変化の実在性は、いささかも証明されない。またローティはきわめて正当にも、リオタールが「メタ物語の終焉以後、正当性はどこに存しうるのか」という問いを立てたのは、適切な仕方で哲学の対象を定義し直すと同時に、当然哲学を正当化することをひとつの主目的とする、もうひとつのメタ物語を結局立てるためでしかなかったのではないかと、リオタールを疑っている。「……抗争の存在を見破り、それを文にするために（不可能な）特有語《イディオム》を見出すことが思想に対する責任である。哲学者がすることはこれである。知識人は政治的ヘゲモニーに与して、いかなるものであれ（犠牲の恍惚も含めて）ある一つのジャンルを褒めそやして抗争の忘却に手を貸すのである[32]」。

リオタールは明らかに、哲学者――「知識人」ではなくて――は前衛としての使命を持っているという考えを捨てていない。すなわち、現用の規範や規則、制度、実践を利する可能性のある合法化（もちろん、同様に改革も）のあらゆる試みに対する抗争を防御し、必要とあらばそうした抗争を惹き起こすという使命である。パラロジー――つまり、システムによって「許容されること」がなく、またシステムが効率向上のために回復させようとしてもできないような不規則さ・不安定さ――は、哲学が完全にわがものとできる唯一の価値なのである。規則の尊重や、日常のコミュニケーション、一致、コンセンサスなどを助長しうるようなものはどれも、かえって本質的に疑わしいものなのである。人々は、個人の数だけ真理があると考えてしまう傾向をこんにちすでに強く持ちすぎているだけだ、と簡単に考えてしまうかもしれない。だがリオタールは、深刻な問題があるのはまさに、多くの人たちが何事かについて合意に達したりあるいは合意したままであるときだ、と見ているらしい。この点について、ローティはこう述べている。「リオタールは困ったことに、左翼のもっとも愚かな考えの一つ、つまりそのような制度［伝統によって受け継がれてきた、そして共同体によって一般に受け入れられている制度］を回避するのは何であれよいことである、なぜならそうすれば、これらの諸制度を「吸収」してしまった邪悪な権力によって人が「使用」されることが無くなるであろうということが保証されるからだ、という考えを保持している。この種の左翼主義は、［必然的に］コンセンサスとコミュニケーションの価値を減じてしまう。というのも、知識人が相変わらず前衛に属さない人々に話しかけることができる限り、彼は自分自身を「危うくする」、とリオタールは思っているからである[33]」。

文句なく是認され促進されうる改革が唯一あるとすれば、それは制度化したり官僚化したりする危険から完全に免れた形のものである以上、もっとも確実なのはやはり、改革にそうなる危険を冒す時間を残さないことであるのは言うまでもない。それゆえ、革命は永続するべきであるか、そうでなければあるべきではない。フランクもこう述べている。「統制なきコンセンサスでさえ、たえず議論され続けるという自由によって生き生きと維持されるのでない限り、実際のところ、議論を避けたり中断させたりするのに役立つ官僚的な道具であるという［リオタールの］嫌疑を免れない。本当に全体主義にならない唯一の革命は、永続革命であろう。（この点からすると、単にニーチェだけでなく、――奇妙な再発見だが――同様に、毛沢東主義もまた新構造主義の知性に及ぼした魅惑について、いささかなりとも説明できると私には思われる）」[34]。

私は、この議論の中でリオタールの場合とデリダの場合とを関連づけた。それは、二人の間には、両者を分け隔てるあらゆるものにもかかわらず、リオタールが「ポストモダン」と規定する知的メンタリティーの特徴と考えられるきわめて意義深い共通点がたくさんあるからである。その特徴とは、「あらゆる種類のコンセンサス形成（およびコンセンサス形成と形而上学という概念との同一化）に対する根本的な不信。システムの差異化と変容に対する偏愛（これは、構造主義やシステム理論の場合のようにシステム維持のためではない）。（思弁的）精神の普遍性要求に対する言語理論に基づいた懐疑。これは、その要求が普遍的解釈学という相当控え目な種類の形を取っている場合も考えによっては正当化される。そして、「システム」と合体した超自我の要求に対する対応策として欲望の生気論へのある種の依拠[35]」である。

これに、ローティの言うような前衛やエリートの典型的な行動を付け加えることもできよう。その行動が拠り所とするのは、哲学者は自分の属している言語的・文化的共同体において少々「普通に」機能しすぎているという印象を与えるもの、すなわち、抵抗なく受け入れられている制度や規則や規範の尊重において明らかになるコンセンサスや連帯、通常の合理性、日常言語、言語の共通の意味、常套的な理解、日常的な慣習など、こうしたものすべてに対してつねに注意深く距離を取っていなければならないという考えである。「言語の警察」——これに対抗して、「いまだモデルを持たない「文学」や「革命」」（デリダ）が瞬間ごとに作用する——、言語的なやりとりにおける「秩序の維持」、理解と対話の共同体の存在そのものに不可欠なコンセンサスや斉一性や規則性の保護といったことは、哲学者がその必要性を認める（また残念がる）ことはできるが、しかし哲学者が、それはまたある程度まで自分の問題でもあるかもしれないといった印象を決して与えてはならないようなものなのだ。関わりあいを持つことに対するこうした全面的な拒絶は、フーコーやドゥルーズなどの思想家の態度にもやはり特徴的であり、またフランスにおいてはしばしば哲学者の特質そのものをなすものと考えられている。この拒絶は結局、次のことを決まりきったことだと考えることになる。つまり、言語的・文化的・政治的共同体の市民たる限りでの哲学者に、やむをえずきわめて直接的かつ具体的に関係してしまう状況の本質的な局面は、哲学者たる限りいかなる仕方でももはや哲学者の関心を惹くことはできないし惹くべきでもない、ということである。「秩序」、「正常さ」、「規則正しさ」、「正規化」等を多少なりとも想起させるものはどれも、教養のない人・政治的人間・官僚・政治家・医者・精神科医などだけが真剣に気に掛けるようなものに属しているのである。

第三節　抗争 対 対話

『ポスト・モダンの条件』において提示されたパラロジーによる正当化という思想は、『文の抗争』においては、より微妙な（あるいはより曖昧な）かたちをとって再度登場している。

日常言語の文は多義的ではあるが、一義性を探求し、曖昧さをいつまでも残さないようにすることは高貴な努めだということはせめて認めていただきたい。――それは少なくともプラトン主義的である。あなたは抗争よりも対話を好むのだ。それにあなたは、第一に、一義性が可能であり、第二に、一義性が文の健全さであると前提している。だが思考（？）の課題がコンセンサスであるよりもむしろ抗争であるとすればどうであろうか。そして、日常的なものと同じく高貴なジャンルでもそうであるとすればどうであろうか。そしてまったく「健全」であっても、完璧な注意を払っていてもそうだとすればどうであろうか。これは、曖昧さをそのまま保ち続けるということを意味しない。そうではなくて、一義性をつきつめた果てに、何ものかが立ち現われ、この「かけがえのない声」は文にされえないと（感情を通じて）語るのである。(36)

この点について、ウィトゲンシュタインならこう言うだろう。説明は、それがいかなるものであろうと理解されないことがありうるのと同様、もっとも日常的なものまで含めていかなる文であれ多義的である（場合によってはいっそう多義的となる）こともありうるだろう、と。永遠の観点から（sub specie aeternitatis）みると、あらゆる説明は不十分であり、あらゆる文は潜在的に曖昧である。しかし、日常的に使われる場面での大部分の文は（リオタールが何を考えようと）曖昧ではないし異論をさしはさむ余地もないという、まったく実際的ではるかに意義深い事実よりも、究極の説明や完全な一義性が存在しないことの方をどうしてより重視すべきなのだろうか。人々が互いに理解しあえるということはまことに不可解なことかもしれないが、無視できない程度の場合には少なくとも理解しあえているというのが現実なのである。

リオタールは、明らかに、自分がポストモダン的知に対して提出している正当化の形式が、なおもあまりに近代的《モダン》だと思われるおそれがあることに、ある場合には気づいている。

われわれが近代に属していないというのは、どういう意味においてだろうか。共約不可能性、異質性、抗争、固有名の存続、至高の法廷の不在といったことのためだろうか。あるいはその反対に、依然として続いているロマン主義、「〜からの退却」に伴うノスタルジー、等々のためだろうか。それともニヒリズム、存在の喪に服するという正しき労苦、それとともに生まれる希望、いまだなお贖罪に望みをつなぐあの希望のためだろうか。こうしたすべてを贖い主としての未来という思考の中に書き込み続けるあの希望のためだろうか。「われわれ」がもはや何の物語も語り合わないということがありうるだろうか。たとえ苦々しさや喜悦とともにであろうと、「われわれ」が大きな物語の終わりという大きな物語を語り合わないことがあるだろうか。一つの歴史の終末に合わせて考えるだけで、その思考は近代のうちにとどまることになるのではないだろうか。あるいはポストモダンとは、残り物を見つけようとして目的性〔終末性〕のくずかごをつつきまわし、無意識や言い間違いや周縁や境界や収容所《グラーグ》や並列《パラタクシス》や無意味やパラドックスを振りかざし、これを己れの新しさの栄光、己れの変化の約束とする老人の仕事なのだろうか。だがこれもまた人類にとって一つの目的ではあり、言説の一つのジャンルではある。(これはニーチェの悪しき模作だが、しかしなぜそういうことになるのか)。(37)

この問いは実に的確なものである。リオタールがニーチェの価値転倒の悪しき模作以外のものを産みだしたとは思えない。そこで相違・抗争・対立等々は、単にコンセンサスや対話や協力などの代わりに置かれているにすぎない。ローティの言い方によれば、リオタールはハーバマスと同様われわれの文化の統一性を保証する慣習的な物語を作動させておくことに同意しているわけではなく、「痒くないところを掻いている」[38]のである。換言すると、リオタールは大きな物語の消失によって残された惜しむべき空白を、ひとつの寓話を捻りだしてどうにか埋める必要があると感じているのである。だが、その寓話は、リオタールもその一員である社会の普通の人たちが語り合っている「小さな」物語においてテーマとなるような、価値・正当化・目的性・希望などとは一切関わりをもたない、まったく矛盾したものなのである。日常会話や、コンセンサスや連帯や調和などと同様に、「乗り越えられた」事象に普通の人々が抱き続けている根強い関心は、結局は人々が欺かれているということを意味しているに違いない。

　普通の人々は、実際は哲学的なメタ物語を、それにはおよそふさわしくないほど真剣に受け容れ続けており、またある種の社会・文化・制度・法・科学〔学問〕等に関してはそうしたメタ物語を、単に説得力があるというだけでなくある意味で真なるものとも考えている。明らかにこのゆえに、自分は形而上学や歴史哲学や西洋の伝統的なメタ物語の彼方にいると主張している人たちは、一方では自分がこの伝統から出発したのだという印象を与えなければならず、他方ではこの伝統とはまったく異なる、時として正反対の原理の影響を受けている別の伝統の名のもとで語らざるをえない、と信じているのである。ローティはといえば、かなり違う態度をとっている。それは「北大西洋のブルジョアジーの希望を満たす試みとしてのブルジョア・リベラリズムと、哲学的リベラリズム、すなわちそのような希望をもつことに関してわれわれを正当化してくれると思われているカント流原則のコレクションとを対照させる[39]」というものである。

　もちろん、「われわれは何を希望することができるか」という問いに対してカント的な哲学的答えを与えることが（おそらく）絶対確実に不可能だということ、および、どのみち「根拠がない」ことが明らかとなった以上ありえないことになる確信・期待・希求・希望などをもちつづけることは、これからは非合理的で馬鹿げたこと、あるいは何か誤ったことになるかもしれないという考え、この二つを混同しないことがきわめて重要である。ローティもほのめかしているように、われわれがあるグループに帰属していることを表現する忠誠や信念は、必ずしも何か根拠をもっているわけではない。ただし、例外がある。それは、「忠誠や信念を支える確信や欲求や情動が、道徳的・政治的討議の必要性のためにわれわれが一体となるグループの、過半数の他のメンバーのそれと重なり合う場合であり、さらには、その時問題になっているのがこのグループの顕著な特徴、つまり他のグループとの比較を通して自分自身のイメージを作りだすために用いられる特徴である場合は例外なのである[40]」。ローティは、「ヘーゲル流に作りかえた「人間に固有の尊厳」の類似物は、人が自分自身と一体化しているグループの〔他グループとの〕比較に基づく尊厳である[41]」と考えている。普遍性要求に関する哲学的メタ物語において問題となっている大きな理想や大きな目標や大きな希望が目的にしているのは、尊厳において劣ると考えられる他の共同体との比較や、それによって際立つ対照を、当の共同体に対する基準となる物語やエピソード、象徴、歴史的な実例といった権威以上に確固として公平な、超越的権威に基づかせることにほかならない。

ローティはこの点で、ポストモダニズムと相対主義とをまったく同一視するという、ポストモダニズムに反対する者に見られる一般的な傾向に異を唱えている。「伝統はどれも他のいかなる伝統とも同じように合理的で道徳的であるという考え方は、神によってのみ、つまり「合理的」とか「道徳的」といった語を用いる必要がない（ただ言及するだけの）者によってのみ支持されうるだろう。なぜなら、そういう者は、探求することも討議することも必要ないからである。この種の存在は、歴史や会話から抜け出て、観想とメタ物語へと逃げこんだのであろう。ポストモダニズムを相対主義だと非難することは、メタ物語をポストモダニストに教えこもうとすることだ[42]」。実際には、「不可侵の権利」、「人間の尊厳」、「人類の公共の利益」等の表現は、カント的な用語の一部であるにすぎず、そうした用語は権利・尊厳・公益自身のイメージのみならず、ある種の人間グループ、ここではつまり西洋民主主義社会が構築し支えている比較的より大きな威厳のイメージとも伝統的に結びつけられてきたものだ。だが、この社会の卓越性を異論の余地なく証明する自由主義的な制度を、この種の社会のために維持し改善していくことを望む人は、「単なる連帯以上の何かに基礎づけられることを伝統的に求めてきた社会を、唯一連帯という土台の上で守らねばならない立場」[43]に置かれているにすぎない。

自民族中心主義的であることを決然と受け入れ、そして多様な文化に跨がる非歴史的な大きな概念・大きな原則・大きな真理を援用しないでも、社会を守ることのできる方法を考えだせたとしよう。すると、それと同時に、リオタール流のポストモダニズムは、実際には、自分の属する共同体との単純でまったく古典的な連帯拒否であることを、メタ物語の放棄という義務から客観的に生じた帰結として提示する過ちをおかすものとなる。

明らかに「知識人が社会に対して免責されていることに対する不満の声は、知識人が内的には別の共同体――たとえば、他の国とか他の歴史的時代とか、目に見えない団体とか、あるいはより大きな共同体内部の疎外されたサブグループとか――と自分を同化させて自分を周縁化し、一つの共同体から離れようとする傾向に典型的に向けられたものである」[44]。こうした行動は「非合理的」と呼ばれるが、それは単に次の理由からである。つまり、「クワインの見解によれば、合理的な行動とは単に、基準である共同体の他の成員による、類似の状況下での行動とおおむね対応するような適応行動のことにほかならない。非合理性とは、物理学においても倫理学においても、ある者をそのような共同体から追出したり、その共同体に属していることができなくさせるような行動に関する問題である」[45]。それゆえ、ローティの言う「合理性」とは、西洋の伝統が理性と呼ぶものに特に準拠することを意味しているわけではまったくない。また、非合理性とは単に、特定のグループと同化することや、当該グループに固有の合理性（つまり、結局はある規範性ということだが）という意味で合理的と考えられうる行動をとることを、部分的ないし完全に拒絶することである。本質的に、理性や真理という観念《イデー》をめぐって組織されたわれわれの伝統の特質は、合理的なものと非合理的なものの対立や真偽の対立に、固有の意義と重要性を与えようとするところにあった。この意義と重要性は、所与の共同体への同化を受け入れる人と拒否する人との対立を特徴づけたり、ある瞬間に、現実的ないし空想的な共同体にとって信じた方がよいことと悪いこととの間にある違いを特徴づけたりするためになされる、もっぱら分類を事とする慣習よりも、はるかに重要なものである。

「プラグマティズムの観点からすると、われわれにとって信じる方が合理的なことが真ではないかもしれないと言うことは、結局、人はより優れた考えをもつ可能性がつねにあると言うこと、また、つねに確信を向上させる余地があると言うことに等しい。新しい事実や仮説、あるいはまったく新しい語彙すら現われうるからである」[46]。してみると、ローティの観点とポパーやハーバマスのような「合理主義的」理論家の観点の間にある違いは、つきつめてみると一見そう思えるほどには大きくはない。いずれの場合でも、根本にあるのは共同体のコンセンサスなのであって、確信を、真理‐対応《コレスポンダンス》の意味で真ないし偽に帰してしまう非人間的な現実との関係ではないのである。（ローティに従えば、任意の）反証可能性という観念をひとたび取り除いてしまえば、もっともよく立証された理論でさえ誤りでありうるというポパーの考えは、いつかより優れた理論が発明され受け入れられる可能性がつねにある、ということを意味しているにすぎない。ここで「より優れた」とは、基準となる共同体、つまり今の場合なら科学者の共同体がより優れていると考えるもの、という意味でもっぱら解釈されるわけだ。

ポパーにとってさえ、われわれは実際、真理といささかも特権的・直接的に接触しているわけではない。

われわれが真理と結びうる唯一の関係は、不十分な理論や説明を（相対的に）より優れた理論や説明によって置き換えていく漸進的な過程によって打ち立てられる関係である。ローティによれば、この過程がわれわれを真理――ここでは独立した現実の正確な表象という伝統的な意味である――にしだいに近づけていくという（ポパーにとってはきわめて重要な）思想《イデー》を、われわれは完全に忘れてしまってかまわない。また同様に、ハーバマスによって取上げ直されたパースの考え、つまり、探求の無限の過程が収斂してゆく理念的な極限という考え、および最終的なコンセンサス――パースによれば、これを獲得することはすなわち、「真理」という言葉に与えうる唯一の意味において真理を所有することにほかならない――の実現に向かう話者と思惟者との理想的な共同体という考え、これも無視して構わないという。パースの「内的リアリズム」は、つきつめてみると、十分に内的ではない。というのも、それは依然、文化的・歴史的に限定された経験的なコンセンサスの一切から独立した、客観的な現実性と真理という考えをまげないからである。ローティの考えによると、パースの理論に固有の理念化と縁を切ることはできるけれども、だからといって、探求や対話の目的を実際に構成するものと考えるべきなのはコンセンサスではなくむしろ「ディセンサス〔対立〕」であるという、リオタールの提案を認める必要はないのである。

　リオタールがこの奇妙な思想を擁護せざるをえない理由の一つは、確かに、彼が「抗争」と呼ぶものに関して擁護するやはり奇妙な理論である。ポパーの考えるところでは、前提や根拠そのものに関する批判的議論の可能性の条件は、いわば、つねにすでに原理的には実現されている。したがって、異なった伝統・文化・世代・時代を隔てると考えられているいわゆる相互了解の不可能性は、純然たる神話なのである。リオタールは逆に、限られた言語的・文化的共同体の内部でさえ、文の産出が、それがどんなものであれ、すでに抗争すなわち解きがたい不一致の誘因たりうると主張している。だが、そうした解きがたい不一致を議論したり解決するためには、いまのところ存在していない共通の「言語《ランガージュ》」をあらかじめ発明しておくことが必要である。異なった言語や文化間での共約不可能性が論じられるべきなのではなく、同一言語内での文相互の（あるいはより正確に言えば、文の状況相互での）共約不可能性だけでも論じられるべきなのだ。

ポパーが告発している神話がまさに次のような理念であることを忘れてしまえば、彼を素朴だと非難するのはもちろん容易なことだ。その理念とは、「議論の参加者が基本的な仮定からなる共通のシステムを共有していなければ、あるいは少なくとも、議論の都合上そうしたシステムに関して意見が一致していなければ、合理的で実りある議論は不可能だ[47]」という理念である。ポパーの言いたいのは明らかに、諸前提からなるこの共通のシステムが現実的にまたは潜在的につねに存在するということではない。むしろ、相対主義者が普通考えているのとは反対に、議論が可能で必要であるためにはそのようなシステムがなくても構わない、ということなのである。またポパーは、コンセンサスが是非とも対決の参加者によって探求される目的でなければならない、ということも前提していない。

> ……一致はつねに望ましいものであろうか。ある議論があって、そこで係争中の問題は、ある理論ないし仮説の真偽であるとしよう。われわれ――すなわち議論の理性的な証人ないし審判者――は、もちろん最終的には、その理論が本当に真であるならばその理論は真であるという事実について、また理論が本当に偽であるならばその理論は偽であるという事実について、議論が全員一致にいたってほしい。つまり、できれば議論が真理を表わす評決にいたってほしい。だが、理論が実際には偽であるのにその理論が真であるとの意見の一致をみるというようにはなってほしくない。また、その理論を支える論拠が結論を引き出すにはあまりに脆弱であ

るとしたら、たとえその理論が真だとしても、その真理性について意見の一致をみない方がかえっていいと思うのだ。こうした場合、われわれはむしろ、いかなる意見の一致も実現されないことを望むのである。またそんな場合に、われわれは意見の激しい対立が参加者に、新しい興味深い論拠を産みださせるように作用したときには、たとえその論拠が決定的なものではなくても、議論は実り豊かなものであった、と言うだろう。なぜなら、たしかにある理論に対して向けられる論拠がときには十分に強力でありうるとしても、もっともありふれたことを除けば、どんな問題が討論される場合であろうと決定的な論拠はきわめて稀だからである。(48)

いいかえれば、ポパー自身が「コンセンサスは議論の一つの状態にすぎずその目的ではない」という考えに反対するどんな理由を見いだせるのか、よくわからないのだ。もちろんパースについても同じことがいえる。議論の過渡的な段階とは別物と考えられるコンセンサスの唯一の形式は、パースにあっては、最終的コンセンサスだからである。これはおそらく実際には決して到達できないが、とにかくその理念は探求過程に関わっていることを承知している人々によって必然的に前提されているものだ。見解の相違（懐疑はその特殊な一形態と考えられる）とは、暫定的な一致というかたちで一時的に止められるその過程をあくことなく再び進める原動力にほかならない。（ハーバマスやアーペルによって取入れられたような真理‐合意《コンセンサス》説に対して表明された反論の多くは、明らかに、実際は（合理的な）対話という理念そのものの超越論的な前提であるものを、そのやりとりのパートナー同士で生じることの非現実的な記述として解釈する傾向に基づいている）。偽なる事柄について、あるいは実際には議論や探求の対象とは到底なりえない事柄に関して、異論の余地がきわめて大きいコンセンサスが実現されうることは明らかなのだから、コンセンサスに関わる理論家は困難かつ重大な問題に直面している。すなわち、正当なコンセンサス（それが真理を表現していると想定されるゆえに長く続いているという主張において正当化される）と、不当なコンセンサス（これはまったくそう主張できない）を区別できるような指標をつくるという問題である。このような困難とぶつかる危険を冒さないよう、リオタールは、ある意味でコンセンサスは定義上不当なものであり、再検討されるためにのみ存在すると、宣言する方がいいと思っているだけだ。

『文の抗争』は、その主題を比較的明確に定義することから始めている。「抗争《ディフェラン》というのは〔法廷での〕係争《リティジュ》とは異なり、（少なくとも）二人の当事者双方の解釈にひとしく適用されうる判断規則が存在しないために、公平な決着をつけることができないような争いが両者間に起こる場合のことである」(49)。その表題が示唆しているものは、「異質なジャンルを調停する普遍的な判断規則が一般的に欠如していること」である。このことは、一見きわめて現実的な状況に言及しているように見えるが、必ずしも、事態が一般的に生起するときの様態を表現しているわけではない、つまりウィトゲンシュタインが言うような、われわれがひとつの言語ゲームを拠点としてそこから別の言語ゲームと戦うという状況というわけではない。物理法則を、ある仕方で行動したりしなかったりすることの適切な理由とは考えない人たちに出会ったとしたら、その状況はどのように解釈されるべきだろうか。「彼らは物理学者の見解を尋ねるかわりに、神託に問うようなことをするのである。（だからわれわれは彼らを原始人と見なす。）彼らが神託を仰ぎ、それに従って行動することは誤りなのか。――これを「誤り」と呼ぶとき、われわれは自分たちの言語ゲームを拠点として、そこから彼らのゲームを攻撃しているのだと言うべきではないか」(50)。

それにしても、われわれは、『ポスト・モダンの条件』以来、こうした戦闘状態は、例外をまったくもたず、そして実際に通常の事態であると警告されてきたのであった。

……すべての言表はあるゲームにおいて打たれた《手》として考えられねばならない。この最後の点は、われわれの方法を支えている第一の原理を承認させるものである。それは、話すこととは、ゲームをするという意味において、闘うことであり、すなわち言語行為は一般的な対抗関係に帰属しているという原理である。だが、これは必ずしも、勝つためにゲームをするということを意味するわけではない。発明する楽しみのために、ある《手》を打つという場合もある。民衆の話す行為が、あるいは、文学が成し遂げている言語への絶え間ない攻撃の作業のなかには、それ以外のいったい何があるだろうか。話し言葉のレベルにおける言語変化の基になっている、語や意味や表現の途切れることのない発明は、大きな快楽を与えてくれるものでもある。だが、おそらくこの快楽も、少なくとも、ある敵——すなわち既存の言語、コノテーションという巨大な敵——からもぎとった勝利の感情と決して無関係ではないだろう。(51)

抗争は増殖して、ついには、人がある文を離れてそれを他の文とつなげるたびごとに生じる(あるいはともかく、生じうる)ものとなるにいたる。言語のあらゆる使用が生みだしているのは、他の言語との、あるいは言語そのものとのいわば決着をつけるべき裁定である。リオタールは、「新たな文が出現するたびごとに、到来する文と、それに先立つ文との連続性は脅かされ、継承を確保するためのジャンル間の戦争が開始される。言語一般(prose)というものは、おそらく不可能なのである。言語は、一方では専制主義の側から、他方では無政府主義の側から誘惑される」(52)と述べている。ここから「政治は、一つの文が存在するとともにその文と連鎖をつくる仕方に関していかなる裁定をすべきかをめぐる抗争として直接的に与えられる」(53)という考えが帰結する。政治は「一つの文が出現するたびに、そして、言説のジャンルの間で抗争が生まれるたびごとに開かれる無を証言している」(54)。そして、すべては言語的である(すべてが政治的であるのと同様に。ただ、これは根本的にはまったく同じことである）のだから、リオタールは、政治家が善のかわりに実現しようと努めるべき最小悪に関してためらうことなくこう主張する。「悪ということで私が理解しているのは、あらゆる瞬間における可能な文の禁止、出来事の出現に対する軽侮、存在の軽視であるが、誰にせよ、そう理解するほかないであろう」(55)。

可能な連鎖がいくつもある――そのうちのただ一つしか起こらないのだが――からといって、必ず抗争が産まれるわけではない、と思うであろう。しかしリオタールにとってはまさに然りなのである。「しかし、さまざまな連鎖が可能だからといって、その間に抗争があるということにはならないのではないだろうか。――そうではない。というのも、一度に生起しうる（「現実化」されうる）連鎖は一つしかないからだ」(56)。ある言語の存在そのものとその言語によって理解し合う可能性に、リオタールの書いているような「禁止」が本質的に含まれているということには何の重要性もない。普通の言語的なやりとりと通常の了解は、人が当てにすることのできる唯一にして不易の権利を事実上放棄させるという意味では、まさに「異常」である。

コミュニケーションについてまったく感傷的で敬虔にして牧歌的な考え方が、理解と協調を目的とする言語的やりとりに関する通常の解釈の中には残存している。リオタールはそれをニーチェ的軽蔑をもって遇する。リオタールの言語哲学は以下のような「高貴な」思惟のもつ特徴をすべて呈している。それは、ニーチェが自分の後継者になる可能性のある者、すなわち自分の居場所を「休息の幸福や「すべての安息日中の安息日」を世界の目標として立てず、平和のうちですら新しい戦闘への手段を畏敬する創造的思惟様式が支配するところ」(57)にのみ見出す者が、実践してくれることを望んだ思惟である。

リオタールの傾向は、先にも指摘したように、もっぱら、前衛芸術家によって表現されている侵犯《トランスグレッション》〔越境〕のモデルによって現代哲学の状況を考える、というものである。逆にいえば、現代の芸術家は哲学者でしかありえない、というわけだ。

ポストモダンとは、近代《モダン》の内部において、表象そのものから「表象しえないもの」を引き出すもののことだろう。不可能なものへのノスタルジーを共有することを許すような趣味のコンセンサスの上に立って、よい形式《フォルム》からもたらされる慰めを拒絶するもの。新しいさまざまな提示を、それを楽しむためにではなく「表象しえないもの」がそこに存在するのだとより強く感じさせるために、たずね求めるもの。ポストモダンのアーティストや作家は、哲学者としての立場にたたされている。彼が書くテクスト、彼が作りあげる作品は、理論上、すでに存在する諸規則によって支配されてはおらず、そのテクスト、その作品にたいして既知のカテゴリーを適用することによる、規定的判断によっては、判断されえない。これらの規則やこれらのカテゴリーこそ、その作品あるいはテクストが探し求めているものなのだ。したがって、アーティストならびに作家は、規則をもたないまま、未来のある時点ではなしとげられているであろうものの諸規則を確立するために、仕事をすることになる。(58)

哲学の任務は、いかなる場合でも、現にある疑わしい事柄を、理解したり把握しようとすることではありえない。そうではなくもっぱら、非現実的なものや理解できないもの、提示しえないものを提出しようとすることである。こうした側面は、たしかに哲学者の態度や探求の重要な一要素をあらわしているかもしれないが、私としては、リオタールが哲学一般およびその目標に与えている性格づけを、これまで提出されてきたものの大部分と比べて、単純化しすぎてもおらず、偏向してもおらず、利に走ったものではなく、恣意的でもなく、一方的でもない、と考えるべきいかなる理由も見出せない。だが、より重大なのは、前衛的な知識人の（あるいは「哲学者の」という方がリオタールは喜ぶだろうが）関心（とても立派ではあるが、同時にとても独特な関心）が、正当化の問題にたいする十分な答えとしてただちに援用できると独断的に前提する、リオタールの型にはまったやり方である。そのような正当化の問題というのは、問題となっている関心を実際に共有する手段もなければ理由も欲求もない人々が、具体的に感じ取り、体験し、決着をつける、といったものなのである。

本当のところはむしろ、ローティが書いているようなものだろう。「……われわれは、知識人である限りにおいての知識人を、ある特殊な彼ら特有の欲求——言いがたいもの、崇高なものへの欲求、限界を越えて行こうという欲求、誰かの言語ゲームや何らかの社会制度の一部ではないような言葉を使用したいという欲求——をもっている者と見なければならない。しかし、われわれは、知識人がこの欲求を満たすとき、それによって彼はある社会的目的に貢献しているのだと考えるべきではない。社会的諸目的への貢献は、まさしくハーバマスが言うように、他の人々の関心から自分自身を引き離すような崇高な方法を見出すことによってではなくて、むしろ、諸々の関心を調和させる美しい方法を見出すことによって、なされるものである」[59]。フランスにおいて周期的に出現してくる、哲学擁護や哲学興隆のために練り上げられるマニフェストやプログラムの議論の大部分には、論議しようというつもりはいささかもなく、きわめて特殊なグループ固有の欲求と、共同社会全体のものである（あるいは、ともかくそうであるべき）欲求との同一化を前提しているという、致命的な弱点がある。

第四節　普遍的メタ言語の批判から全面的内戦の理論へ

リオタールの主要な思想（彼はウィトゲンシュタインから借用したと思っているのだが）は、「言語ゲーム」の複数性と還元しえない異質性という思想である。それは、いかなる文の言明も決着をつけるべき抗争の源泉であるとする。一方には、「推論、認識、記述、物語、質問、表示、命令等々」といった文の体制《レジーム》の多数性があり、「異質の体制《レジーム》に属する二つの文は互いに翻訳不可能である」。それにしても、なぜ二つの文は翻訳不可能でなければならないのだろうか。また、それは「翻訳する」という語のどのような意味においてなのだろうか。他方には、「知る、教える、公正に振舞う、誘惑する、正当化する、評価する、感動させる、制御する等々」といった言説ジャンルの多数性があり、これは、諸々の役割に対応し異なった目的に応じた特有の規則に従って異質な文の連鎖を組織する。ここで立てられる問題は、次のようなものである。

一つの文が「生起（arriver）」する。いかにしてその文と連鎖をつくるか。ある言説のジャンルはその規則によって、そのそれぞれがある一つの文の体制《レジーム》に属する可能な文の集合を与える。しかし別の言説ジャンルはそれとは別の可能な文の集合を与える。これら二つの集合は異質であるので、そのあいだで（あるいはその二つの集合を呼び出したジャンル相互の間で）抗争が生じる。さて、「今」、連鎖をつくらなければならない。別の文が到来しないわけにはいかない。それが必然性、時間なのである。文でないものは存在しない。沈黙も文であり、最後の文といったようなものはない。ものごとに決着をつける普遍的な権限をもつ文の一体制《レジーム》あるいは言説の一ジャンルが存在しない以上、いかなる仕方で連鎖がつくられようとも、その連鎖が、現実化されないままにとどまっている可能的な文の体制《レジーム》、もしくはジャンルに対して、不当な被害を被らせてしまうのは必然ではなかろうか(61)。

私のリオタール理解が正しいとすれば、一つの文に任意の別の文を続けさせることの不可能性は、必然的に、他の排除されることになる可能なすべての文に対してある不正を惹き起こすはずだ(問題にされているのは、もちろん純粋に表現上《レトリック》の問題である)。任意の文が、任意の時に、任意の言語的な文脈において(さらに言語外的な状況によって課せられる制限については何も言わないでおくが)言表されうるわけではないという単純な事実は、すでにそれ自体ひとつの「不当な被害」なのである。この「不当な被害」は調停を必要とし、賠償理由となりうる(しかしながら、そのために、何らかの至高の権威を引き合いに出すことはできない)。同じように考えてみるとおそらく、二、四、六、八……のような数列の「規則にかなった」連続の問題に関して、ある方法で数え続けなければならないとしたら、そのことは、理論的には同じことをなしうる他のあらゆる方法に対して損害を与えることになる、とおそらく言わねばならないであろう。ウィトゲンシュタインも強調しているように、われわれは皆ほとんど同じやり方をし続けるという自然の傾向があるということ――これがなければ学習はまったく不可能となろう――、そして、抗争は実際には、比較的例外的な場合にしか起こらないということ、こうしたことは「ささいなこと」の部類に入り、もちろんリオタールのような哲学者の関心を惹くことなどできはしない。

リオタールは、何かにつけウィトゲンシュタインを引用するが、どうやら彼は、『哲学探究』の著者がたえず特に主張していた以下の三点を考慮しない方がよいと思ったようだ。まず第一点は、理由〔根拠〕

の連鎖は終わりをもつばかりか、ほとんどの場合、いかなる始まりももたない、ということである。（正当化を問題にする場所の欠如という意味での）正当化の欠如が、正当性の認証の欠如として実際に解釈されることはありえない。ウィトゲンシュタインの言うように、「語を正当化なしに使うということは、その語を不当に（zu Unrecht）使うということではない」[62]のである。リオタールは、ほとんど、どんな文であれ文は生起する（または生起しない）たびごとに、原理的に正当化を要求するものであり、そして正当化の欠如のゆえに異議申立てと抗争が生じうるかのごとく考えている。実際には、リオタールによって不当に全面化された、文字どおり「競争的」な局面に関して言えるのは、まさにウィトゲンシュタインが疑いについて述べていることだ。疑いは、場合に応じて多かれ少なかれ重要な位置を占めうるし、また逆に、われわれの言語使用においてまったく存在しないこともありうる。「……疑いは、まったく欠如していることもありうる。また、最低限存在することも最大限存在することもありうる」[63]。

第二点は、規則とは単に、必然性や怠惰、あるいは順応主義から従うのに同意できるものであるだけでなく、採用して従おうとすることが可能なものでもある、という点である。

なぜ私はいつも規則による強制について語るのか。なぜ私は規則を守ろうとすることが可能なことをいわないのか。これも同様に重要なのに。

しかしまた私は、規則がそのように行動することを私に強制する、といいたいのではなく、私が規則にすがりついて、規則に強制されるのを可能にする、といいたいのだ。

こうして、たとえばあるゲームをやる人は、そのゲームの規則にすがるのだ。人間が娯楽のために規則を立て、しかる後にこれにすがりつくということは、興味深い事実である[64]。

リオタールの場合、規則に対する主たる関心が、現存する諸規則とは別のものを考案することで感じる「戦闘の」楽しみのうちにあることは明らかである。現用規則によって導かれるがままになることのうちに見出しうる満足を同様に考慮することは、哲学者には似つかわしくない。規則は、従うためにあるのではなく、異議申立てがなされ変えられるためにあるのだ、というわけである。

リオタールがまったく考慮しないことにした第三点とは、言語の存在そのものが、単に定義上だけでなく、判断上の、そして——これがよりいっそう重要なところだが——行為における斉一性と一致に基礎を置いているということだ。

たしかに、一切は何らかの仕方で正当化されうる［それゆえ、もちろん同様に、異議が申立てられる］。だが、言語現象は、規則性、行為における一致に基礎をおいている。

ここでもっとも重要なことは、われわれの全員ないし大部分が、ある事象について意見が一致するということである。たとえば、この対象の色が、それを見る大多数の人によって「緑」と呼ばれるだろうと、私は間違いなく確信できるのである。(65)

だからこそ、われわれの期待通りにはものを見たり記述したりしてくれない少数の人をどう扱うべきかという問題が、現に提起されていることは確かである。しかもそれは、そうした対立を調停できる公正不偏な権威が現実にはないために、まったく劇的な悲劇的とさえ言える仕方で提起されている。しかしだからといって、言語が存在するという条件でのみ、すなわち、参加者間の通常の一致と協調的で平和的なやりとりを背景として初めて、リオタールが「抗争」と呼んでいるような事態が言語の内に生みだされうるということを、哲学者が忘れてもよいとは決してならない。

ここにある対象の色があちらの対象の色と同じかどうか、あるいはこちらの棒の長さがあちらの棒の長さと同じかどうか、という問いに関して、人々の間に異議申立てが生じることは、まずまったくないと言ってよい。これはとても重要なことである。この平和的な一致は、「同一の」という語の使用に特徴的な状況なのである。そして、規則に従ってことを進める手続についても、同様のことが言われるべきである。規則に従ってことが運ばれたか否かという問題について、論争が起こることはない。たとえば、この問題をめぐって暴力沙汰に至るなどということはないのである。(66)

逆にリオタールが、あらゆる言語行為のうちにほとんど見るにいたるのは、現状における解きがたい論争のきっかけである。つまり、まだ創造されねばならない他の言語の名において、そして目下まだ想像上のものであるが、「正義」のために実現を要求する潜在的な別の言語共同体への帰属の名において表明される不関与のきっかけである。

ウィトゲンシュタインはある時、あらゆる規則の中の規則、あらゆる言語の中の言語、あらゆる記号操作の中の記号操作などといった観念を放棄することが、いわば自分の哲学的思索の中心的なテーマだと考えられる、とほのめかしたことがある。

……哲学がいろんな記号操作に対して関わりをもつのも、思考や文や言語に対するのと同じ意味においてのことである。もしも哲学が本質的に記号操作の概念なるものを問題にするのだとすれば、したがってあらゆる記号操作に関し記号操作という概念を問題にするのだとすれば、メタ哲学が存在することになろう。（しかしそんなものは存在しない。われわれが言うべきすべてのことは、ひとつの案内役をする思想として現われるような形で叙述されうるだろう[67]）。

けれども、ウィトゲンシュタイン哲学のもうひとつの指導理念は、このメタ概念を放棄しても、それによって何も変わらないとまさに信じこんでしまうという困難以外には、新たな困難がまったく生じない、というものであった。ここで考察されているメタ言語やメタ記号操作、メタ規則を伴うものであろうとなかろうと、「われわれの言語について、将棋をする人が将棋についてもつ以上の思いすごしは、正当でない。すなわち、いかなる思いすごしも[68]」ということが、一般的に真であることは変わらない。リオタールの思いすごしはこれと対照的で、哲学的なメタ思いすごしの原型と考えられる。これは、メタ-～というタイプの審級や権威（通常の物語や言語、言説のジャンル、文の体制等の間で起こりうる対立をすべて定式化し、論議し、調停することのできる、メタ物語《レシ》、メタ言語、メタジャンル、メタ体制など）に、もはや依拠できないということから帰結するに違いないようだ。

リオタールは明らかに、二つの可能性しか見ていない。完全な共約可能性が、至高の文のタイプ・至高のジャンル・至高の言語への還元可能性によって保証されるか、あるいは全体的な共約不可能性があり、それゆえ争いがあるかである。文のどんな連続も、「なぜほかならぬこの文が、この仕方で連鎖するのか」という解きがたい問いを必ずや惹き起こすに違いないからだ。この特定の連鎖が「正しい」という形式的証拠を提出することもでき、それによって、そうした連鎖の代わりに存在したかもしれないすべての連鎖の要求を却下することもできる、そうした権限など存在しないとすれば、実際に「生起する」文の権利は、事実上、同時に退けられている一切の文を犠牲にして行使される暴力にすぎない。

それゆえリオタールによれば、課題は次のように述べられる。「文と文との連鎖は問題をはらむものであり、そしてこの問題は政治であるということを示すことによって、「知識人」や政治家の政治と手を切って哲学の政治を打ち立てること。すなわち抗争を証言すること[69]」だ、と。知識人と政治家の政治は制御された実用的な言説と交換を対象とし、哲学者の政治は文相互の抗争の「名誉ある」決着を専門とする。残念ながらリオタールは、一般的にある文と他の文との連鎖が疑わしいということを一度も「証明した」ことはない。リオタールは、まったく抽象的な哲学理論を――これはウィトゲンシュタインが言う「神話学[70]」の原型をなすものにほかならない――構築しただけである。その結果、たとえば、提起された一つの問いが、通常はそれに続いてひとつの応答（これはもちろん、それに「正当に」続くと主張できる文の数をかなり制限するものである）をよびさますという単純な事実が、すでに「哲学的政治学」の問題をおそらく提起しているのであろう。

リオタールの言うには、「抗争は、文にされうるはずの何ものかがいまだ文にされえていないという、言語活動における不安定な状態であり、その瞬間である[71]」。それゆえ抗争とはまず、意見の不一致を言明しそれを係争へと変えうるような、新しい特有語《イディオム》を発明するよう促すことである。しかし、文の連鎖はすべてそれ自体問題をはらんでいるし、文の連鎖の問題はすべて抗争の次元に属するのであるから、新しい言語の発明がどうして何でも解決できるのか、あまりよくわからない。たしかに、言語は新しい表現可能性の出現に対応して不安定な状態をともなう。けれども実際は、リオタールが示唆しているのは、不安定な状態とはまったく当たり前で普通の状態なのであり、人は自分が言いたいことを（まだ）言えないと言うために（あるいはいずれにせよ判らせるために）のみ語るのが精々なのだ、ということである。これを

「表現不可能性の原理」と呼ぶことができよう。範列的《パラディグマティク》な言語行為は、実際は、言語そのものとの戦闘行為である。言語のもつ表現可能性は、使われるためにあるのではなく、もっぱら越えられるためにあるのである。

リオタールにとって問題なのはもっぱら、文の間で生じる事柄、そして、「文を作る」新しい方法を発明することによってのみ最終的に解決されうるような事柄だが、それをしばらくの間忘れることにして、彼が抗争によって理解しているいささか古典的すぎる考え方に話を戻してみよう。すると、以下のような徹頭徹尾伝統的な考えに彼の理論がまさに何を付け加えたのか、あまりよくわからない。その伝統的な考えとは、ある種の対立は、既存の原理の単純な適用によっては解決できず、慎重さ・公正さ・人間性などの（広く暗黙の）規則を間に立てて未知の状況に既存の原理を合わせることでのみ解決されうるという考えである。もっともその場合、実際は、どんな（リオタールが言っているような、いずれ見出されるであろう解決から事後的に導出されるものまで含めて）「規則」について語ることもできないのである。リオタールは「名誉あるポストモダン」(72)を探し求めている。つまり、抗争を解決する公平なやり方を、それも（即自的な）現実・（超越論的）主観・（理念的）共同体・（究極的な）合目的性等々といった、普遍主義的教説の習慣化した基準を一切用いないですむやり方を、探し求めている。このような進め方は、見方によっては「プラグマティズム」という名前で、その語のいい意味において（哲学者がこの語について何を考えるかはともかくとして、一つはいい意味がある）通常理解されているものにほかならない。『文の抗争』を読んで感じる印象は、哲学は、いくつかのあまりに判りきったことをさらにもう一度説明するためにのみ「ポストモダン」を発見したのだということである。

一、争いを無視することが不可能であり、二、裁判官が同時に当事者であることが必然的である以上、問題は「判決を正当化しうるもの（「正しい」連鎖）をとまでは言わないにしても、少なくとも思考の名誉を救う方法を見つけ出すこと[73]」である。名誉ある解決となりうるものをア・プリオリに決定する明示的で一般的な規則がないという事実は、リオタールにとって、まさに問題が本来哲学的だということを意味している。問題をそのように性格づけることにはもちろん何の不都合もないが、なぜ人々が自分の哲学的な問題を解決するためになおも哲学者を必要としなければならないのか、その理由があまりきちんとわからないという点は別だ。この答えが、哲学者に次のような特権的地位を暗黙のうちに与えることにあるのは明白だ。すなわち、現在の正義と法では公正に扱いえない一体化の拒否を表現するあらゆる原因とただちに一体化でき、さらに、受け入れられる解決の発見（あるいは、より正確には発明）がそのつど要求するような卓越した感性・想像力・見識に恵まれた行為者という特権的地位である。ローティも指摘しているように、「大部分の道徳的なディレンマは、われわれのなかの大半が、いくつかの異なった共同体に自分を一体化しているとともに、そのいずれの共同体からも自分が周縁化されることを嫌ってもいることの反映である[74]」が、哲学者はその職業柄、道徳的行為者や普通の市民のためらいを無視し、いわば、必要に応じて自分を周縁化する可能性を自由に行使するのである。

リオタールの見解では、文形成の体制と言説ジャンルとの異質性が本質的な対立状況を生みだしている。これはすでに指摘したように、リオタールが、無化的還元と、すべての人に対する各人の潜在的ないし顕在的戦闘の間に、中間項がありうるということを考慮に入れていないからである。このような理論において、いわばデカルトのコギトに代わるのは、少なくとも文があるという事実の確認である。「いかなる他の文がありうるのか、あることになるのか、あるべきなのか」という問いが立てられる瞬間から、われわれは決定的に抗争のうちに、すなわち哲学のうちに置かれているのだ。一般的に言って、哲学の伝統において再統一の問題が何よりもまず立てられたのは、まさに認識的言説と評価的ないし規制的言説（有名な事実と価値の二分法）の間に存する異質性をめぐってである。だがリオタールは、この特別な事例に、特有の深遠さを認める理由も、それに特権的重要さを与える理由もまったく理解しないのである。「文の体制《レジーム》間の異質性、複数の文の体制《レジーム》を（無化することなしに）同一の法に従わせることの不可能性という意味での共約不可能性は、認識文や規制文と疑問文や行為遂行文や感嘆文などとの関係をもしるしづけている。これらの体制《レジーム》の一つ一つに、領界を呈示する一つの様式が対応しており、ある様式を別の様式に翻訳することはできない(75)」。

記述的言説から規範的言説への移行（「存在－当為問題」）は、特有の困難を惹き起こす。なぜなら、ヒュームも言うように、われわれは、存在に関する言表から当為に関する言表を規則に従って「導き出す」けれども、それを可能にする論理的関係は、いまだかつて実際に詳述されたことも明白にされたこともないからである。

> 私がこれまで出会ったどの道徳体系ででも私はいつも気がついていたのだが、その著者は、しばらくは通常の仕方で論及を進め、それから神の存在を立証し、人間に関する事柄について所見を述べる。ところが、このときに突然、である、ではないという普通の連辞で命題を結ぶのではなく、出会うどの命題も、べきである、べきでないで結ばれていないものはないことに気づいて私は驚くのである。この変化は目につきにくいが、きわめて重要である。なぜなら、このべきである、べきでないというのは、ある新しい関係、断言を表わすのだから、これを注視して解明し、同時に、この新しい関係が全然異なる他の関係からいかにして導出されうるのか、まったく考えも及ばぬように思える限り、その理由を与えることが必要だからである(76)。

（リオタール的にいえば）この種の「連鎖」が現にあり、しかも数多くある以上、価値に関する言表は事実に関する言表の亜綱と結局見なすべきではないのだろうかと、いつか考えてしまっても当然であり、ほとんど避けがたい。しかし、なぜ認識文と疑問文や感嘆文との関係が、必然的にひとつの問題を提起し、同種の誘惑を生みだすはずなのか、私には理解できないと認めておく。たしかに、リオタールが認識的言説と倫理的・宗教的言説との間に考えているような種類の対立はあるかもしれない。というのも、倫理や宗教が言い表わす命題は、狭義の認識形式（科学がそのパラダイムを構成すると考えられている）とは別の「認識」形式を表現するような印象を与えうるからである。またそんな場合に、抗争に対して係争の形式をただちに与えてくれる「同質的言語」が存在しないことも確かだ。けれども、なぜ、体制の（あるいは言語行為論的に言えば、発話内的な力の）異なる文が出会い、そしてリオタールによれば、敵対するたびごとに、まさに似かよった状況を認めねばならないのだろうか。

リオタールは、カントについて次のように説明している。「……文のある族は他の族を侵害するだけでなく、他方では自分自身の正当性を立証するために他の族に訴えざるをえない……。両者が互いに敵対者として裁判官あるいは批判の夜警の前に出頭する理由は、まさにこれである。批判の夜警は、認識に役立った動機に従って倫理の正当性を練り上げようと試みなかったならば、そして、自由な因果性をあたかも原因と結果の系列における因果性であるかのように考えるという代価を払って、「道徳的原理」をあたかも認識の原理であるかのように演繹しようと企てなかったならば、どうして倫理が認識ではないということを知りえたであろうか……」[77]。たしかに、倫理は認識の独自の形式を構成するか否かが問題となるような条件下でなければ、倫理が認識であるか否かを決定することはできない。けれども、もし、こうした言い方で問いを立てるという単純な事実からしてすでに「侵害」、「横領」ないし「権力乱用」となるとしたら、異なる体制の文同士を隔てている深淵は、その構成要素について語ろうとすることすらできないような性質のものだと、率直に認める方がよいだろう。文のタイプがそれぞれ、自前の形成様式と認証様式をもっているのなら、それにもかかわらず、他のタイプの文に自己の正当性を単に押しつけようとするのでなく逆に自分の正当性を確保するために他のタイプの文に訴えかけざるをえないという事実は、何に由来するのだろうか。ここで問題となっていると思われる、「底知れぬほど深い」比較不可能性という状況において、この種の非相称的で不均衡な関係は、他のどんな種類の関係よりもまさに不可解なものである。抗争など存在するはずがない。なぜなら、抗争する理由が存在しないからである。

『ポスト・モダンの条件』のなかでリオタールは、科学的な知が、伝統的な歴史《イストワール》〔物語〕のうちに含まれる物語的《ナラティフ》知とただちに衝突し、物語的知を面白味のない不合理なものという状態に多かれ少なかれ還元してしまうことを認めていた。「科学的なものは、物語的《ナラティフ》言表の有効性を問い、そしてそれが論証にも証拠にも決して従わないということを確認する。そして、科学的知は、物語的言表を別の精神——すなわち野蛮な、原始的な、未開発の、文明が遅れた、疎外された、臆見・慣習・権威・偏見・無知・イデオロギーで出来上がった精神——のもとへと分類してしまう。物語《レシ》とは寓話、神話、伝説であり、女や子供たちのためのものだというわけだ。そして、その最良の場合には、この暗黒状態に光を投げかけ、文明化し、教化し、開発しようと努力することになるのである」(78)。

それにしても、科学文化が、その固有の正当化様式たる不可避的合理性の言説という様式を、物語的文化に（不当に）押しつけることができるのは、もっぱら、科学的文化の方で語られている「物語〔歴史〕」と、民衆の知が同じ事柄に関して語り伝えているもう一方の「物語〔歴史〕」とが、実際に競合しうるからにすぎない。リオタールは、「はじめから正当化するものとして存在している民衆の物語的《ナラティフ》言語行為と、西洋において識られてきた正当性の問題という言語ゲーム、あるいはむしろ問いかけのゲームの指示対象としての正当性との間には、共約不可能性があることになる[79]」と言う。しかし、問題なのは、正当化のまったく異なる二つの様式間での完全な共約不可能性なのであって、絶対に比較不可能な二つの言説タイプ間でのそれではない。前者の二つはいずれも、最広義での認識のジャンルと知のカテゴリーに属しているからである。同じ問題が、任意の言説ジャンルと別の任意の言説ジャンル間の関係について必然的に生じ、結局は、任意の文と他の任意の文との間の関係についても同様に生じるという主張は、次のような知的手続に属している。その手続は、三つの典型的な哲学上の固定観念、すなわち、一般性・根源性・さらに（これは、リオタールの場合、いささかのパラドックスも含んでいないのだが）正当性そのもの、という三つに同時に譲歩するというものである。

『文の抗争』が、たえず分裂の危険がある言語の完全な細分化というまったくアナーキーな理論をウィトゲンシュタインのテクストから引き出したり、一種の「言語的素粒子の言語行為論」創設への促しを引き出すに至るやり方は、一見まったく神秘的に見える。後期ウィトゲンシュタインの著作は、その著作の方向から「逸脱」していたとは、驚くべき婉曲語法だといえよう。ウィトゲンシュタインの言語ゲーム理論が解決をめざしていた問題と、そのような考え方に達するためにその理論が到達した方法を、本当は一切がっさい無視しなければならない、というわけである。そのうえ『ポスト・モダンの条件』のある一節から明らかなのは、リオタールが、言語ゲームの複数性と言表形式の複数性とを多かれ少なかれ性急に同一視することによって、行程の半分を一挙にざっと見渡したということだ。「このほかにもまだ、問い、約束、文学的記述、物語などの効力をもつ言表のジャンルがあるが、ここではその詳細には立ち入らない。ウィトゲンシュタインが、言語の研究を零からやり直し、言説の効果に集中して考察を行なったときに、彼はその観点から言表のさまざまな種類——そのうちのいくつかをわれわれは列挙したのだが——を見つけ、それを言語ゲームと名づけた[80]」。

結局リオタールがウィトゲンシュタインから採用したのは、「離散の思考」の準備としての「言語ゲームの解きほぐし[81]」だけである。フレーゲや『論考』のいう意味での「システム」とか「記号操作」のような言語思想を放棄することによって生じた困難の解決に対して、言語ゲームの概念がもたらす積極的な貢献は故意に無視されているのである。リオタールは、解釈者が一般に『哲学探究』の中核と考えていること、つまり、規則の概念と規則に従うとはどういうことかについての概念に充てられた詳細な記述、私的言語概念の批判、意味の現象の本質的に社会的な側面の解明、「根拠」に関するあらゆる哲学的問題への決定的(かつ十分な)解答をなすものとしての使用と実践への準拠、意味・慣用・規則性・必然性を判断や反省にではなくむしろ行為の水準で実現されるコンセンサスのうちに基づけようとする傾向等々については、まったく何も知ろうとは思わないのである。

第五節　人間中心主義の批判、あるいはひとはいかにして主要問題に決着をつけるか

さきほど言及された神秘は、次のことに気づけば一応明らかになる。すなわち、リオタールにとって言語が最終的に帰着するものになるのを妨げる可能性のあったすべての要素とは、存在へと移行するためにおのおのがすべてとの一種の対立状態におかれる無数の「言語的」出来事なのだが、そうしたものは最初から完全に取り除かれていたのだ、という点である。ウィトゲンシュタインの遺産からは、カントの遺産の場合同様、人間中心主義や擬人主義に対してなされた惜しむべき譲歩が取り除かれるべきだというわけ

である。つまり、「両者において「習慣的」となっている観念、すなわちカントにおいては超越論的な、ウィトゲンシュタインにおいては経験論的な人間学主義[82]」である。この点、無政府《アナルコ》主義的‐構造主義は、先行する構造主義の遺産相続人に似つかわしい。誤りは、とりわけ言語を何らかの目的のために人が使用する道具として扱おうとしているところにあるだろう。言語は、使用者との依存関係を一切断ち切って、重要な、いまや考慮すべき唯一の現実性をなすという考えは――リオタールが依拠している西洋哲学の「言語論的転回」からはどうやっても帰結しないにもかかわらず――ポストモダンの思想家にとってはしごく当然のことと考えられている。言語しかない、より正確には、ある言語しかないのである。

　こう考えることもできよう。つまり、ウィトゲンシュタインのような著作家において典型的に「ポストモダン的」なことはまさに、真理・客観性・正当性といった概念がすべて、数学においても道徳においても、あるいは何であれ文化の他の部門においても同様に、人間中心主義的な根本要素を必ず含んでいるという事実を明らかにしたことだ、と。しかしながら、こうした人間主義の「残滓」が完全に一掃された真理・客観性・正当性等は純然たる無意味となろうから、その限りそうした人間中心主義的要素は、それ自体では有害でも危険を招くものでもまったくない、という具合に考えるわけである。だが、リオタールとしては、あくまで哲学を「非人間化」したいと夢見続けており、どうしてもまだ「人間的な、あまりに人間的な」何らかの関心・意図・目的性へ、あからさまに、もしくは暗黙の内に依拠することに決して汚染されていない観点から、言語を考察できるようにしたいのであろう。

　リオタールによれば、ウィトゲンシュタインは「人間学的経験論の犠牲者[83]」として遇されるべきである。ウィトゲンシュタインの言語ゲームという概念の不都合な点は、主として、この概念が文相互の配置（ウィトゲンシュタインなら、多様なタイプを有する相関的な非言語的行為と文との本質的な関係、と言うだろう）を決定する、目的とか成功という一定の考えを依然避けられないことである。ところで、ひとたび「何らかの形而上学的な意志、あるいは、意味の哲学のような志向性の現象学を認め」ることを放棄したとすると、単に「『哲学探究』の「言語ゲーム」に、その人間学に(84)」戻ることは、リオタールにとって問題とはなりえない。ウィトゲンシュタインが明言しているところによると、「言語ゲーム」という語は、彼によって用いられているとおり、「言語を話すということが、一つの活動性ないし生活様式の一部であることを、はっきりさせる……のでなくてはならない(85)」。リオタールは、「言語ゲーム」という表現のうちに、純粋に戦略的・戦闘的な意味しか残しておかず、結局、何らかの利得や利益を獲得するという特定のタイプの活動に参加した、ゲームをする人という観念そのものを削除するのである。言語的な活動もないし、もちろん言語的な主体もない。言語的性質をもった出来事ないし文の出現しかないのだ。これは作者もなく、誰も用いない規則に従って次々と起こるのだ。

文の間の相互行為や争いからもっぱら生まれたわけではないような行為者に依拠することだけでも、リオタールにとっては、すでにいやおうなく人間学主義に再び陥ることになるのだろう。

さまざまなジャンルに応じて、さまざまな目的がある……ということなのだろうか。――まさにそのとおり。そして、そのさまざまな目的が文を捉え、文が呈示する諸力域、とりわけ「われわれ」を捉える。「われわれ」がさまざまな目的を目指すわけではない。われわれの「意図《アンタンシオン》」は、何らかの仕方で連鎖を作ろうとする際、諸ジャンルが文の受け手や送り手や指向対象や意味に及ぼす緊張《タンシオン》のことである。われわれは、自分たちが納得させたり誘惑したり説得したり正しくあったり信じさせたり自問させたりしたいと望んでいるのだ、と思いこんでいるが、実のところ、対話とかエロスとか教育とか論理とか修辞とか「イロニー」とかの言説ジャンルがそれ固有の連鎖の様式を「われわれ」の文に、「われわれ」自身に押しつけているのである。出来事の出現に帰属するもの、そしてこの出現と連鎖を作るさまざまな仕方の間で惹き起こされる抗争に帰属するものを自分自身の勘定にしたいという虚栄からでもなければ、これらの緊張を意図とか意志とか名づける理由はない。(86)

「人間中心主義に道を開くこの転倒、「われわれ」を冒すこの超越論的仮象、言表行為の幻想(87)」は、自分自身を一つの言語的《パルラン》共同体の成員として理解する（要するに、単にわれわれが現にそうであるところのものに意味を与える）われわれの能力の一つの構成部分である、と指摘したところでおそらくは何の役にもたつまい。ローティは、「フーコーの書いたもののうちにはわれわれという言葉が見出せない。同様に、多くのフランスの同時代人の書いたもののうちにも、これを見出すことができない(88)」と述べている。さらにフーコーについて、「現代社会の諸問題から、何光年も離れた視点から、ものを書くようなふりをする(89)」と言っている。このフーコー同様、リオタールは言語的実践を、実践という観念そのものが単なる擬人主義的な投影と見えるようなまったく外的な観点から記述したいのであろう。実践の哲学的記述は、人間中心主義に陥る危険を冒したくなければ、関与する者自身が、つまり実践に具体的にかかわっている「人間」存在が与えうる性格づけからはいかなる概念も借りてきてはならない、というわけである。ローティも力説するように、これは「共通の人間本性の観念や「主観」の概念に見切をつけるだけでなく、社会的連帯に対してわれわれがもっている非理論的な感覚に、見切をつけてしまう(90)」ことに等しい。理念的主体と普遍的人間共同体にかかわる伝統的な諸々の「大きな」物語〔歴史〕のいずれかにまたも巻きこまれてしまうというおそれは、ついには自分自身の物語〔歴史〕的共同体との一体化を断固拒否することへと導く。ひとつの「われわれ」として自分を感じ、自分を記述するその共同体の傾向は錯覚としてのみ理解されるものとなり、哲学者はこの錯覚から逃れる義務と同時に特権をもつのだ。

このような状況においては、緊張と緩和と自発的なバランスの回復という抽象的で無記名なメカニズム——言語的実践も結局はこれに帰することになる——のうちに、何とかして介入する必要がなぜあるのか、また、そのメカニズムを記述するために犠牲者、不当な被害、抗争、(名誉ある)決着というようなまったく典型的に擬人主義的・「人間的」な概念を用いることを可能にしたり、いわば存在を求めている文、「いまだそれが出来事となることが決まっていない(91)」ような文について語ることを可能にするのは何なのか等々、という疑問が生じる。非人間的に装うことは、どのようにしてかはほとんど判らないが、かなり浸透している道徳主義や法律主義とうまく共存している。その両者はもっともありきたりでもっとも中立的な言説の連鎖をも、正真正銘の倫理と法の問題に変えるに到るのである。

リオタールにとって、言語ゲームは存在しない。というのも、結局は誰も言語でゲームをしたり言語を相手にゲームをしたりはしないからである。

人は言語なるものを相手にゲームしているのではない……。そしてこの意味では言語ゲームなるものは存在しない。さまざまな言説のジャンルに結びついたさまざまな課題があるのである。この課題が達成されたとき、それが成功といわれる。というのは、そこには争いがあるからである。しかし争いは人間の間、人間以外の実体の間にあるのではなく、むしろこれらの人間や実体が文の結果としてあるのである。一般的にいって人は実際は言語が一つであると前提している。己れ自身と始めから和解している言語、たとえば、人間たちの意志や情熱や意図によってのみかき乱される「伝達的な」言語を前提しているのである。つまり人間中心主義なのである。言語に関する相対論的、量子力学的革命はまだ行なわれていない。あらゆる文は、それが属する体制《レジーム》がいかなるものであれ、原則的に言えば、言説のジャンルの間の抗争の賭金である。この抗争は、どんな文にもつきまとう「いかにして連鎖を作るか」という問いから生まれる。そしてこの問いは、その文と「次の」文を「分かつ」無から生まれる。出来事《エルアイクニス》があるがゆえに、あるいは出来事があるときに、抗争がある。だがそのことは可能なかぎり忘却される。言説のジャンルは無や文の出現を忘却する種々の様式であり、これらが文の間の空虚を埋める。(92)

それゆえ、課題〔賭金〕は、ゲームをする人自身には関係ない。彼らがゲームをしていると信じている当のゲーム同様、彼らも存在しないからである。課題〔賭金〕は、文を掌握しようと争い合う言説のジャンルに関わるのである。だが、ある文とそれに続く文とを隔てる空虚や無が、右で言われているように完全で、改善の余地もないものだとしたら、「正しい」連鎖とか「誤った」連鎖について語ることにさらに何の意味がありえようか。人為的に空虚を埋める一つのやり方を、別のまったく同じように恣意的で虚しいやり方で置き換えようと試みることに、どんなメリットがあるのだろう。なぜ、ただ単に、「文が生起する」がままにしておかないのか(このやり方は、いずれにしても、他のどんな方法と比べても、遜色ないだろうに)。リオタールが待望している「相対論的・量子力学的革命」の一番直接的な結果とは、リオタールがどう考えていようと、リオタール自身の企てからあらゆる種類の関心と意味を取り除くことなのであろう。それほどに完全な革命(現代の言語理論家の大部分は、むしろ後退だというだろう)が実行された場合、何であれ何かを「解決」したりどんな「名誉」の形式でも救ったりする、どのような必要や手段がまだあるというのだろうか。その場合、「言語的素粒子」の振舞とわれわれとの関わりが、その類似物たる物理的素粒子の振舞との関わりよりも深くなることはないに違いない。

ウィトゲンシュタインの主張の中で十分維持できるものも、リオタールが「人間中心主義」の名において非難したものをすべて、ひとたびそこから取り除いてしまうと、明らかに無に帰してしまう。正確に言うと、一つの単純な用語法《テルミノロジー》に帰してしまうのである。（私がもっとものこぎりでひきたい種子は、ある種の特殊用語《ジャーゴン》である（The seed I'm most likely to saw is a certain jargon）[93]。さらに、その用語法《テルミノロジー》はおおむね、リオタールが引用もしており着想を与えられたと言っている現代の数えきれない言語理論家や言語哲学者から彼が借用してきた、はっきりと同定できる唯一の要素である。哲学の主要な役割が、いかなる代価を払ってでもどんなものでも何にでも結びつけてくれる手段を見出すことにあると考えられるようになって以来、案の定折衷主義と浅薄さが再びすぐれて哲学的な特質となった。哲学者にとってある一つの概念や理論にメリットがあるのは、それを自分の意に沿うように使うことができ、その概念や理論を導入した人々がそれについて為したことやそれを用いた理由を気にする必要が全然ない場合だけである。これがどうやら、リオタールが「専門家のコンセンサス」と対比して「発明家のパラロジー」と呼ぶものの、本質的な一面である。自分についてまさに何が話されているのか可能なかぎり知りたい人たちは、発明が本当に唯一であることが明らかになるまで、沈黙して待つだけで十分だ。

サールは、合衆国で脱構築理論が実際に及ぼした被害に関して、裸であることは（とにかくサールにとっては）明らかなのに、どうして王はほとんど変わらぬ威厳を保ち続けられるのか、と問うた。

> ……われわれは、言語哲学の黄金期とでも言うべき時代を生きている。それは単に、今は亡き巨人たち、フレーゲ、ラッセル、ウィトゲンシュタインなどの時代というだけではなく、チョムスキー、クワイン、オースティン、タルスキ、グライス、ダメット、デイヴィドソン、パットナム、クリプキ、ストローソン、モンター

ギュ、その他一ダースもの第一級の著作家たちの時代でもある。つまり、生成文法、言語行為論、真理条件的意味論、可能世界意味論の時代なのである。

たしかにこうした理論はすべて、それぞれに誤っていたり、不完全だったり、暫定的なものだったりする。しかし、明晰さ、厳密さ、正確さ、理論が含む事柄の多さ、そして何よりも知的な内容、といった点に関しては、そうした理論の方が、脱構築の哲学よりもはるかに高い水準で書かれているのである。[94]

おそらくサールが理解しなかったのは、まさに問題なのが、比較できないにもかかわらず比較されないわけにはいかない、二つの企図の間での（リオタールの意味での）抗争だということである。デリダのような哲学者の意図が、サールの挙げた著作家たちと直接競い合えるような言語理論ないし言語哲学を構築するところになかったことは明らかである。このような場合のすべてに言えることだが、難しいのは、同一ではありえない諸基準を考慮しつつ、二つの試みを同時に認め評価するという点である。この二つの試みは、同一の対象についての敵対する二つの理論的アプローチとして対立し合うのではなく、むしろ一方の本来理論的な観点と、他方の、理論という観念そのものおよびそれが含意するもの（明晰さ、厳密さ、正確さなど）すべてに対する一種のアイロニカルな拒否として対立し合うのである。脱構築の理論家にとっての問題はまさに、その大部分が、理論的な「まじめさ」の要求に抵抗することであるのに対して、真の理論家にとっての問題は、イロニーで何とか我慢することである。

同様に、リオタールが諸々の理論――彼はこれらの理論そのものには明らかに関心をもたなかった――から借用してきた概念用具を用いたのは、まさしくその理論的性質のためではなく、ほぼ一貫して「創造的」パラロジーないし「創造的」相違・対立という観点においてであることは明らかである。しかしながら、私にはリオタールを読むと、どうしても指摘せずにはいられないことがある。それは、現代フランスの哲学者たちが少し以前から、たとえばサールに引用されたような人たちの著作を公然と一貫して参照していながら、そこから自分が何ひとつ学べないことを結局示しているのかもしれない、そうした彼らのやり方に、換言すると、その件に関して、完全な無知から意図的な無理解へと移行したそのすばやさのうちに、何かひどく気になるものがあるということである。分析哲学は長い間、執拗な反対者同盟と衝突してきたが、今では、多くの点でそれよりはるかに恐るべき盟友や共感者の群に対抗しなければならない。実際多くの場合第一級の理論家である著作家(この場合、論理学者、言語学者、言語哲学者、意味論学者、プラグマティスト等々)の世代によって苦心のすえ練り上げられてきた専門的概念を用いるときに、一貫して曖昧で比喩的で軽はずみきわまりない使い方をしようとするリオタールのような人々に対して、まったく反論などできようはずがないのも当然である。もっとも、次のように反論することは可能であるが。つまり、(誰もが望み期待しているような)先代の理論的貢献の拡張や乗り越えは、ごくわずかでも「的を外す」ことのないように語ろうとし、その理論家たちが達成したことをいささかでもより真剣に受けとめることを認め、あともうほんの少し時間を割いて本当に理解しようとする人たちによってなされるであろう、と。

(特に顕著な)一例だけを挙げよう。リオタールは、不幸にもウィトゲンシュタインのテクストの方を先に読んでしまう者には誰にも理解できないようなやり方で、『論考』から借用してきた考察と「後期」の著作に属する他の考察とを並べて同時に利用し、しかも完全に文脈は無視して、ほぼ引用するその度ごとに、その考察をその意味や目的から逸脱させるのであるが、その際彼は、何らかのメリットを見出すこともおそらく不可能ではない訓練に専念しているのだ。だがしかし、次にように問うこともできる。リオタールは、彼個人の理論的な先入観と哲学的強迫観念を涵養するために実にさまざまな人たちの著作から素材を借用し、たいていはそれと判らなくなる程の変更を加えて、そして時に自由連想とすら言えるようなやり方によってそうした素材を取込み利用するのであるが、こうしたやり方はリオタールが擁護すると主張している立場に資する最善の手段なのだろうか、と。

　科学・哲学・文学・芸術の間に目下存在している慣習的な境界線を徹底的に消去しようというのがポストモダンの代表的なスローガンであると思われる。そこで、当の境界線が真剣に考えるに値しないことを実践によって証明しようと努めている人々は、境界線を逆に、より気づかれやすい判明なものにしてしまわないように、気をつけなくてはなるまい。さまざまな正当化様式の多様性や特殊性を主張すると同時に、一度にあらゆるジャンルから借金をして、みずからにぴったり有利なように混乱を作り出す言説——この言説はその混乱を告発し、かくて普遍的で無際限な正当性の形式が自分のものであると暗黙裡に主張する——を唱えることはできない。実際に科学と哲学と芸術の間にあるような分離を正当化するのに用いられているメタ物語《イストワール》〔歴史〕にはさほど説得力もなく十分なものでもないとのローティの指摘は、たしかに正当であろう。とはいえ、この点についてもまた、正当化というメタ物語《レシ》を放棄することは、そのメタ物語が不手際に（そしておそらくは無益に）正当化しようとしているものを放棄することを必ずしも意味しているわけではない。諸々のジャンルの同一性を証明しうるのは、単に公然とジャンルを混乱させることによってではない。ポストモダンの考え方において「根拠」という近代《モダン》的固定観念の名残の中でももっとも注目に値するものはまさに、十分な（理論的）根拠のない区別はまったく規約的なものであり、事実上まったく無効にすることもできるという観念である。したがって、その区別を消滅させるには、もはやそれについて語らず、それを相手にしないだけで十分である。

ローティによれば、科学と道徳と芸術のカント的な区別が事実上の所与として受け入れられて以来、哲学者たちは、際限なく続けるしかない還元主義と反還元主義との一連の運動を余儀なくされてきた。

還元主義者たちは、あらゆるものを、科学的なもの（「実証主義」の場合）か、政治的なもの（レーニンの場合）か、美的なもの（ボードレールやニーチェの場合）にしようとするであろう。反還元主義者たちは、そのような試みが何を見落としているかを示すであろう。「近代的な《モダン》」哲学者であることは、とりも直さず、これらの領域が単に相互作用や競合することなく共存するがままにしておくことを歓迎しないか、その内の二つが残る一つに還元されることを歓迎しないかの、いずれかであることを意味する。近代《モダン》哲学の運動は、それらを整列し直し、一つに寄せ集め、またあらためて引き離す、ということを永遠に繰り返すことに存していたのである……(95)。

それゆえ、ポストモダンであるということは、還元主義的態度と反還元主義的態度の間で選択したい気持ちもその理由も一切放棄したことを意味していよう。しかしそうなると当然、たとえばニーチェのような手続も、実証主義や科学主義の手続とまったく同じように、それなりに還元主義的だと認めうることになるだろう。目下のところではむしろ、科学の領域に由来する還元の試みに対する自己防衛として普通に思い浮かぶ実際的効力を持つ唯一の手段は、相変わらず、逆の運動（美学・道徳・政治への科学の還元）のいずれかを実行することにあるものだと思われよう。この袋小路から抜け出す唯一の方法が、相互行為や対立や可能な調停について心配する必要がないよう、三つの領域の（まったく人為的な）区別についての話を耳にするのを以後拒むことであるとしたら、そうした方法は、前例と同じくらい非現実的でおよそ信用できずおそらくはまやかしの、「気にするな（don't care!）」というたぐいの（哲学的）メタ物語《レシ》を付け加えるのではないにしても、事実上、状況をまったく何も変えないおそれはある。残念ながら、三つの領域間にいまのところ存在している疑わしい区別や対立的な相互浸透や相互行為が、もっぱらカント流のメタ物語を採用した結果であるようなふりをすればすむというものではない。そうしたカント流のメタ物語は、われわれが科学・芸術・道徳およびそれらの関係のようなものについて語る「日常的な」物語〔歴史〕《イストワール》のうちには、いかなる根拠ももってはいないのだ。

経験主義の二つのドグマに関するクワインの批判は、決定的な出来事だった。ローティも指摘するように、その批判は、科学とそれ以外の――いわゆる「現実認識」を目的としないような――企てとを区別するという問題をきわめて困難なものにし、おそらくはまったく解きがたいものにしてしまったからである。

> 「外界」に存在する事物への「客観的指示」を有する点で、科学はよりソフトな言説から区別されるのだという信念は、クワイン以前の時代には次のような考えによって支持されていた。すなわち、たとえアリストテレスの言う本質――それは、非物質的な形でなら知性に現前しうるのであるが――のようなものは存在しないにしても、感覚的現前の内には世界との接点がたしかにあるという考えである。この接点において生じる世界との接触に操作主義的「意味分析」の能力――これは、指示対象の本質をその接触を通じて得られるはずの感覚的現前によって特徴づける能力であるが――が付け加わると、この接触は宗教や政治には欠けているもの――つまり、現実世界との接触を真理の試金石として利用する能力――を科学に与えることになるように思われるのである。クワインによるこれらのドグマの打倒や、クーンやファイヤアーベントが提示した知覚の「理論負荷性」の諸事例を前にして感じられた戦慄は、そのような試金石が存在しないかもしれないという危惧の

念から発したものであった。なぜならば、ニュートンがアリストテレスより優れているのは、ニュートンの言葉が現実により良く対応しているからではなく、ニュートンに依拠した方が何かにつけて事に当たりやすいからにすぎないことがひとたび認められれば、科学を宗教や政治から区別するものがなくなってしまうからである。それはあたかも、分析的なものを綜合的なものから区別して語り、観察上のものを理論上のものから区別して語る能力が、われわれを「非合理主義」から隔てる唯一のものであると言っているようなものであった[96]。

とはいえ、いずれにしても、次のことは否定できない。われわれがある種の問題（その克服が、是非はともかくまさにすぐれた現実認識しだいだと説明される問題）から「抜け出」さねばならなくなったとき、われわれは、宗教や政治よりもむしろ科学に頼らざるをえないということ、またこの観点からすると、科学と宗教や政治とを隔てている違いは、クワインの批判によって惹き起こされた災難以前も以後も現実的で顕著である点では変わらない、ということである。呈示された説明が、いま指摘された差異を本当は説明しておらず、また、その実際の差異はわれわれが説明しなくてはならないと考えているものとは違うと言うことと、いかなる種類の差異もなく、説明の試みを正当化するものは何ものもない、と言うことはまったく別のことだ。

ところで、ローティのような哲学者の特質はまさに、次のように考えてしまう点にある。つまり、科学の実在論的解釈は「事実」の報告を行なうものであり、そうした報告をなしうる唯一のものだとされているが、そのような「事実」は事実ではないのであって、結局説明すべきものなど何もない、と考えてしまう点だ。有名な「科学的な知識の収斂」は、結局「歴史記述に伴って不可避的にもたらされた人為的なもの」[97]でしかない。そしてプラグマティストにとっては、「「それは真であるがゆえに有効である」と、

「それは有効であるがゆえに真である」との間には、プラグマティックないかなる差異も、また何らかの差異を産み出すようないかなる差異も存在しない」[98]のだから、成功するものはなぜ実際に成功するのか、と問う必要もないのである。

私の考えでは、ハーバマスが、フーコーやドゥルーズやリオタールのような思想家を「新保守主義者」と考えたのはまったく正当である。それはもちろん、彼らが具体的に保守主義に与することを選ぶという意味ではなくて、彼らが結局はそうすることが十分にありうるからである。なぜなら、ローティも言うように、「彼らはある特定の社会的方向に動くべき「理論的」理由を何もわれわれに示さない。彼らは、リベラルな社会思想（アメリカではロールズが、ドイツではハーバマス自身が代表するような種類の思想）が拠り所としてきた原動力を奪い去ってしまう。つまり、「イデオロギー」によって覆い隠され「理論」によって露わにされるような、そういった現実との接触の必要性を、奪い取ってしまう」[99]からである。社会秩序の完全な改革に関心をもつ批判者としてでなく、むしろ「社会秩序のシニカルな観察者としてフーコーをみるためには、ほんの少しななめから見ること」が必要だとはまったく思えない。真理・正義・人間性という理念は、単に権力の産物以上のものではないのだが、これがまったくないのだから、精神病に関する制度や刑罰制度を人間的なものにする試みを正当化するために引き合いに出されうる倫理的要求は、そうした制度をただ単により機能的にして近代国家の欲求にいっそう適合させようという欲望から、実際には区別できないからだ。システムの総括的な批判は、結局、実際の変化と変化の単なる見かけとの間の、また同時に、他のものを試みるよう促す理由と現にあるものを単に甘受するよう勧める理由との間の、現実の非対称性をすべて消し去ってしまうのである。

ハーバマスの見解はこれとは逆で、われわれが事態の改善を望んだり追求したりできるのは、リベラルなブルジョアジーの理想のうちに、またその理想を範とする民主社会が基礎をおいている「合理的な」科学・道徳・法の内的推進力のうちに含まれている普遍性というエレメントを再発見し、再評価することを容認する場合だけだ、というものである。ローティとしては、そのような場合には、当該共同体ないし組織との何らかの連帯性が再発見され、再評価されればいいのだ、と主張している。しかし、正当化という「大きな」物語のきわめて随意的性格を考えると、この二つの立場を隔てている差異は、実際上ほとんど無視できるものであることは明らかである。

リオタールの「左派」ポストモダニズムは、この問題に関して、ローティの「ブルジョア的」ポストモダニズムとは正反対である。それは、リオタールの基礎が、ローティとは逆に、現実の組織においてほとんど「正確に」機能してしまう欠陥をもつものたる最大多数の満足に与することへの原理的な拒否、および、集団が比較に基づくそれ自身の正当性をもっているという（理論 - 下の）感情を維持し強化することにつながる方法の拒否にあるからである。リオタールにとっては、（哲学的）正義の要求と、（相対的な）安定性・規則性・機能性・効果・秩序のようなありふれた利益の追求との間には、根本的なアンチノミーが明らかにある。あたかもその安定性等々はまた、誰にとっても重要な人間的価値ではありえないかのようなのである。

リオタールにとって、もちろん哲学は抗争の調査と決着とをその任としている。なぜなら、哲学の形式そのものが、いわば即自的で純粋状態における抗争の形式だからである。「哲学的言説の規則は自分自身の規則を発見することである。哲学がア・プリオリとするものこそ哲学自身の課題なのである。みずからの規則を定式化することが問われているわけであるが、この規則は、仮に何か一つの終わりがあるとして、その終わりにしか定式化されえない」(100)。しかしなぜ、このような場合に、再使用できないとそのとき気づくためだけに（おそらく）発見されるような規則を哲学は探求している、などとほのめかしたりしないで、哲学は規則をもたず、もちたいとも思わない言説だと端的に言わないのだろうか（たとえばウィトゲンシュタインならこう言うだろう。ただ一度しか従われえないような規則など規則ではない。したがって、そういう規則を見出そうとしても、あまり意味はないのだ、と）。

　抗争の名誉ある決着への要求は、ひとつの規則に従った処理の要求である。その規則とは、完全に恣意的ではないが、状況の本性自身によって、多少とも適切（ad hoc）でないはずがないことはわかっているような規則である。すでに指摘したように、リオタールはこの点で、周知のことに何か新しいことを大して付け加えたわけではない。ただ、状況に対する抗争という考えを、誰の心にも（まさに哲学者を除いて）そんな具合に特徴づけることなど思い浮かばないほどばかげた仕方で一般化している点と、歪みも争いもないコミュニケーションや相互了解は最善の場合でも大した意味はなく、最悪の場合には不当な目標だと考える決心をしている点は別だ。この後者の手続は、特にパースが述べた哲学者の振舞を連想させる。その哲学者たちは、論争が終わりに達して、ついに意見が膠着したり「確立」したりするのを見るという考え以上に耐えがたいものはない、と結局思っているのだ[101]。最終的に、もっとも受け入れがたいのは、真理それ自体なのである。というのも、はからずも真理が存在した場合、真理は、異議申立ての可能性をすべて、決定的に終わらせてしまうおそれがあるからである。

　リオタールがウィトゲンシュタインに依拠する（あるいは依拠するふりをする）に際して、ある種の勘が働いていたことは明白である。というのも、リオタールの企て全体が、直接的にせよ間接的にせよ、そこを巡っている、正常さと異常さという観念は、実際『哲学探究』の著者の関心の中心だったからである。しかし、キャヴェルはこう書いている。

正常さと異常さとの差異は、両者のもつ根本的な同質性ほどには有益なものではない。どちらも、文明の同じ事実に、すなわち文明は、その中で成長した者による完全な受容と理解を期待しているという事実に依存しているのである。とはいえ、文明が受容と理解を獲得するに至る過程において、その文明が自身について語りうることはごくわずかである。いずれにせよ、あなたは、一人で進まなければならない。ある場合には受容に向けて、そして別の場合には孤立に向けて。(102)

リオタールのような哲学者は、「システム」と妥協する危険をおかさないためには、哲学は孤立、特にもっとも根本的な孤立の原因を、まったく一方的なやり方でつねに支持しなくてはならないと宣言する。そのようにして、驚くべき自信で問題を単純化し、自分たちだけがその問題を感じとれる唯一の者だと信じている。だから、キャヴェルの言う根本的な同質性、すなわち文明という観念そのものの問題点に関わるまさしく哲学的な考察には至らないままなのである。調停・和解というメタ物語の終焉と、一般化された抗争による文化や言語の全面的投資〔備給〕をもって、「哲学すべきとき」の到来が告知される。知識人は退場し、哲学者、すなわち（哲学的）政治家が登場する。この（哲学的）政治家が知識人と（かつてのように、実際に）区別されるのは、現実的な正義に対する専心によってであり、単にシステムの順調な運び具合やシステムの単なる改善に専念することによってではない。つまり、思惟様式・言語・最大多数ないし最強の法への還元という「機能的」なやり方に基づくのとは別のやり方で、抗争に関連する非対称的な状況を扱おうという意志によってなのだ。しかしながら、問題が新しいわけではないし、正しい解決を見出すために使うことのできる具体的な手段もまた、それほど新しいわけではない。むしろ驚くべきことは、こうした状況にありながら、つねに新しい「哲学的」解決を探求する専門家が示し続けている揺るぎない自信である。哲学すべきときとは、おそらく何よりもまず、哲学が、自分の思い上がりを本気で抑制し、哲学も誰もが置かれている状況と結局さほど違わない状況に陥っているのを認めるときであるに違いないだろう。ポストモダンの意識の到来にもっともふさわしい表現は、間違いなく、「発明者〔捏造者〕」を介した新たな正当性の表現ではなく、むしろ、ゴットフリート・ベンの次の表現である。「暗闇の中に生き、暗闇の中で行為する、これがわれわれにできることである……(Im Dunkel leben, im Dunkel tun, was wir können...)」。

ローティにとっては、いかなる理念的な限界も終わりもない会話ないし対話があるだけである。リオタールにとっては、まことに対話すらもない。戦争の権利と正義の観念——これについては、これがおのおのの状況に応じて再発見されねばならないという事実以外、ほとんど何も言うことができない——によって緩和された争いしかないのである。抗争を立証すること、すなわち、対話の可能性の手前ないし向う側で対立し合う立場や要求の共約不可能性を立証すること、これはたしかに本質的なことである。人がそれをどのように理解するにせよ、哲学はそれと何か関係がある。しかしリオタールが立証しているのは、主として、いまや哲学にとって本来の領分と最大のチャンスは、これまでつねに哲学が頑固に背を向けてきたもの、すなわち言語的・文化的な分裂、解体、カオスの内に存するという確信である。そうしたもののうちでは、一切がいかなる規則もなくても理論上いつも「規則づけ〔決着をつけ〕」られていなければならないのだが、同時に何ものも実際には規則づけられえずとりわけ規則づけられるはずがない、それはまさしく、ペシミストがほのめかしているのとは逆で、単にまだ哲学的な問題がまだあるだけではなく、ある意味で、もはや哲学的な問題しかないということだ。

第六節　自己主張と自己正当化――ベーコン対デカルト

ローティは、「ブルーメンベルクの言う「理論的好奇心」に捧げられた共同体が、いっそう自信を深めつつある」[103]にすぎないのに、そのことが科学の「優越性」の十分な理由といずれ考えられるようになるだろう、と見ている。近代科学は、「ある人間集団がプロテスタンティズムや議会制やロマン主義の詩を発明したと言えるのと同じ意味で、その同じ人々が発明したもののように見えるであろう」[104]。私には、科学を特定の人間集団による発明《インヴェンション》と考えることと、現実との合致の面で際限なく改善される非歴史的な正当化様式を科学のために探すこととが、いかなる点で両立しないに違いないのか判らない。そのようなメタ物語の起源は要するに、こうした独特の「発明」が人間に実現することを可能にした自然現象の理解・制御・支配における著しい進歩によって、そうした発明がなぜ他のどんなものとも劇的なほど区別されるのか理解したいという欲求にすぎないかもしれない。科学的認識〔知識〕の「成功」の問題は、単に科学的認識がある共同体ないしあるタイプの共同体の成員にもたらしたいっそうの自信を引合いに出せば片付くようなものではない。そうした企てが成功するなら、当該集団の自信のほどを実際に相当程度高めることのできたその企てが、なぜ実際に成功したのか、これはまだこれから説明しなければならないのである。しかしすでに見たように、ローティはまさに、科学の成功の問題はまったく問題などではないと考えているのである。

ローティによれば、ブルーメンベルクが定式化している「自己主張（Selbstbehauptung）」の問題と「自己正当化（Selbstbegründung）」の問題は、普通なされているよりももっとはっきり区別されるべきである。

啓蒙の楽観主義への歴史主義的批判は決定的な自己正当化の主張を崩壊させたが、探求を進めるのに唯一不可欠の主導的要素と考えられる自己主張という欲求を必ずしも侵害してはいない。「自己主張の必然性は、自己正当化の至上権に形を変えられたが、後者は、始まりを依存関係に必ず帰着させてしまう歴史主義の諸発見によって代表されるような危険に身をさらしている」[105]。この自己主張を自己正当性へと変形する不確かな運動は、途中の過程があらゆる種類の正当性を同時に失うおそれがないとしても、破棄されるかもしれない。

ブルーメンベルクが特に強調しているのは、近代科学の著しい飛躍の原因となった好奇心とは、平々凡々たる好奇心やよくあるたぐいの単なる知りたいという欲求ではなくて、熟慮され、方向づけられ、制御された方法的な好奇心なのであって、素朴な好奇心とは質的に異なる、という点である。

近代初頭における理論的好奇心の最初の成功は、「素朴な好奇心」から「自己意識的（Selbstbewusst）」好奇心への移行を抜きにしては考えられなかったであろう。この自己意識的好奇心は、救いの心配との競合や、超越と割りあてられた領域との対決の関係に入ることによって現実化されただけではなく、創造の光景の背後を見る自由——先の好奇心が最初は不当に手に入れた自由——の結果を、その好奇心から逃れていたものに対する自らの権利と疑義の確認として、より過激なエネルギーに変えることもできたのである。自己確認を担うこうした運動は、人間の注意を非本質的なもの、余計なもの、驚異、怪物など、まさに珍しいもの（curiosa）へと縛りつけてきた「下位の欲動」との結びつきから、好奇心を解放したのである[106]。

しかし、「まず「地理学的《トポグラフィック》」と分類できるような欲求を産みだしたのは、まさに確認のこうした結果の総和なのである」[107]。好奇心は「もっぱら運動としては理解されえない。それはその地形《トポグラフィ》を把握しようとしなければならない。その境界は、もはや外からは定められず、好奇心がその結果そのものの全体性によって境界を描くのである」[108]。ところで、百科全書の企ては、ほとんどすぐに重大な困難に出くわした。そしてそれはしだいに目立つものとなっただけだった。「馴染み深い既知の現実という地平の拡大は、この地平の内部ですでに意のままになっていたものの存在と調和できなかった」[109]。ディドロは、今日ではますます必要となった確証を、すでにみずから行なうことができたであろう。「ディドロは、今日われわれが言わねばならないように、すでにこう言うこともできただろう。つまり、われわれは世界について、他のどの時代がかつて知っていたよりもはるかに多くを知っているのだが、ここで「われわれ」とは、いかなる場合も「私」を意味するものではない、と。この文におけるわれわれが私と出会うのは、もっぱら制度として、百科事典として、アカデミーとして、大学としてだけである。この制度等々は、超主体（Übersubjekte）をあらわしている。これは、時間・空間における現実に関する知を管理し、その拡張を組織するものである。現実の理論的な洞察として得られたものと、自分の世界で自分の位置を知りうるよう個人に伝えうるものとの不均衡は、遺憾ながら免れがたいものである」[110]。

ブルーメンベルクの見るところによると、反省された好奇心の覚醒が際限のない知の増大過程を惹き起こし維持してきたのだが、そうした好奇心はこんにちでは「すでに反復された反省」という特殊な形式をとるに至った。「近代の好奇心を内的推進力に従順な自己加速的運動へと動かした要因は、復権と復元によって得られる原初的なエネルギーをもはや必要としてはいない。そうした要因が新しいものそれ自体に対して無関心になったのは、それが不可避的に体験され、さらにはその影響を受けるためだ。だがその代わり、その分、そのように広く分布した運動に与えられた方向性、つまりそれがどこへ向かうかという問題については、ひときわ敏感になったのである」[111]。ミッテルシュトラースはこれを驚くべき表現によって言い表わしている。彼は、好奇心の魅力は「もはや何かまったく新しいものを発見することのうちにではなく、いかにしてこれが続くかというもはや絶対に終わらない問いのうちにある」[112]と述べているのである。新しさを甘受することは、避けようにも避けようのない一種の運命としていまや容認されており、その結果好奇心は、こんにちではもはや、自発性もまだ未知の領域を探検する単なる欲求の純真さも、外的権威によって課された制限や禁止に対して正当な権利を奪回することから生まれる飛躍ももつことができず、むしろ主として「素朴さから発して意識的に形作られた好奇心の総体的過程の方向」[113]に必ず向けられているのである。一種の自己維持的・自己加速的な永久運動と化した探求と発見の過程の自律化は、それがどこへ向かい、われわれをどこへ導くのかという問題を、より重要かつより断ち切りがたいものにしてしまっただけである。

同時に、容易に次のことも確認できる。つまり、ブルーメンベルクの言う二重化された好奇心は、それ自身、いささか運命論的で、ひどく醒めきった様相を呈してきたということである。これは、そのプロセスがたどる独自の方向がどんなものであるにせよ、ともかくその展開が、人間の基本的な欲求や関心という言葉で理解されうる一般的方向性に従うのをだいぶ前から止めてしまった、という印象に由来するものである。「理論の推進力が、もはや「生活世界（Lebenswelt）」には直接由来せず、世界の中での位置づけについての人間的な関心にも、さらには現実を拡大しようとする意志や未知のものを統合しようという欲求にも由来しないとなると、動機づけの切断ということを考えなければならない。こうした状況は不安を生じさせる。明らかに、必要性では十分ではない。必要性は、無意味さに関する疑いを、あるいはこうした事態をもっと明確にいえば、おそらく、科学全体の背後に潜む全面的な無意味さへの恐れを、相殺できない」[114]。

近代初頭の理論的好奇心は、人間存在にとって、より差し迫ったより決定的なものとされた欲求や関心を満足させる必要に由来する厳しい制約に対して、限りなく拡張するための権利を守らねばならなかった。われわれはこんにち、われわれにとって何なのか(quid ad nos?)という問いが再び重要となる状況に置かれるに至っている。一般に意義のないものへの関心とされる純理論的な関心や、フッサールがヨーロッパの人間性のいわば第一幕を見た理論のための理論に好意的な選択は、理論的好奇心それ自身が「科学に関して生じることや、科学者によってなされることに対して、もはや二次的な役割しか演じない」[115]という、ブルーメンベルクが指摘しているような状況の中では、ますます正当化されにくくなってきた。その一方で、「理論的な」知のけたはずれの増大による実際の影響は、たとえば人類が単に生き延びるといったような根本的で死活に関わる利害関心と、明らかにますます軋轢を起こしつつあるのである。忘れ去られていた問題が、一見したところ古代思想の根本テーマの一つに再び現代的意味を与えるような形で再び現われている。それは、「たしかにもはや理論と幸福の同一性の問題ではなく、人間の幸福が知識に依存しているかどうか、あるいは事態がもう一段激しさを増せば、知識が人間の幸福に関して無害かどうかという問題である」[116]。

近代科学の発展の始まりにおいて理論的好奇心の復権がそうした好奇心の質的特性をなしていたのだが、デカルトの一六三八年十月十一日付メルセンヌ宛の手紙ほど、そうした理論的好奇心の特性がはっきりと現われた例はない。その手紙で、デカルトはガリレオを、直線的な方法の厳密さよりも主に好奇心に動機づけられた脱線の多い探求スタイルの誘惑を選んでいる、と非難している。「一般的に言って、私は、彼ができるだけスコラの誤謬を捨て、数学的論拠に基づいて物理学上の諸問題を検討しようと努めている点で、一般の人よりもずっとよく哲学的思索を行なっていると思う。その点について、私は彼と完全に一致しており、真理を発見するにはそれ以外に手段がないと思う。しかし、私には、彼はたえず脱線し、一つの問題を落着いて徹底的に解明しようとしない点に多くの欠陥があるように思われる。このことは、彼が、それらの問題を順序を追って吟味をしなかったこと、自然の第一原因を考察せずに、若干の特殊な結果の理由だけを求め、かくて基礎なしで構築したことを示している(117)」。

ブルーメンベルクは、偶然の成功からその大部分の意義を奪ってしまう、デカルトにとっての、根本的「欠陥」について、次のように説明している。「理論的好奇心のもつ動因としての性質は、デカルトの眼からすると、対象からの刺戟によって危険にさらされるように見える。そうした刺戟は基礎づけや前提に関する問い、つまりデカルト主義の思想家が全力を注ぐ批判的な根拠や支柱に関する問いを忘れさせる傾向をもっているために、理論的好奇心はそうした刺戟に十分すぎるほど簡単に屈服してしまうのである。ここに、一種の内的な科学倫理《モラル》と、一貫した論理の厳格さが打ち立てられるのがわかるが、とめどない知識欲は、それに対して疑いを抱かないわけにはいかないのである(118)」。

実際デカルトにとって、理論的好奇心は、探求の主要な動因とされうるには、新しいものや未知のものそれ自体に対する単なる関心とは根本的に区別されねばならない。真の探求者の好奇心は、特別な性質、すなわち方法的《・・・》であるという性質を帯びていなければならない。デカルトの疑いはもちろん、中世の先駆者たちの疑いとはもはや何の関係もない。しかしそれでもやはり確かに、デカルトからすれば好奇心は正当化される必要があり、この場合ある道徳《モラル》、つまり方法そのものである道徳によってのみ正当化されうるのである。ブルーメンベルクは次のように言っている。

自然に対して向けうる問いの規準《カノン》からデカルトが目的性を排除した際の決断がいかなるものであれ、世界内の現実に適合した行動の要約として事物認識の完成を前提する決定的道徳に到達するために、彼が、方法によって統一された努力という究極的特徴を人間の認識に与えるやり方も、同じように決然たるものである。デカルトにあっては、好奇心と好奇心にあふれたという表現の使い方には、パトスも特異さもない。認識の合理的目標は、その目標に達するために費やさねばならないエネルギーの、他のすべての正当化を排除するのである。(119)

方法の厳格さは、認識の努力が全体として一定の目的の実現に向けて秩序づけられるべきだ、という確信と明らかに切り離せない。その目的を忘れることは、ただちに理論的好奇心を単なるエネルギー散逸のレベルに低下させ、非本質的なものや無益なものを利することになるおそれがあるだろう。追求されている目的が、個人の一生の間に、あるいは少なくとも数世代のうちに達成されうると信じこんでいる人々――明らかにデカルトもその一人である――にとっては、プロセスが実際には目的を欠いている可能性が十分にあるという事実の発見など、失望を説明して乗り越える手段として以外、まず起こりえないだろう。そういうわけで、無限性がたしかに進歩という概念そのもののきわめて積極的な特徴とただちにみなされたわけではない、と指摘するブルーメンベルクの正しさを認めないわけにはいかないのである。

進歩という観念が「無限の進歩」へと到る拡張を見たのは、最終結果全体を獲得することのうちにその観念が最初に含んでいた期待に、すぐに失望が加わったためである。これはまったく確実なことだ。デカルトは、自分が生きている間に自分のプログラムの、究極的な理論的・実践的目標に到達する可能性を、すなわち物理学や医学、またそこからただちに由来するはずの道徳の完成を、まだ真剣に考えていたのである。してみれば、無限性が表現していたのは、人間の歴史に神的属性をそれほど獲得することではなく、何よりも締念の一形式なのである。進歩という観念のこうした誇張の危険は、歴史の背景の中でみたとき、誰もが自分の占めている場所で未来のために仕事をしていると思うと、自分が共にすることのできない喜びのなかに個人がみな感じてしまう必然的な失望感である(120)。

しかしもちろん、無限の進歩という観念は、そのために歴史が内在的な最終目標をもてない限りにおいて、個々人や各世代に対し安心させる防壁ともなっている。そうした目標とは、未来の個人や世代なら実現できると思うかもしれないが、彼ら以前の人たちに対しては、自分は単に手段となって目標のために奉仕するけれども自分たちの大部分は残念ながら自分ではそれを経験できない運命にある、という印象をどうしても与えてしまうものだ。この限りで、無限の進歩という観念が対応しているのは、神の属性の世俗化というよりも、「ただ一つの規則」を導入することだ。その規則とは、「実際、すべての行動《アクチオン》〔筋立て〕は、それによって人間が単なる手段に変えられていると感じることのないように構成されていなければならない、と当の規則が定める限りにおいて、歴史を人間的に許容できるものとするような規則(121)」のことだ。無限の進歩という誇張には、追求される目的の見地からは、時間のなかを受け継がれていく個人や世代の間に、ある種の同等性を設定するという利点がある。けれども、同時に、そうした誇張には、個人や世代の側からすれば、目的を認識し探求していると主張する人たちによって、目的のことなど分からない人々が単なる道具としてまさに利用されることを正当化してしまうような、あらゆる主張や絶対的野心の事実上の断念が含まれている。

ブルーメンベルクのテーゼによると、進歩という近代的観念の生成と、その観念を歴史の全体性——これは中世においては、「天地創造」と「最後の審判」によって画されていると考えられていた——の問題への答えとして用いることとは、実際に別々の二つの過程であるという。進歩という観念が実際の可能性を越えて利用されざるをえなかったのは、「土着的で自発的な認識意志[122]」のゆえではなく、むしろ、問題があまりに野心的だったという困難のためなのである。中世がそうした問題を甘んじて立てていたのは、もっぱら中世自身がすでに「答え」をもっていると思っていたからだが、後続の時代は、その答えによって困難が乗り越えられたと認めるだけでは、先のあまりに野心的な問題を回避できないであろう。こうした観点からすると、歴史哲学とは、「中世の問題に、中世以後に使えるようになった手段で答える試み[123]」のように思われる。ひとつの時代というのは実際、前の時代がすでに知っていたことを仕方なく無視すれば、必ず「実証主義」の非難を受けるので、それを再び自分のやり方で知らなければならないのである。

　進歩という観念の歴史過程全体への一般化は、その義務に応えるために試みられたものであるが、当然重大な結果を招くことになった。

　進歩の思想は、歴史の全体性と、実際には未来の全体性に関して言表される限りでは、理論的に接近可能で意のままになる現実の拡張や、その過程において作動している理論的方法論の生産的能力のうちにその経験的基盤を持っていたが、そうした基盤から切り離された結果、進歩という思想は他律的な仕方で機能化されてしまった。将来を必然的にもたらすような信念への変容は、進歩が歴史に内在的な原理であること——それゆえ、進歩は個々の人間の行為の中で活動する理性から生じうること——よりも多くのことを要求しており、そのうえさらに、この原理が事実的な観点からしても同様に強力でありかつ強力であり続けることを前提している。オーギュスト・コントによる歴史の三段階法則もそれ自体説明が必要である。つまり、「実証的な」第三段階

(もっとも、この実証的という図式もこの段階ではじめて宣言されるものだが)の観点から、その法則自身が含む批判的制限の課す諸条件を尊重しつつ、もはや不可能な歴史の全体性をその法則が素描してみせなければならないような説明だ。この種の歴史哲学は、自分が歴史的に占める位置を明確に特徴づけるものとしてみずから合理的批判を標榜しながら、その批判から進んで身を退いてしまう、という矛盾に陥ることになる。[124]

答えが発見される可能性よりも息の長そうな問いがあまりに多いが、そうした問いの問題提起は、たしかに、ブルーメンベルクも述べているように、概して新しい説明様式を推進する人の振舞が示唆する以上に意欲的で決定的なものである。「理論体系に対して向けられる、世界や人間の自我を全体的局面で理解するのにほとんど役立たないという非難は、それがその体系の創設者や、とりわけそのエピゴーネン的支持者らの心に実際に残っているよりも、はるかにまれにしか表明されないものだ。そのような時には彼らは、ほとんどあらゆる問題を含んだ領域をカバーする自分の素質の証明に取り組まねばならないと考えるのである。世俗化の産物と考えてもよいのは、近代理性のもつ「全体性の要求」というよりは、むしろ全体性という義務である[125]」。

時代の変化を超えた答えを要求する問いの体系が永続することや、問いが後の世代に――その問いは実際は彼らの知的世界にもはや属してはいないけれども――及ぼし続ける圧力といったものは、すでに何度となく存在してきた現象であり、また近代《モダン》からリオタールがポストモダン的状況と呼ぶものへの移行にともなって明らかに再生産されようとしている現象である。どうみても、パラロジーによる正当化というリオタールの考えは、主として、先行する時代が答えを保持していると確信していたからこそ避けられないような問いに、答えるのが目的であるようだ。もう一度、排除できない問いの障害が、まったく新しい合理性の形式とされるものに重くのしかかり、とにかく空いたままではありえない場所（この場合、正当化という大きな物語）を埋めることだけを役割とする答えを産みださせる。もう一度自分が問いの答えを見出さねばならないと思わずに、問いそのものを投げ捨ててしまおう、と提案するとき、ローティは、間違いなくリオタールよりもずっと明敏で現実的である。リオタールは、近代《モダン》の問いにポストモダンの手段で答えようとする過ちをおかしているが、この手段はどうにも適合せず、不十分であることがわかっているのである。

探求の倫理《モラル》という理念は、デカルトにあっては方法と呼ばれ、カントにあっては批判と呼ばれていた。この理念は、近代の思想家が理論的好奇心の過程について行なった記述のなかで、中心的な役割を果している。ブルーメンベルクも、カントについて次のように書いている。

認識が見出し確認する認識の限界は、カントの『批判』においては理論的な知識欲そのもののテーマとなっていた。理性の自律がまたまさにここで意味していたのは、禁じられた限界の侵犯という事実性の容認ではなく、その現状を知ることによって認識要求の限界づけを行なうことである。知識欲の肥大は、カントにとって、あらゆる知的現象の根であり、その否定が啓蒙（Aufklärung）とよばれている。「受動的理性」は、到達されうるものなどおかまいなくそのつど到達されたものの向こう側へ行きたいと駆り立てる欲動において、先入観や偏見にもまったく頼らずにきっと自由闊達であるに違いない。啓蒙は、私的な要請としてではなく、ひとつの時代や社会の状態を決定する公的な要請として、「自分で考える」ということ以上のものである。啓蒙とは、いわば理性の受動性に対して、そして実際には理性の誘惑可能性に対して与えられる諸々の機会を取り除くことなのである。(126)

啓蒙の具体的プロセスの予測できる困難と緩慢さは、主に理性の自然的受動性に由来するが、そうした受動性は、批判によって理性に定められた限界の向こうへと知識欲を誘導し続け、侵犯の試み――知識欲を満足させられると自称し、信じる大衆など実際いつでも見出す自信のある人たちの側からの試み――を生み出し続けるだろう。「理性自身の知識欲という内発的病理学[127]」という考えと、理性は欲動的な要素を含んでいてそれが理性自身の身の破滅にもなりかねないということの確認とに基づいて、はじめて次のことが理解できる。つまり、「理性が自分自身に対して遂行する批判は、自己の限界づけの再確認たる限り、屈辱的な忍従とか実現しなかった反逆という性格はとらず、理性自身の威厳の最終的・決定的な発見として示されうる[128]」ということである。

理性の自己維持（Selbsterhaltung）という格率は、『思考の方向を定めるとはどういうことか』において、定式化されている。それは定言命法の形式と同一の形をとって、「われわれがなぜあるものを想定するのかという根拠、あるいはわれわれが想定するものから生じる規則を、その理性使用の普遍的原則とすること[129]」があらゆる場合に可能かどうか問うことを命じている。そしてブルーメンベルクはこう注記する。「啓蒙がまさにこの理性の自己保存にほかならないとしたら、その場合、理性の要求する認識の自由は任意の自由ではなく、法則に従う自由であることになる。実践理性は――実践理性の、法則に従って行為を決定する能力がどのようなものであれ――自分自身で行為を決意できないとする教説をもつ道徳哲学と自由とを関連づけるこの類比において、理論的好奇心は決定的に体系的な場所を与えられる。欲求は作動し始めるが、方向が定まっていない。それは正当であるが正当化はしない[130]」。

もっとも典型的なポストモダンの思想家はみな、方法と批判の人為的で不当な制約に対して受動的理性とまったく自由な好奇心の自然権を回復させるという、多かれ少なかれ鮮明な意図をもっている。ローティだったら、デカルトやカントの時代の特徴である正当化や基礎づけという主要な関心事とは決定的に縁を切って、そこからはるかにベーコンに近い考え方へと立ち戻ることを望むだろう。理論的な好奇心が唯一必要とする正当化とは、あらゆる種類の障害や抵抗に打ち勝つときに明確になる欲求、規定された限界を侵犯したいという欲望（多くの者たちが越えていくだろう、そして知が増えていくだろう（multi pertransibunt et augebitur scientia)）、冒険に対する好み、未知のものに飛びこむ危険を冒そうとする意志、こうしたものだけからすでに帰結してくる正当化以外の何ものでもない。提案されているのは、理論的好奇心のいわば全体的な解放である。この好奇心は、これからは方法論的な規定や学科間の型にはまった境界を無視するように、そして時いたらば自分自身の探索の結果として結局は実際そこかしこで出会うことになるかもしれぬ、事実的な限界をみずから発見することを引き受けるように促されているのである。リオタールにあっては、すでに見たように、予告された認識論《エピステモロジー》上の革命は、文字どおり、新しい知のあり方の出現と合致している。その知のあり方は、近代知《モダン》が古代・中世の先行する知と異なるものであったのと同じように、近代知とは異なるものであるかもしれない。普通の意味での知識欲を、未知のものの発明によって置き換えるということは、われわれをいわば大いなる冒険――近代科学の冒険と同じように有望で、それ以上に魅力的なものかもしれないような冒険――の始まりに連れ戻すことである。

「ニュー・サイエンス」（これは、不必要に綿密で潔癖で厳格な、デカルトやニュートンやアインシュタインの科学にとって代わるのかもしれない）に関する言説が明らかに流行している。新しい学派の認識論者《エピステモローグ》からの攻撃の大部分は方法に対して集中しているけれども、その方法が現在果している役割は、近代知《モダン》が現にあるようなかたちに発展するために打ち勝たねばならなかった、神学的性質をもった禁忌の役割と、当然の相違点は別として（mutatis mutandis）多くの点で較べることができるだろう。まるで、ポストモダン的な知は、近代《モダン》科学理論を構築した思想家によって考えだされた規制と考案された妨害に対抗して、まず自分の立場をはっきりと打ち出さねばならず、そしてこうして探求されるものが回復すればそこから、自由探求という抗しがたい過程に近代《モダン》の当初から力を与えているエネルギーと多少なりとも比肩しうる新しいエネルギーを、もう一度窃取できるとでもいうかのように、すべてが進展している。

もっとも特徴的な事例において印象に残るのは、残念ながら何よりも言語的な操作という印象である。この操作とは、知の概念そのものを多かれ少なかれ「革命的に」定義し直すにすぎないが、これとひきかえに、知に無際限な広がりを可能にする新しい展望を開くことである。あるいはこの操作は新しい合理性、つまり、もっとも徹底的に理性に抵抗しかつ理性がつねにそれに対抗して自己を定義してきたものさえも、無条件に統合することを許すほどに拡大され拡張された、そうした新しい合理性について語ることである。ラルジョーはこう言っている。「混沌、偶然、雲、騒音、煙、これらは可知性の原型となるだろう。ものいいいいいたそうな思考（wishful thinking）、ここから、軽くてやがて流行の風に運びさられてしまう著作が発生してきた。そこでは、物理学が文学の言葉で語られ、文学が物理学の言葉で語られている。文体《スタイル》が存在しない分析の代わりになる」[131]。ラルジョーほど断定的になるのはためらうにせよ、それでもやはり重要な問いが、（文学側が「通俗的」とよぶような）科学がこうした試みから最終的に何を取り上げるだろうか、ということであることに変わりはない。ともかく、人々に自分の欲望を現実と取違えることのないようにさせようとしても、不合理で無意味なことであろう。

私はすでに、前衛的知識人の集団が、自分の周縁性や部分的ないし全体的な参加拒否を正当化するために産みだしている秘教的な言説のたぐいを、正当化の問題への一般的な解答として呈示する可能性について、疑義を表明した。パラロジーをいわばひとつの仕事および存在理由にした人々が、パラロジーをそれだけで十分な動機と考えたとしても、それはまったく当然である。他方、インテリゲンチアのもっとも先進的な一部の連中が、何らかの種類の相互性を求めることもできずに、共同体の他の成員に対して、自分たちの独自の関心や企てと連帯することを期待したり要求したりすることはまずありえない。リオタールの主張するように、たとえポストモダンの社会が相違・対立によってしかもはや意義がないとしても、この社会はそれ以前のあらゆる社会と同様、最低限のコンセンサスとそこそこの安定性を確保しておくという条件ではじめて持続するであろう。これには、一定の制度と一定のタイプの組織を守り、可能なら改善する義務についての合意を実現することも当然含まれている。

リオタールは、「芸術やその他の領域において、実験とは縁を切る」というある人々の意志や、もう少しわかりやすくもう少し部族のものに近い言葉を哲学が使うところを見たいという欲望や、「いまこそ指向対象のなかに言語が堅固に錨をおろしている状態を回復しなければならない」(132)という考え等に反対している。リオタールがこれほどの自信をもってあえて反対できるのは、ひとつには、リオタールが、ポストモダンの人間はおそらく実験に疲れて、休息や休養(リオタールはもったいぶって「弛緩」などと言っているが)を切望しているのであって、哲学者‐芸術家が自分の喜びや正当化をその中に見出す戦闘のやり方など求めていないという事実を考慮したくないからである。さらに言えばリオタールは、知識人として、ありふれた要求の背後に本当に隠れているものを理解するという特権を保持し続けているからである。

「十九世紀および二十世紀は、われわれに思う存分のテロルを与えた。全体と一への、概念と感覚との和解への、透明で伝達可能な経験へのノスタルジーの代価を、われわれはすでに十分に支払ってきた。弛緩と鎮静にたいする全般的な要請のもとで、テロルを再開しリアリティの把握という幻想を達成しようという欲望がつぶやくのを、われわれは耳にしているところだ。それにたいする答えはこれだ。全体性にたいする戦争だ、呈示しえないものを示してやろう、さまざまな抗争を活性化しよう。名詞の名誉を救出しよう[133]」。

リオタールの企てにおいてパラドックスを成しているのは、知識人の時代の終焉を仰々しく告知した後、その企ては結局、ポストモダンの知識人用の正当化のための単なる言説とはっきりと区別できるものを何も産みださなかった、ということである。ところで、現代社会における知識人の役割を問題にすることは、知識人はまず始めに自分自身の問題を誰でもの問題と同一視したりなどしないという条件があってはじめて、真剣に考えることができるのだ。ポストモダン性に関する問いは、次のローティの指摘にもあるように、少なくともまったく異なる二つの面をもっているのである。「崇高さを求める人々は、ポストモダン的な知的生活を目指している。〔美しい〕社会的調和を求める人々は、ポストモダン的な社会生活を求める。そこでは、全体としての社会が、自己を基礎づけようと思い煩うことなしに、自己主張を行なうのである[134]」。

第四章　職業意識、批判、「豊かさのパラドックス」

彼には、世のあらゆる哲学者と共通するところがあった。すなわち、目につくことは何でもじっくり考えてみたくてうずうずしていたのである。ただ一つ違っていたのは、彼はほとんどの場合に十分よく考えたという点である。

ロレンス・スターン『トリストラム・シャンディの生涯と意見』

考えることを学ぶこと、わが国の学校ではこのことの何であるかはもはやわからなくなっている。大学においてすら、それどころか哲学の本来の学者の間でも、論理は、理論として、実践として、手仕事として死にたえはじめている。ドイツの書物を読んでみよ。考えることには、技術が、教授計画が、練達への意志が必要であるということの、——考えることは、舞踏が学ばれることを欲するように、一種の舞踏として学ばれることを欲するということの、ほんのかすかな思い出ももはやない……。

フリードリッヒ・ニーチェ『偶像の黄昏』(1)

第一節　ゆったりした精神による知識人の黄昏と文化の擁護に関する考察

ファイヤアーベントが「合理主義的伝統」という言葉でまさに理解していることは、いつも明晰というにはほど遠いものである。彼が標的とする伝統とは結局、何が万人にとって良いものかについてとにかく当事者以上に知っているとされる「知識人」や学者や専門家といった人たちの言う抽象的な観念や理論を考慮した上で、全体の利害がからむ問題が取扱われ解決されるような伝統、これが主であるらしい。ファイヤアーベントは、一般人が、あらゆる問いに関する最終決定権とあらゆる決定の「民主的」コントロールを保持することを望んでいるようだ。そこには科学的知識そのものの発展と活用に関わる問いも含まれている。「このような難点は抽象的思考を市民発議と置き換えることによって避ける以外ないのである。これは、認識〔知識〕の理論家による分析でも、科学〔学問〕論のパズル（しかもこのパズルはもともとの綴りを正確に答えとして与えることのできないものである）でもなく、また、哲学者、社会学者、政治的科学者の想像などでもない。問題にあたっている人間の具体的な行為こそが、どのように前進し、かつどのような基盤に立ってものを考えるかを決定するのである」。(2)

ファイヤアーベントの重要な考えは、何がうまくいっていないかとか事態改善のために何をなすべきかについては、単なる市民の方が知的エリートたる専門的知ったかぶり屋（Besserwisser）より「ずっとよく知っている」、というものである。実際には、物事をこのように説明してしまうのは、間違いのもとになる。なぜならファイヤアーベントが特に言いたいのは、知識人が無知だからといって必ずしも普通の市民の方がよく知っていることにはならない、ということだからである。「私は、平均的な市民を信用しないし、科学者や哲学者、一般にあらゆるエリートを警戒する。彼らエリートは、自分たちの強欲を人間愛と称し、分別の欠如を鑑定書に（最終的には「批判的‐合理的手続」に）仕立て上げ、自分が産みだしたものが高くつくことだけでなく、自分たちに合ったやり方で皆の生活が整備されることもまた当然だと考えているのである。平均的市民のうちでこのような視野の狭さにお目にかかることは、めったにない。さらに、市民全員には、公けの問題として起こることに注意を払う義務がある――ここには、研究・教育・健康・刑務所のシステム等々、こうしたたぐいのものを監視することも含まれている[3]。人々が実際には知らないということは大いにありうるが、彼らにはみずから間違いを犯すことによって学ぶ手段を与えなければならない。愚かさ一般につける薬はない。しかし「「知識[4]」、「教育」、「批判的‐合理的思想」のような愚かさや他のそうしたたぐいのものを制度化することにつける」薬ならある。

要するに、ファイヤアーベントは知識人に真の啓蒙家（Aufklärer）として行動すること、つまり知識人が人々に思慮分別を自由に獲得させることを求めているのである。しかしながら同時に、選択に関わる思慮分別はその内容とあまり関係がないことも強調する。どんな選択肢でも、もっとも許し難いものも含めて、万事承知の上で採用できるからだ。「知識人は啓蒙の擁護者なのだろうか。つまり、人間を成熟させ思慮分別をつけさせたいと望んでいるのだろうか。そのときにその人間が何を選択することになろうとも、そう望むのだろうか。それとも、知識人は、国家宗教に対する少数派が国家合理主義に対する少数派にとって代わられるような新しい時代の少数派［未成年］の旗手なのだろうか。これこそわれらが知識人の迫られている選択である。自分自身の仕事の向上よりも、他人のために尽くそうという覚悟のできている知識人はごくわずかしかいない[5]」。われわれはいまのところまだ自由社会からはほど遠い所におり、個人をたえず未成年の状態にしておく保護と強制という形式によって個人は自分自身で決定を下すのを妨げられているのだから、個人が今後同じように、分別ある啓蒙された決定を下しうるとみなすことは、たしかにできない。とはいえ、本当に自由な社会の制度や機能の仕方に馴染むにつれて、個人もだんだんと分別がつくようになるだろうとは期待できる。ただひとつ気掛りなのは、ここで期待されている分別が何を意味しているのか、よく判らないということである。というのも、どんな選択であっても、原則として、成人した責任ある存在の行為となりうるからだ。これには、ファイヤアーベントが言うような「義務」を果すことを拒否する行為や、知識がある（また知りうる）とされる人たちの決定に頼る決心をする行為も含まれていると思われる。たしかに、ファイヤアーベントが引合いに出している思慮分別《マテュリテ》という概念は、明らかに、啓蒙という概念とまったく同様に十分明確な規範的内容を持っている。けれども、概念に徐々に自己を実現する何らかのチャンスを与えたいのなら、まずはその内容を完全に忘れてからなければならないのである。

ファイヤアーベントが注意を喚起するのは、理性的伝統を万事考慮の上で断固拒んでいる共同体もあるということだ。さらに「現在、非人間的なそして［あるいは？］非人間的に見える哲学が他の可能性を知らないというだけの理由で存続できるほどに諸々の伝統が互いに孤立している、などということはない」[6]と言う。これが意味しているのは、現に起こっていることについては百も承知していながら、今でも人は非人間性を選べるということらしい。これに対して、古典的啓蒙（Aufklärung）の代表者にとっては、「啓蒙され」てしまって以後、そんなことができるなどとは想像もつかなかったであろう。けれども、正確に言えば、人々は今日十分に啓蒙されている。なぜなら人々は、実在するさまざまな可能性について、以前よりもずっとよく知っているからである。にもかかわらず、人によっては非人間的な、あるいはいずれにしても、われわれには非人間的に思える解決を選択し続けているのだ。残念ながら、またしても「非人間性」という言葉が正確なところ何を意味しうるのか、よく判らない。ファイヤアーベントは、西洋文化が真正の人間性を独占的に有していると主張できる唯一の文化どころではないことを、知らないふりをしている。多くのいわゆる「原始的」な文化において、原住民が頻繁に「ひと」とか「人間」という名で自分を指示しつつ、よそ者に対しては、人間たる条件への実際の帰属を認めないことはよく知られている。ファイヤアーベントの観点からすると、一つの伝統は、別の伝統の観点から判断すると非人間的に見えるかもしれないが、実際にそれが非人間的であることはありえない。だから、誰かがある特定の伝統を選ぶことによって非人間性を選ぶという実際上の危険はまったくないのである。なぜなら、個人はおそらく最悪の場合非人間的になりうるであろうが、伝統にはそういうことはまずないからである。

同様に、何らかの文化の価値や所産は、普遍性や永遠性へのある種の要求をもともと含んでいるのであって、ただ単に自民族中心主義的な視野の狭さや無分別のためではないのは明らかである。もしこのような願望が文化的企ての本質そのものを構成するとみなすべきならば、それが合理的で正当化されるものか否かという問題は、もちろんさほど重要ではない。ニーチェも『真理の情熱について』で次のように言っている。「偉大なるものは永遠的であるべきだという要求を発火点として、文化（Kultur）の恐ろしい戦いが勃発する。なぜなら、それ以外の、今なお生き続けているすべてのものは、否！と叫んでいるからである。平凡なもの、矮小なもの、卑俗なものなどが、世界のあらゆる隅々を充たしつつ、われわれすべてが呼吸すべく呪われている重苦しい地上の空気として、偉大なものの周囲に濃煙のごとく立ち昇りながら、偉大なものが不滅の境へと到達しようとして歩み行かねばならない道程の上へと押し寄せてきて、これを阻止し、抑圧し、窒息させ、陰鬱にし、惑わすのである」[7]。多くの点で、文化の存在そのものが、明らかに本当らしく思えない事柄に基づいている。というのも、文化は持続すると主張しているが、文化を取巻くものは何ひとつ持続できず、すべてがある意味では、この空想的な願望と対立しているからである。いかなる文化でも、相対主義的・歴史主義的な「現実主義」のようなものに基礎を置くことは本質的にできないが、そうした現実主義が結局、優越性という幻想や勧誘の誘惑そのものから当の文化を守ってくれるのだ。

ファイヤアーベントの意図的にスキャンダラスな全テーゼの中でも、私が憤慨することの一番少ないのは、たしかに、「知識人」と呼ばれる卓越した市民というカテゴリーの役割に関するテーゼである。知識人が人々に教えを垂れる仕方や知識人の根本的無能さを一貫して弁護するいかなる特別の理由ももはやなくなって以来、ファイヤアーベントが知識人に対してまったく考慮も尊敬も示さない態度は、結局のところ、難なく正当化されるように見える。知識人の根本的無能さとは、知識人自身が何も学ぶことも、彼らの絶えざる過ちから何らかの結論を導き出すことも、彼らの思い上がりを彼らの実際の能力や彼らのもつ実際の社会的有用性のレベルに抑えることもできない無能さなのだ。既述のように、知性に払うべき敬意こそが、知性の代表者自身が時としてしてしまうほど知性を傷つけかねない人々に、敬意を払うことをまさに禁じる場合がある。異論の余地のないことだが(そしてきわめて幸いなことに)、多くの単なる市民は、思想的指導者よりもものごとを「よく」知っており(またこれまでもつねに知っていたのであり)、指導者の壮大な理論(と非常識な言動)を無視し退けてきたのである。もちろん、大衆的な常識が(特にフランスにおいては)、哲学者に受けるわけではない。だが、多くの場合、まさに知ったかぶり(Besserwisser)なのは、やはりそうした常識の側なのだ。だから常識が知識人と同じように、大きな過ちの方を小さな真理よりも刺戟的だと考えなければならないいわれはない。さらに、多くの知識人が今でも引続き恩恵に浴している威光に驚いてはならない。彼ら知識人は、自分に権威があるという印象を何よりも維持してくれているのが、知的な環境そのものだということを人が忘れているかのようにひどい思い違いをしており、もの笑いになっているのである。そしてそうした知的環境は、「文化的」と言われるジャーナリズムの内に常時認められる献身的な召使いと結託し、惜しみない援助を受けているのだ。知性に関わる事柄にいささかでも敬意をもち続けている人なら、「こんにち指導的立場にある、もしくは一番重要な知識人とは誰か」というテーマについて定期的に行なわれるアンケート以上に、くだらない滑稽なことを思い浮べるのは難しい。誰にとって重要だというのか。大多数の知識人が実際には自分自身の利益のためだけに尽くしていることを理解するには、最低限の常識と基礎的な心理学とシニカルな洞察力以外には、明らかに何も必要ではない。だが、他のどんな場合でもおそらくすぐさまこうしたことに気づくであろう一般人も（たとえば専門的政治家について彼らが普通考えていることを見てみるといい）、この場合に関しては、知識人の実態をおそらくそれほど理解していないし、どのみちそれを示す機会もほとんどないのである。

反‐主知主義の表明が一般にいかに疑わしいものであっても、それを助長しないよう、ファイヤアーベントがインテリゲンチアの「壮大なうぬぼれ」と呼ぶものに対する、何らかの寛大さを持たなければならないなどと感じるべきではないだろう。

問題となっている知識人はどういう代物か。どこか大学か図書館に座りこんでマルクスかレーニンか、ポパーか、その他とにかく自分が偉いと思いこんでいる誰かの本を読んでは自分の「概念」を作り続けているやつである。しかしでは、その「概念」はいったい何に使われるのか。自分以外の知識人とケンカをするためである。マルクス主義にしてからが今日では多くの点でもはや単なる知的おしゃべりに成り果ててしまっている。

マルクス主義のうちでやっていることといえば、アルチュセールの後継者やら正統マルクシストやらバクーニンの後継者やらカウツキーの後継者やらその他同様の連中がケンカをしあっているというだけのことで、そのケンカにちょっぴり論理学を使って何となく話を科学的らしく見せかけてみたり、流行しているからというのでほんの少々批判的合理主義で味付けしてみたりするばかりだ。マルクス主義の人間的機能なんてことはもうほとんど誰も覚えていないらしい――いや、全然覚えていないわけでもないらしい、というのは、そんなたぐいのわけのわからない知識人のごった煮が、深遠なる知恵と知識そのものであって、鳥をくうか、さもなくば死ねというモットーそのまま実際の政治に使われなくてはならないなどということを信じて疑わないわけだから。(8)

少し前からマルクス主義の味付けが、ウィトゲンシュタイン的な、またとりわけファイヤアーベント的な成分も幾分か含んでいるに違いないことは言うまでもない。というのも、ポパー流の自由主義とまさに関わりすぎないようにする必要があるからである。そしてこの観点からすると、当然、まさしくなんでもかまわない(anything goes)ことになるのである。

自分のしている事柄が専門的で秘教的な性格をもっていることを公然と認める知識人とは、奇妙なことに、エリート主義と非難されることがもっとも多い人たちである。彼らは概して、全体の利益に関わる問題について特別の権限や権威を要求したりもせず、自分がその種の事柄について普通の一市民以上に知っているわけではないと時には進んで認めるような人なのに、そう非難されるのである。クワインは、職業的な意味での哲学者について次のように言っている。「われわれは自分ができることは何でもしなければならないが、哲学者は社会のちゃんとしたバランスを実現するための特別な才能をもっているわけではない。たえず糾弾するこうした要求を満たしうるぴったりのものは知恵《サジエス》である。知（sophia）であって、必ずしも愛知すなわち哲学（philosophia）ではない(9)」。科学を範としてそれから多少なりとも直接的に想を得た理論的な企てと哲学を同一視する哲学者は、哲学の与えてくれるかもしれないような知恵に関して当然幻想を抱いてなどいない。科学者と同様で、哲学者ももっとも重要な実際的問題については、ごく平凡な個人とまったく同一の状況にまさに自分を見出すのかもしれない。道徳や政治のようなものも、多かれ少なかれ科学的なタイプのアプローチや分析方法にはある程度まで適さないということではない。そうではなく、クワインの言うように、そのやり方で知りうるものは、「インスピレーションや慰めに関して(10)」大して提供するものがないということだ。このような領域でわれわれが学んできたもっとも「科学的な」ものは、実際にはたいていあまり胸ときめくものでも、あまり快適なものでも、あまり使えるものでもない。「概念の飛翔、理解することの恍惚感、そういったものの煌《きらめ》きなぞ、われわれの頭の中にはもはやない。われわれは啓蒙を経て無感覚になっているのだ。フィロソフィー、智への愛だって。何を今さら。親密（philos）になりえよう知がないのだ。自分の知るところについても、それを愛そうなどという了見を起こすことはなく、どうすればそいつと気まずくなることなく一つ屋根の下で暮らしていけるかと、頭を悩ましているわれわれである(11)」。われわれはこうしたものをまさに多数知っているのだから、教訓的で慰めに満ちた言説に対しては徹底して用心しているはずだ。まして、その言説が自分を哲学的な言説と思わせようとする場合にはなおさらなのである。

　こんにちどうすれば哲学者は一種の知識《サヴォワル》と一種の知恵《サジエス》を同時に保持しているとまだ主張できるのか、いずれにせよ誰にもわからない。ローティによればこうである。「哲学教授というものは伝統的に、彼らがたくさんのものを読み、経験し、思想の世界を遠くまで旅し、人間の精神の中でつねにもつれている重要な問題を熟考していると信じられているということから、賢いと思われていた。こうしたイメージは、哲学の研究が哲学の歴史の研究に集中しているかぎりは（一九五〇年以前のアメリカの哲学科や、たとえばフランスやドイツではいまだにそうであるように）多かれ少なかれもっともらしいものだと思われる[12]」。私の思うに、実際は、そのイメージはずっと以前にいっそう深い理由から、もっともらしくはなくなっていたのである。というのも、もし知恵がまさしく「経験」の問題、なかんずく歴史的経験の問題であるとすると、知恵は明らかにたかだか必要条件にすぎず、残念ながらだんだん十分条件ではなくなってくるからである。いずれにせよ、偉大な哲学者たちは、歴史的な知識と哲学的な知恵の間にはきわめて間接的な結びつきしかないことをつねに心得ていたし、そのように語っていた。たしかに、ある種の知の保持者と見られたい哲学者が、知識と知恵を同時に所有することを要求するのは難しいだろう。けれども、現代フランス哲学の例から判断すると、文学的哲学自身がこんにち、そのライバルたる「科学的」哲学よりも、知恵というより強い印象を与えているとはたしかに言えない。文学的哲学はさほど抑圧されてはいないかもしれない。とにかく、ある人たちはそう言うだろう。だが私には、この哲学がどの点で根本的により知恵あるものと見られうるのか、よくわからない。文学的哲学者の方が科学的方法の支持者よりも、理論的な知性と巧妙さ（この点では、彼ら文学的哲学者は文句なしに驚異的なことを行なっている）を、まさしく知恵を成すものに、および明らかにこんにちの世界がもっとも必要としているものに結びつけるのにどうやらはるかに成功しているわけではないらしい。

知的エリートの存在に言葉の上で異議申立てを行なうことは、フランスでは一般に事実そうなのだが、万人共通の経験や世論こそ考慮すべきものであり、さらに場合によってはそこから何かを学びとるべき究極のものである、という宣言によって異議申立てが始められた場合、哲学者側からすれば、それはまったくの偽善である。反‐エリート主義的な唯一確かなやり方は、学者の哲学と一般の哲学との間に、普通考えられているような一方通行の過程ではなく相互的な修正過程の可能性を認めて、次いで、哲学者の哲学が一般人の日常的経験とどの点でも一致しないことに驚き憤ることである。哲学が「大衆的」であるには、実際一つの方法しかない。それはリヒテンベルクが書いているようなものである。

> 人間の哲学とは一般に、ある個人的人間存在の哲学である。それは、愚か者も含んだ、他の人々の哲学によって訂正され、蓋然性の合理的評価の規則に従っているのである。皆の意見が一致する命題は真である。その命題が真でなかった場合、われわれは真理をまったく有しないことになる。われわれは、他の命題を真とみなすようにと、当該問題で非常に重く見られている人の保証によってしばしば強制されもする。どんな人でも、まさにそうした当の状況に自分がいれば、それを信じてしまうだろうが、実際そうではない以上、重要なのは個別の哲学であって、人々が熟慮の上で決定する哲学ではない。迷信からして一つのローカルな哲学であり、それも自分の声を発するのである。(13)

たしかに、「専門家」の意見は、彼らの議論や決定に直接・間接に関係する素人の意見によって可能なかぎりチェックされ訂正される必要がある。明らかに、問われているのは、われわれの社会と同様に知識が根本的な役割を果している社会において、決定的で同時にきわめて解決困難でもある問題なのだ。誰でも容易に確認できることだが、物事をよく知っている人がまったく知恵を欠いているかもしれないのだ。しかし、知を欠いているからといって、それだけでより大きな知恵の保証になりうるとは考えにくいし、またそこから、ファイヤアーベントがそうしているような印象を広く与えているようだが、知的環境に由来してさえいなければ、どんな意見も正当でありどんな提案も支持できるという結論を導き出すことも難しい。

しかしながら、知識人は、彼らに対していとも容易に示されるほとんど際限のない信頼や寛容さに少しも値しないと思うので、私は、現実の政治権力がいわば公認し制度化しつつある「文化楽観主義（Kulturoptimismus)」や「文化的尊大さ（kulturelle Wichtigtuerei)」には、文字どおり吐き気を覚えがちだ。われわれの問題がまず何よりも文化的な問題なのだということは、これが意味しているのが、われわれの問題は文化に関する問題であって単に物質的・経済的な問題ではないということなら、それは明白な真理である。また、それが意味しているのが、問題の解決に必要なのは、知識人が重要なふりをする仕方を国家が本当に真剣に受け取め、当事者の専門的イデオロギーが現実の文化の存在と無意識的に同一視している、虚栄と野心の市のごときものを国家自身が組織化する責務を負うことであるというのなら、われわれの問題が文化的問題であるということは、やはり明白な誤りである。ムージルは、文化擁護のための国際作家会議において「文化はいかなる政治形態にも縛られていない[14]」と主張して、ひと悶着惹き起こした。ムージルの言いたかったことは、ニーチェのように、国家は偉大な文化と偉大な政治を同時に持つことはできないとまで断言はしないとしても、いずれにせよ、誰に対して・何に対して文化が擁護されるべきなのかをはっきりと決定できる理論の持ち合せがあるにはほど遠いということである。唯一ほとんど確かなことは、文化は、政治的世界の側の文化の愛好者や保護者に対してはつねに擁護されねばならないということだけだ。「政治家は、華々しい文化というものは自分の政治の当然の成果であって、それはちょうど、かつて女性が勝利者の手に落ちたのと同じだ、と考えたがるものである。私の考えは逆で、栄華のためには、多くの事柄は、文化の点では、女性の自衛という高貴な技にかかっているのである[15]」。

ムージルは、こんにちの国家がみずから詩人や哲学者となる傾向を、詩人や哲学者に対して提起された新たな問題として解釈している。「直線が実際に二点間の最短の連結であること――おそらく決して疑ったりすべきではなかったこと――を疑いはじめた瞬間は、数学にとって新たな展開の出発点となった。われわれ詩人・画家・哲学者には、いたるところで自分自身の基盤を自問する同様の義務が課せられている。国家自身がいたるところで芸術家や哲学者の仲間に入ってしまったのだ」(16)。この問題は、国家の「文化的」野心が、国家の方針や政治形態の如何にかかわらず、文化における政治的でないものすべてにとって同様の困難を生み出すことに起因する。「知的な発展は政治的発展から独立していることが必要だと強調するにしても、だからといって私は、もちろん、両者が互いに何の関係もないと言いたいのでは少しもない。私個人にとってヨーロッパの政治システム全体はまったくどうでもよいというわけではないし、文化の将来はどの政治システムでも同じだとは考えていない。けれども、私がはっきり言えるのは次のことだ。政治の優位は、それが事態を善と野蛮のいずれに傾けさせるにせよ、非政治的精神を、あるいは――少なくともこれならあるだろうが――精神の非政治的な部門を、みずからを意識し自分自身の自我を確認させるという同じ困難に追いこむのだ」(17)。

悪い冗談の好きな人なら、国家は、そうした分野でごまかす方がずっと楽なので、よい行政官やよいエコノミストたらんとするよりもむしろ芸術家や哲学者になろうとするのだ、というようなことを言うかもしれない。だが問題はとりわけ、国家が、「文化」と呼ぶことになっているものの助成を通じて、ムージルが「平行活動」と呼んだものといっそう類似した活動形式をむしろ支えていないのかどうか、国家自身はまったく決定できないという点だ。「平行運動は、燦然たる輝きのなかでパレードを行なった。目が輝き、宝石が輝き、名前が輝き、精神が輝いた。精神異常者なら、あるいはこのことから結論を引き出して、こうした夜会では、目と宝石と名前と精神とは帰するところ同じだ、というかもしれない。そしてそういったからといって、この判断はひどく間違ってはいないだろう。コート・ダジュール、あるいは北イタリアの湖畔で冬を過ごしていないものは――夜会のシーズンも終わりに近づいたこの時期には、原則的に「事件」はもう起こらないものと決めている若干の人たちを除けば――みな大夜会に出席した」[18]。文化の公式的な代表者がこんにち従事している活動の大部分が、ムージルの言うような平行活動とほぼ同じ次元に位置するデモンストレーションであると考えるためには、たしかに、精神病である必要はない。この次元では、ひとが事を行なうのはもっぱらそのことが「生起する」ためであり、そこで皆が一致する唯一の点は、誰も何であるかは説明できないけれど、何かが最後には起こるにちがいないということだ。文化的活動が、現実の存在をつくるあらゆる活動よりもはるかに「平行的」になってしまった印象を与えるときに、何よりも文化自身の問題でありながら、当の文化は普段は気づきすらしないような問題の解決に、そうした文化が重大な貢献をなしうるとはたしかに思えないのである。

　周知のように、真の文化の存在は一定の物質的・社会的条件の実現にかかっているのであり、ただこの理由だけからして、文化が国家活動に対して完全な独立性を主張できるなどと考えるのは、まったく馬鹿げたことであろう。だが、いずれにしても文化が数多くの補足的な前提にも依存しているのは事実であり、われわれは、その前提についてきわめて不正確な知識しか持っておらず、またそれに対する直接行動の手段もほとんど持っていないのである。もちろん、偉大な文化の存在を示すのに、名士、名声、作品、イベントなど、いわゆるさまざまな「文化的」活動を引合いに出すだけでは不十分である。ムージルも強調しているように、共同体の貢献がどうであろうと、文化の担い手であり、またそうあり続けるのは、単独の個々人なのである。そしてこのことは、個々人における特有の心理学的な特性と素質の存在を前提としており、政治システムは、いずれにせよ、この特性や素質を助成しなくてはならないであろう。ただしその際、政治システムがその成果を得るためにどのようにやるべきか、正確にはわからないのである。

共同体はもっとも重要なものに手を貸すが、個人は少なくとも、そのためにみずから動いてくれる道具である。ところでこの事実から、一つの文化が生成するための諸条件、すなわち個人的な創造力が従っている諸条件のまったくよく知られた広範な領域が開かれる。より詳細に説明しようとしなくても、ここでは、政治的に乱用され使い果されやがては廃棄されてしまった多くの概念が、歴史的な要素をすべて取り除かれて、不可欠な心理学的前提という姿になって再登場するのが見られる。たとえば、自由、誠実、勇気、廉潔、責任の意味、批判、われわれに嫌悪を催させるものに対するよりもわれわれを誘惑するものに対する批判、などである。真理への愛も同じくあるはずだ。私が特にそれに言及するのは、われわれが文化と呼ぶものは、なるほど真理という基準に直接従っているのではないけれども、どんな種類のどんな偉大な文化も、真理との誤った関係に根拠を置くことはできないからである。(19)

残念なことに、ムージルのいう特性がこんにち文化的環境の中で特に発展させられ高い価値を与えられているとは言えない。真理（およびこれに関連する他のあらゆる考え方）は「歴史的に」乗り越えられるという前提から出発して文化を構築できる、と考える人もおそらくいるだろう。歴史主義者なら、事情がどうなるかは実際に将来が語ってくれるだろうとか、とにかく唯一の可能な態度はほとんどどんなことでも試してみることだ、と考えるかもしれない。しかし、これまで判ったところでは、文化の名に値するどんな文化も、指導理念や組織理念を与える——つまり必然的に選別し、序列化し、統合する——まさしく文化の主要な任務をなす事柄で、当の文化に代わることを将来に完全に委ねたりは決してしてこなかったのだ。文化は、真理への誤った関係に基礎を置くことはできないのと同様に、未来とのそうした誤った関係に基礎を置くこともできないのである。

『特性のない男』において、平行活動とは、「人間の関心がかくも多様になったために失われてしまった、人間の統一性を再び見出す」ために、すなわち総合、指導理念、企てを印象づけるために考え出された試みではあるが、平行活動はそうしたものがまったく欠けていることのまさにもっとも完全な例証となっている。「人はまずここで、白痴とクレチン病との微妙な相違に立ち入らずに、ある程度の白痴には、「両親」という概念はもう形成することができなくても、「父と母」という観念はまだよく分かっているということを、想い出してみるべきだ。この単純な並列接続詞の「と」は、しかしメーゼリッチャーが社交界の現象を、それで結びつけたものでもあった[20]」。たしかに、このようなかたちでの愚かさには、ムージルの指摘しているように、いくらか詩的な味わいがある。だが、今の世の中においては、それはあまりに出回りすぎていて、まったく憂慮すべきものになっている。

……ここで問題になっている［白痴と詩人との］共通点は、意味の広いいかなる概念でもまとめられず、またいかなる区別、いかなる抽象によっても明確化できない精神状態であり、精神薄弱者にとってはかなり複雑な関係の代用をする、あのよるべなく並列させる「と」、あのもっとも簡単な並列接続詞「と」に限定して、もっとも明確に自己表現をする、つなぎ合わせのもっともお粗末な精神状態だからである。そして世の中も——そこは精神で充満しているにもかかわらず——その精神状態では、白痴と似た状態だといっても差し支えあるまい。事実、世の中で起こる諸現象を全体的に理解しようと思えば、こういう考察は避けられないのである。[21]

第二節　ジャーナリズムの指導を受ける哲学

「叙事詩的接続詞」の勝利は、単なる付加的な並置の形でなければ総合を実現することが不可能であり、また実現できないことを示しているのだが、その結果、ジャーナリズムが時代と現在の「文化」の典型的なシンボルとなったことに、異論の余地はない。われわれはここで、スローターダイクによれば現代思想を特徴づけるという、蔓延し日常的となったシニシズムのもっとも重要な形態の一つに直接触れておこう。それは、「情報のシニシズム」であり、こうした「恣意性の修業」である。人はそこで、あらゆる規準、あらゆる不均衡、あらゆる差異を忘れることを学ぶのだ。「四方八方の情報にアンテナを張る意識には、すべてが問題に見えてきて、すべてはどうでもよくなる」[22]。マスメディアはこんにち、「偉大な哲学も常にただ夢見るしかなかった地点、万物の総合――ただ、それは、知性の高度ゼロの地帯において、万物を足し算するというかたちで行なわれる――」を実現することができ、「百科全書とサーカスの遺産を同時に継承」[23]できるのだ。ジャーナリズムの力は、ムージルの言う「無限の無秩序」によって特徴づけられる時代にあってなおも可能な唯一のタイプの秩序を、壮大な仕方で具体化できることにある。

マスメディアの「整理」容量がこれだけ無尽蔵なのは、その足し算的「スタイル」のおかげである。思想的検討ゼロの地帯に陣取るから、何でも言います、お見せします、それも何もかもひっくるめてご覧にいれます。持ち合わせる唯一の知の要素が「と」。この「と」のおかげで文字通り一切合財が善隣のよしみを結ぶ。こうしてさしずめ合理主義者や審美家なら夢想だにしないような善隣の連鎖が生まれる。……何でもお見せします。何せ見たものは理解する、この手の哲学の名誉欲などメディアはとうに捨て去っているのだ。一切を包み込む代わりに何も把握しない。何かにつけて云々しながら何ひとつ語らない。メディアの厨房は来る日も来る日も無数に多くの味付けで現実のごった煮を食卓に供するが、なぜか毎日同じ味なのだ。(24)

フランスに固有の問題は、情報に関しては最高の品位と最高に厳格な考え方とを持つ報道機関でさえも、概して、文化、ことに哲学が問題となるや、ユニークな一品という水準、つまり「普遍的で混沌とした経験主義」、単なる低俗ジャーナリズムの水準に落ちてしまうことだと思われる。たしかに報道機関は、自分が話題にするすべてのことについてほとんど同じ仕方で語っているけれども、他のどの領域にもましてこの領域では、すべてについてまさに同じように語っているどころではない。かなりの選択性と「選択による嘘」の実践(たいていは、これが依然として実際に情報をもたらしてくれる唯一の要素である)は、他のところと同様、日々のスープがいつもまったく同じ味付けだということ、つまりまったく何の味もしないということを、実は何ひとつ変えはしないのだ。きちんと理解されていないことだが、こんな味のしない料理をまだ本当に評価できる者が、その料理の調理人か、その料理のおかげで自分の名声が作られ保たれている知識人か、はたまた(多分)不幸にして他の料理を試す手段をほとんどもたない素人の読者のほかに、誰かいるのだろうか。この点に関して、時としてある種のノスタルジーをもって引合いに出されるのは、『タイムズ文芸付録』や他の多くの国々に存在する他の同種の出版物の例である。しかし、歴史家や文化社会学者や知的権力の理論家は、こうしたたぐいのものが、フランスのような国では論外であり、試みすらできない確かな理由を、即座に山ほど示してみせるだろう。いずれにしてもこの手の出版物は、大部分がほかならぬ「専門家」によって作られているのである。明らかに最悪なのは、きわめて真面目な雑誌でも哲学のようなものについては、扱われる問題が比較的専門的である場合でさえ（そしてとりわけそうした場合は）、とにかく、当の問題とはほとんど直接関係なく手際がよくて曖昧なアマチュア精神の口調で話す、という条件でしか語れないように思われる点だ。これこそが、一般の人々が望んでいることのようにも思われる。だがもちろん、このようなことを言う人は、一般大衆が自分に提供されているものを、実際どう思っているのかを知ろうという気はまるでなく、何らかの比較の対象を大衆に与えてしまうのをとにかく注意深く避けているのだ。

すでに指摘したように、この問題について筋の通った適切なことを言うのはきわめて難しい。なぜなら、著者というものはつねに、自分の判定者の態度についてほとんど同じ言い方で文句を言ってきたからである。トマス・モアが次のような人々について書いていたことに、いまさら何を付け加えることができようか。その人々は、「酒場の椅子に腰かけて酒を飲みながら、いろんな著者の才能をとやかくあげつらう。一人一人の著者をその著作を材料にして恐ろしく権威ぶって思う存分やっつける。悪意に満ちた態度でさんざん馬鹿にし、嘲るのであるが、それでいて、自分たちはその間、まったく安全地帯にいるわけで、いわばかすり傷ひとつ受けることさえない（ἔξω βέλους）。それもそのはずで、そういった手合いの頭は小綺麗にすべすべしており、正直者の髪の毛一本もないのである」[25]。私は、ジャーナリスティックな批判がこんにちたいがいの場合に与える、完全な恣意性や無責任さや無処罰性という印象に、これ以上ぴたりとくるイメージを知らない（ἔξω βέλους, quippe tam leves et abrasi undique, ut ne pilum quidem habeant boni viri, quo possint apprehendi.「カスリ傷ヒトツ受ケルコトサエナイ。ソレモソノハズデ、ソウイッタ手合イノ頭ハ小綺麗ニスベスベシテオリ、正直者ノ髪ノ毛一本モナイノデアル」）。すでにリヒテンベルクもそうしていたが、次のように指摘することで、自分を慰めることはできる。「私は、ドイツには、理性的でありながら、新聞・雑誌の評価を気に掛けるような人間がいるとは思わない。つまり、ある著作に関して、新聞・雑誌が非難しているがゆえにそれを非難したり、新聞・雑誌が賞賛しているがゆえにそれを評価したりするような理性的人間がいるとは思わないのである。こんなことは理性的人間という概念にまったく矛盾するからである」[26]。だが、ジャーナリストは、批判を考えだす自分のやり方が、どんな理性的人間をもきわめて疑り深くさせるに足るものをもっていることにやはり気づくべきであろう。

私は、いまの時代の流行に対する不信感が、おそらく非難されても仕方ないほどに私の内で強くなってしまっていることを否定できない。どうやって人々が天才の名を手に入れているか、これは、百足《ムカデ》が多足類という名を得ているのはそれに百本も肢があるからではなくて、大部分の人が一四まで数えたくなどないためであるのと同じことだ。毎日こうしたことを見ているので、私は、よく調べてからでなくてはもう誰も信じないのである[27]。

ムージルは、一九二六年に、文化的ペシミズム（「もはや天才はいない」）が、逆の「もはや天才しかいない」という印象とぴったり合致しうることを指摘した。「それぞれに教皇がその座にあるローマがいくつあるのかなど、まったく言えはしない」[28]。このことは特に、互いに他に対して完全に閉ざされたグループが増加した結果である。このようなグループは、「特定のタイプの出版社と、そこに属する特定のタイプの著作家、批評家、読者、天才、ヒット作」によって構成される。特徴的なのは、「他のグループが何も注目しなくても、十分に増えた部数を手に入れれば、おのおののグループの中で天才となりうる」[29]という点だからだ。もはや天才しかいないという考え――もはや批判はないということを言うひとつの言い方であり、少々頻繁すぎるほど繰り返されてきたにもかかわらず、まさに本当かもしれないこと――は、たしかに新しいものではない。もっとも、メディアの介入が確実に成功しているのは、以前よりもずっと多くの天才を製造することと、以前よりもずっと内容の乏しい要素を元にしていることだ。たしかに、リヒテンベルクが生きていた時代は、天才について、少々過剰に、またおよそ何でもかんでも、書かれ始めた頃であったが、彼はすでにこう指摘していたのではなかったか。「いまはこんなに天才が多いのだから、天がいつか天才ではない子供を誰かに授けてくれるようなことがあれば、その人は本当に幸せであるに違いない」と。

ジャーナリスティックな世界との直接的な関係を一切断つ主義で、今日では避けがたく思われるそうした世界への譲歩を拒む哲学者の態度は、たいていの場合、一種の古臭いピューリタニズムや道徳主義で説明される。時代の流行に対する不信感が同じく非難されても仕方のない程にまでおそらく募ってしまった人間に、自分自身の経験によって判断することが許されるなら、私は、文字どおりの倫理的な反応よりもはるかに基本的で本能的な何かがまず問題なのであると言いたい。ひとがそれを望もうと望むまいと、規則も罰則もないゲーム――そこではほとんど何でも言えて、すべてがまさに同じ次元にある――の恐ろしいまでの退屈さにまったく耐えられない人間もいるのである。哲学について語るジャーナリストはきまって、専門家は理解しがたく近寄り難い本を書くと不平をもらす（哲学は、いわゆる「概念のテクノクラート」の手にかかりさえしなければ、きっとすばらしいものに違いない、というわけである）。ジャーナリストは、その反対もまた真だということ、つまりジャーナリスティックなタイプの哲学的文献の大部分は専門家にまったく理解できないということを、ときには考えるべきであろう。私自身、哲学に関する多くの記事を読んでみたが、結局のところ著者が何を言いたいのかただ単に理解することもできなかったし、最大限の熱意であたってもそうした記事から何の考えも取り上げることができなかった。私はとても多くの記事を読んだので、まったく理解できないと言う場合いささかも誇張しているわけではない。先頃私は、テレビである有名な広告関係者が、われわれはいまや消費社会から脱しコミュニケーション社会へと移行したのだと、熱狂的に、興奮した調子で唱えているのを耳にした。たしかに、ある意味では、それほど「伝えられる」ことなどなかったのかもしれない。しかし同時に、「伝える《コミュニケ》」という動詞はほぼ完全に自動詞となった。ある特定の何かを伝えたいと望むのは、だんだん一種の不作法に似てきたのである。哲学においてさえ、内容は少なくともどうでもよくなりつつある。何かを本当に言う（ただ単に話すのではない）つもりであるとか、読んだものから単に心理学的な印象や情動や共鳴を超える何かを引き出すとか、また「話しかけによる」単なる交感の水準を明らかに越えた知的努力を読者に要求するとか、こうしたことはまさに、こんにち理解されているようなコミュニケーションの通常のメカニズムのうちに深刻な混乱を導き入れることになる。こうした意図をまだ持っている著作家は、「コミュニケーション」の専門家によって、退屈で読むにたえないと評されるのが通例である。しかし、「退屈」という概念は多くの点で指標となりつつあり、また特に哲学的な議論はあらゆるかたちの無知と排除を究極的に正当化するものになりつつある以上——これは、すでに述べた蔓延する心理学主義という環境、つまりいわゆる（語のフレーゲ的な意味における）「思想」を伝達するあらゆる試みをどんどんつまらないものにしてしまう環境のうち、最重要の一局面である——、ジャーナリスティックな哲学的文献が理解できないという意味での判らなさ以上に退屈なものを、私個人としては今までに何も見たことがないと率直に認めてもかまうまい、と考えた次第も御理解いただけるだろう。これはまさに、すぐにでも数学や論理学の論文に再び没頭したい気をむしろ起こさせるような事態である。ムージルはこう言っていた。「ドイツの小説をたてつづけに二冊読んだら、そのつど、やせるために積分の問題を一つ解かねばならない」(30)と。哲学が含んでいるもっとも困難でもっとも厳格なもののための論拠としては、ジャーナリスティックな批評が、確信をもってあるいは義務にかられて、特に刺戟的だと賞賛している著作のほとんどがもつまったく判りづらい性格以上に適切な論拠を、私は知らない。

ジャーナリストは、思うに、彼らが「大学人」と呼ぶ人々から十分な敬意が払われていないことに不満のようだ。しかし、そうした軽蔑は、現に存在する限り、どのような仕方であれそのジャーナリストという職業そのものに向けられていると彼らが考えるなら、それはまったくの間違いであろう。要するに、彼らに求められているのは、他のどの分野でも信頼できるジャーナリストに通常要求されるものとまったく変わらない。つまり、「事実」に関する報道の最低限の努力と、論評における最低限の的確さと判断力とが求められているのである。ところで、少なくとも言えることは、この点についてわれわれはひどい見込みちがいをしているということである。外から見ると、そのシステムは非常に明白なシニシズムを伴って機能しているので、つまり、選択的な無知や徹底したえこひいきや意図的な嘘がとても自然で習慣的になってしまっているので、客観性が、それが及ぶ分野が何であれ、つねに原則的に——可能性の限界内において——職業規範の一部をなしていることを、人はあえて改めて言ったりはほとんどしないのだ。ジャーナリストとしては、自分たちに何の要求もしなければ期待もしていない人々が、彼らのサービスなどまったく不要だと主張していることに、何となく恨みを抱いているように思われる。もっとも、いずれにせよ、当の〔ジャーナリストに〕反抗的な人たちは、たまたまジャーナリストに思いきってサービスを依頼する(31)ようなことがあっても、それを得る可能性はまったくあるまい。ジャーナリズムの勝利は、ノック博士による医学の勝利と同じ種類のものだ。しかし、おそらく、まだそれほど完全な成功にはなっていないようだ。自分が病気であることを認めない体調のよい人たちがまだたくさんいるのである。これは、遠回しに「見解の相違」と言われているものである。数多くの哲学書が、比較的専門的なものでも、相当幅広い読者を確かに獲得できるかもしれないが、そのことを大きく左右する人たちがそんなはずはないと決めつけ、同時にその書物の著者たちを、少数の事情通のためにだけ書いたのだから無名のままだと言って、非難するのである。リヒテンベルクは、「われわれを賞賛する読者を有能な判定者だといつも考えながら、読者がわれわれを非難するや、精神の所産について意見を述べる能力のない者だと宣告するとは、奇妙なことではあるまいか」と自問している。この原則に従うと、ジャーナリストは、全然心配などすべきではないのだ。ジャーナリストを実に有能な判定者だと見なしてくれるだけの著述家は、いつでもいるだろう。

学者による告発の実際上の効力をもはや信じることができないのは明らかだ。それは、当事者にもはや大したことを教示することができないからである。してみると、できることといえば、その告発を風刺することくらいしかないのである。だが、そこを下回ると嘲笑そのものがもはや聞き取れない決定的な分岐点があって、われわれはすでにそれを大きく超えてしまったのかもしれない。クラウスは、「私が罰のために置かれた時代は、あまりにも滑稽であるために自分の滑稽さがまったくわからず笑い声ももはや聞こえない、そうした特徴をもつ時代であった」[32]、と言っている。またマウトナーは、「批評はどれも、結局ははっきり述べられた笑いにすぎない。あらゆる笑いは批評である。それも最良の批評である」[33]、と書いている。ニーチェが流行していた頃には、哲学には十分な笑いがないとうんざりするほど繰り返されたものだ。ジャーナリストたちは、哲学が、彼らがそうあるべきだと考えているほどには面白くないのをいつも不満に思っている。だが、ジャーナリストには、ある根本的な真理を完全に忘れてしまう傾向がある。すなわちその真理とは、自分自身による批評しか受け入れず自分自身の冗談しか笑わないことが、つねに異論の余地なく、純粋状態での権力の指標であったということだ。新聞・雑誌自身が、ジャーナリズムの危険や弊害、スター主義の難点、批評や現実的な討論の欠如、「フランス人の無知」等々について、そこからそれに関する具体的な結論をなんら一度も導き出すことのないまま、思いきって告発しているのを目にしてしまうと、このどうにも不可解な働き方をするシステムに対しては、試みうることは実際もはや大してないと考えたくなるかもしれない。しかし同時に、これほど憂慮すべき状況が、指摘されているような極端な受動性と諦念を産み出さずに、何らかの反動をまさに惹き起こすに違いないことも明らかである。いずれにせよ確かなことは、クラウスが具体的な堕落の不変的口実《アリバイ》としての非人格的な反堕落主義について語ったときに、彼が何を言いたかったのか理解するのは困難ではないということだ。

ジャーナリストが、システムの悪弊を告発する人々に対して、自分はすでにそうしたことをすべて知っており（なかば）判りきったことを苦労して論じたてるのは無益である、と答えかねないということ、これはスローターダイクが「主人のシニシズム（Herren-Zynismus）」と呼ぶものの一つの典型的な例である。これは、自分が保持する権力の本性に完全に通じていながら、それを寸分違わぬ同じ仕方で行使し続けている人々のシニシズムのことだ。人は批判には一片の真理があることを認めるが、しかし同時に、自分が何をしていたかつねに完全に知っていたと強調するのだ。関係する人々がそのように完全に「啓蒙されている」場合には、彼らの知が（現実のものであれ仮定上のものであれ）、まさに現実変革に対立する主要な障害の一つとなるのである。

私は、状況と哲学そのものについてもう少し「人間的な」考え方をする必要がある、という指摘をよく受けた。だが、数学者に対しては、数学的な概念化や証明についてもっと人間的で寛容な考え方をするようになどとは、きっと要求しないであろう。たしかに、哲学はまさしく一科学ではない。ここから少し頻繁すぎるくらいに結論されるのは、したがって哲学はあらゆる迎合と弱さを許容してしまうということだ。けれども、正確にいえば、哲学が科学よりも根本的に安易なものたりうると証明するものは何もない。本当はまったく逆だと考えるだけの重大な理由すらある。さらに、いささか「人間的」すぎる振舞に対する理解と寛容とを要求するこのやり方は、いつも私にクラウスの次のような指摘を思い出させる。「誰かが獣のような振舞をしたとき、そいつはこう言う。誰だって、何と言おうと一人の人間にすぎないのだ、と。しかしそいつが獣のように扱われたときにはこう言う。誰だって、何と言おうと一人の人間なのだ」。一目瞭然であるはずなのは、まさに、かくも愛想のいいよく洗練されたこの広告システムの非人間的側面であり、その過度に選良的でエリート主義的な性格であり、その排除法の注目すべき確実さであり、黙殺戦術（Totschweigentaktik）を用いる際の有効性であり、システムが（ことがまだ可能である限り）みずからの正当性と権力を危うくしかねないあらゆる企図から身を守るときの仮借ない残酷さである。

　この点に関しては、フランスのジャーナリズム界がある種の人たちに対して一般的に感じているほとんどあからさまな軽蔑と憎しみを引合いに出すこともできよう。そうした人たちとは、なんだか分からない変貌のご加護により、職人や「教授」が突然天才の地位だとか、とにかく重要人物の地位についてしまうまでは、自分の専門分野の単なるそこそこの専門家なのだ。「……政府顧問官メーゼリッチャーには、やさしく気を配って世話をみる一定量の手持ちの天才がいたが、しかし彼は、その新規の補充を認めたがらなかったのである。年をとり経験を積むにつれて、野心的な芸術界の天才、特に彼とは職業上近い間柄にある文学界における天才を、報道者である彼の使命をただ軽率に妨害するにすぎないものと見なす習慣がしだいに牢固たるものになってきた。そして、そういう文学的天才が、新聞の人物欄に載せられるほど成熟するまでは、彼は真心をこめて彼らを憎悪した」[34]。

「よく覚えておきたまえ、いいかね、嘘だってことが証明できないか、できてもそれまでに五、六週間かかるようなニュースはみんな本当なんだ」[35]。ジャーナリズムのもつシニシズムのこの根本原則(最近のヒトラーの手帖の事件を参考せよ)は、ジャーナリストの名に恥じない人たちがみな嫌悪をもって拒絶する代物であるが、文化が問題となる際にもまったく悪気なしに作用するこれとよく似た原則がある。つまり、そのくだらなさが明らかになるのに何週間も何カ月も何年もかかるような知的事件はみな歴史的事件になるし、新聞や雑誌が天才だと言う作家はみな、新聞や雑誌が「情報」をみずから否定するまでは天才なのである。誰でも知っていることだが、本当に重要な作品の多くは大して罪がないとは言えないような手段によって認められたのであり、また大作家はときに傑出した宣伝マンでもあったのだ。ファイヤアーベントは、革命的な科学理論がライバルに打ち勝った理由は、その優越性——これは普通すぐにはまったく明らかにならないものである——が認められたことというよりも、純然たる宣伝の部類に属しているとすら主張している。しかし、一方的にこうした「事実」を(確認されていようといまいと)強調する者は、まさに人々に、単なる宣伝《プロパガンダ》の域を越えようと試みたりせず、「議論」はいつもあとでしかもかなり早く起こるだろうと信じこむように仕向けてしまうのだ。成功という唯一の基準で満足すると同時に、ともかく、多少とも長期的に見れば、その特性や真理が優越しているのだから何もする必要がないと主張することは、どこか奇妙である。ぜひ批評した方がいいのだが、同時に、実際にはできるだけ批評を避けるべきだとは、ずいぶんな言い方だ。

一般的な考え方からすれば、「真の」哲学は科学のもつ専門的でフラストレーションを惹き起こすような性格を持ってはならないのだから、哲学的な問題が素人にとってはつまらぬ無意味なものであることがわかるのは、もっぱらそうした問題が「科学的」であろうとする方法に従って扱われる場合だと思われるかもしれない。けれども哲学は、ウィトゲンシュタイン流に反‐神話学として理解される場合、よりいっそう根本的な拒絶という反動を惹き起こす可能性が十分あることは明らかである。というのも、確かに素人が哲学に期待しているのは、哲学が自分に一番自然な哲学的誘惑に抗がうことを教えてくれることではなく、むしろその誘惑に心地好く、しかもできれば定評のある「専門家」の保証つきで身を委ねられるようにしてくれることだからである。どちらにしても、おそらく誤解は避けがたく、幻滅は必定であろう。

哲学は科学をモデルにするのを完全に断念し、文学のジャンルか二次文学のジャンルへと明確に姿を変えてしまえば、大衆的階層により近づく可能性が十分にあるなどという考えは、たしかにまったく馬鹿げている。哲学が依拠し手本にしようとしている文学的モデルとはまさに、明白な理由から、ほとんどいつももっとも秘教的で、まったくの門外漢にはもっとも理解できないものなのである。より文学的になれば、哲学は、文学の読者の一部を獲得するであろう、と期待するかもしれない（確かにこれは哲学がかなり広く行なってきたことだ）。だが、現代文学のもっとも重要でもっとも「現代的な《モダン》」作品は、多分決して存在したことのない読者、それほどまでに玄人的で専門的な読者に向けられたものなのだ。たとえば、ブルーメンベルクは、ジョイスの『ユリシーズ』について、次のように述べている。

文学作品は、いままで一度も万人に向けて書かれたことはなかった。たとえ本当に、誰もがその成果を運よく最初に手に入れたとしても、そうである。『ユリシーズ』は、統合と網羅という不当な要求に逆らって読まれるべきであり、生まれながらの解釈者しか読むことができない。しかしながら、機械的な盲従から安らぎが得られるような世界では、あるグループが問題となる。それは、解釈者のためにのみ、そしてもっぱらそうした同業者の規則に従って書くだけの価値があるほど重要なグループのことだ。ジョイスと共にひとつの文学が始まった。この文学においては、詩的創造・創意・構成・語りなどへの古典的な傾向が弱まり、それがそのまま玄人のための名人芸的書き方に姿を変えたのである。すなわち、受容産業のための創作産業。この専門的な読者には、人類史上、あるいくつかの文化的状況においてしか受容されたことのないもの——退屈《アンニュイ》——を受け入れる柔軟さがある。(36)

このように確認したからといって、もちろん、そうした種類の作品に対して感じうる賞賛の念に異を唱えようというつもりはない。この確認が意味しているのは単に、前衛的な現代文学は大きく変貌してしまい、高度に熟練した読者でなければ参加できない、書くことの不可能性に関わる一種の儀式《カルト》の執行になったのだ、ということである。そして同様に、哲学の作品は、哲学することの不可能性ないし拒否を主要テーマとする儀礼を熱心に実践することで著者と玄人読者の間に樹立されうる共犯関係の、注目すべき事例を提供している。もちろん、学識豊かな社会学者でなくとも、知識人が「大衆」読者層を引合いに出すとき、これが通常、主として彼ら知識人の間で起こる問題を解決するためであることはわかるだろう。どうも大衆は、自分たちのところにまで噂が及ぶ限り、楽しみと懐疑心と皮肉な寛大さとシニシズムとをごちゃまぜにして、知識人の全行動を考えてしまいがちである。大衆は普通シニシズムでこの世のお偉方を遇しているのであって、その人の側からはほとんど何でも予想できても実際にはそれが大した影響をもたらさないようなお偉方の場合は、とりわけそうだ。アンシャン・レジームの貴族たちは、「自分の」農民と良好な関係を維持することができたようである。哲学の貴族階級はえてして、同じように自分の農民を持ちその農民から崇敬されるという、フィクションをもちつづけている。「新《ヌーヴェル・》哲学《フィロゾフィ》」は、ルナンがド・

メーストルについて言った「鞭を使う大貴族の科学」を旺盛な筆力をもって実践し、矛盾に陥る危険などもちろんおかさずに、学者の哲学という官僚や警官に対抗する「下層民」の支援を正式に求めることができたのであった。

クワインは、哲学の大衆化という問題に関して、真の専門家としての立場をとっている。つまり、率直に自分を専門家と認め、いささかもごまかそうとはしないのである。

現代物理学において、難解であったものの多くが、大衆化されることによって明らかにされてきている。これはありがたいことである。というのも、私は物理学が好きなのだが、そのままの形では摂取できないからである。説明の才にたけたすぐれた哲学者なら、現在の専門的な哲学についても同様のことができるかもしれない。それには芸術的手腕が必要だ。なぜなら、いかに明快に説明され整理されていても、哲学的に重要なことすべてが、素人にとっておもしろいことを必ずしも述べているわけではないからである。有機化学のことを考えてみると、私はその重要性を認めるけれども、それに興味を感じないのである。そして、私が哲学において関心を持っていることを、どうして素人がとても気にかけねばならないのかも、私にはわからないのである。もし英国のテレビの「Men of Ideas」という連続番組に出演を依頼されたのではなくて、そういう番組の実現可能性について意見を求められていたら、私は疑問を表明していただろう。(37)

専門的な哲学者のほぼ全員にとって、クワインの立てている問いはもちろん、まったく修辞的なものである。彼らが不安やためらいを共有しているにしても、あるいは逆に、素人の読者に向けて、わかりやすくかつ興味が持てるように、どんな哲学的問いもできるだけ専門的に提供することが原則的に可能だと確信しているにしても、彼らは、実験を試みる機会は自分には決して与えられないことを知っている。この点に関するメディアシステムの最大の不誠実さは、主題と著者の選択が主としてその多少なりとも大きな専門性に応じて行なわれていると、信じさせようとする点にある。というのも、どんな理論も、それがいかに難解で秘教的であろうと、適切な文脈のなかでは、そしてジノヴィエフの言う利用可能な「イデオロギー的分身」を産みだすことができれば、流行の恩恵やジャーナリズムの世界での注目を浴びられることは明らかだからである。専門家からいわゆる「知識人」への不可思議な変貌の問題こそ、ひとえに、私が先に提起したものなのである。

第三節　貧困は悪徳ではない。あるいは、いかにすれば、厳格さが研究の道徳《モラル》と倫理にとって有益であることを明らかにできるか

哲学を学ぶ学生の比率はおそらく以前ほど高くはないが、間違いなくずっと騒々しく、明らかにより重きをなしている。彼らは、さまざまな動機や期待や要求をもってこの学科にやって来るのだが、そうした動機・期待・要求は短期間の内に落胆と恨みの念を生むことしかできない、と考えてもおかしくない。クワインの言うように、「何よりも精神的な慰めを求めて哲学の試験を受ける学生は進路の誤りをおかしているのであり、どのみちあまりよくできる学生ではないだろう。知的好奇心によって動かされているのではないからである」(38)。クライゼルはこう指摘している。「現実的な言い方をすると、われわれはたいていはある種の問いをちゃんと理解しており、われわれは、重要な答えを与えて(または分からせて)くれる経験や認識を持つ前に、問いそのもの、あるいは少なくとも問いに似たものが、われわれにとって重要だと

確信できるのだ（これが意味しているのは、ある完全に合理的な答えも、われわれの限られた経験に依拠すると、単に説得力あるものとはなりえないということだ）[39]」。ところで、「多分、文字どおりの意味での哲学が知恵の探求である限り、人々が（限られた所与の経験に基づいて）回答するにはまだ機の熟していない問いや質問者と折り合いをつけたり、経験的に実感できるところによれば、その種の状況下で惹き起こされがちな強い感情的反応と妥協したりするのに、哲学は役立つに違いない[40]」ということになる。もちろん、このような問いがより進展した経験に基づいて本当に解決可能となるかどうか、あるいは、重要なのは単に感情的な反応がしだいに弱まることではないのかどうか、それはまだこれから決めなければならない。もし、クライゼルの書いているような状況を最大限に活用するすべがわかるなら、哲学教育の問題は当然すべて解決されることだろう。より早期に始める、つまりよりいっそう限られた経験に基づいて始めると決定すれば、事態が改善されるかどうかという問題は、私はあえてここでは議論しないでおこう。それは単に、前にも示したように、関係する政治権力や素人の読者に対して哲学を擁護するために哲学者が通常用いる論拠について、私はすでにきわめて重大な疑いを抱いているからである。その立場の弁護は他人に任せておこう。その立場自体はすぐれたもので、私も全面的に賛同していることは言うまでもない。しかしそれは、まったく異論の余地が多くもっぱら「戦略的で」ひどく合理的でない議論によってしか、しかもどんな哲学者もまさに異議を唱えずにはいられない平凡な考えに基づいてしか有効に弁護できないような印象を、残念ながら少し与えすぎるのだ。

クワインが「豊かさのパラドックス」の名のもとに描いたのは、社会が大学人や研究者に提供する物質的手段や便宜の著しい増加から生じる否定的な結果である。あるいは、より中立的な言い方をすれば、研究に委ねられた物質的手段の大きさと研究の実際の進歩との間の、驚くべき直接関係のなさと呼んでもいいものだ。

やっかいなのは、資質と魅力とが逆方向に変化するということである。大学生活が大変な場合、それに満足できる資質をもった者しかいない。厳しい状況が緩和されれば、他の職業から離れた人たちを大学生活に引き寄せることもできるだろう。大学生活には、その厳しさが和らげられた場合、真理の追求以外の余分な魅力がある。それは快適な環境で行なうきちんとした、ある程度までは威厳のある仕事だし、休暇も長い。これはまさに、大学での輝かしい青春時代の続きなのだ。してみると、条件改善によって激増するものは、科学と知識への敬愛の平均水準を押し下げることしかできないのだ。いつでもそうした敬愛者がいるのはたしかで、その絶対数は減ってはいない。けれども全般的平均値の低下は、彼らのモラルにとってたいした影響を及ぼすものではない(41)。

周知のように、研究計画の重要性は、こんにちではその計画にかかるお金に応じて大きく評価されることになっている。そして研究者は、管理責任と、お金を所有する人が使うための計画書や報告書の作成に、ますます多くの時間を割かねばならないので、その結果、クワインの言うように、「ビジネスの職から得られる物質的な利益よりもむしろ学問の厳しさを青春時代に選んだ人々が、今になって結局ビジネスに行き着いたのであり、しかも当の利益はない(42)」ということになる。出資源が私的なものであれ公的なものであれ、真理探求は実質的に、純然たるビジネスの原則と戦略に対してますます大きな譲歩をなさねばならなくなってきたのである。（もちろん私は、語の近代的《モダン》な意味での「研究者」では決してないことを幸いにして長らく前からみずから理解しているような哲学者として話しているのだ。）

クワインが言いたいのはもちろん、科学研究の発展のために充てられた莫大な資金が、全体では、つまり絶対額ではそれほど大幅に科学の進歩を促進しはしなかった、などということではない。その資金が期待通りには働いてくれず、きわめて確固たる資質と誰の目にも明らかな才能を持つ人々を、必ずしも魅きつけなかったと言いたいだけである（場合によっては、資質や才能を持っている人々にとって抑止的な、あるいはとにかく、意欲をそぐような雰囲気を作り出す原因となって、まったく逆のことを行なってもきたかもしれない）。たとえば、学者による研究論文の凄じい増加や、新しい雑誌や定期刊行物――これの存在理由はもっぱら、既存の雑誌や定期刊行物からは不十分だとして拒絶されてきた論文を発表するために必要だという以外にはない――の絶え間ない創刊が、予期していたのとはまったく異なる結果をもたらす状況を結局作り出してきたことは間違いない。

私のパラドックスは、非生産性とではなく、反生産性と関係するものである。しかし遺憾ながら、反生産性は現にある。多くの専門誌があまりにわかりにくくまた理解する価値もほとんどないので、好論文が以前よりは増えているのに、見逃してしまう危険がますます高くなっている。われわれは、最悪の雑誌は無視したり、目次を調べて有名な名前を探したりという具合にして、この問題に対処している。良い雑誌と悪い雑誌との層が完全には区分されないので、このような方法では、未知の執筆者がたまたま著わす好論文を見逃してしまうかもしれない。われわれにとってそうした損失は構わないとしても、執筆者にとっては厳しいものだ。[43]

このパラドックスを、クワインのような人々はエリート主義者で反動的なのだとただ非難するだけで片付けてしまうのは、あまりに単純すぎる。一見して誰にでも確認できるのは、雑誌や論文が際限なく増殖しても、結局、そのことがまさに弱めるべき「有名な名前」の持つスター的地位や特権をほとんど強化するだけだということである。この意外な結果もまた、科学や文化に関して見せる現実権力の好意と寛大さに対して、関係者をよりいっそう警戒させることになるに違いない。なぜなら、問題は残念ながら、いつものように、国家の増大した施しは、世評を高めたり要求を表明したりする手段をもつ人々の既得の地位を強化したり野心を助長することに特に役立ってしまい、多くの無名の若手労働者――彼らは、すでに地位のある多くの研究者よりも時としていっそう実際的な資質を示しているのに、予算決定者にそれを判らせることもできず、そうするすべもない――に救いの手をさしのべることにはならないのではないか、という点にあるからである。これまでの事態の推移の仕方を考えてみると、私はこの点に関してあまり楽観的になれる理由をひとつも見出せない。原則として民主的な体制のなかでは、手段の増大は民主主義の諸要求にも研究の利害にも同時に合致する方向に必ず働くなどと主張するとは、まったく素朴であるかまったくシニカルであるかに決まっている。

豊かさのパラドックスは、確認された事実と理念の間に存在する葛藤の悪化と関連している。確認された事実とは、ルナンも言う、以下のようなことである。

……人類の現状において、お金は一つの知的権能であり、その理由によって考察に値する。百万フランは一人か二人の天才に値する。これは、百万フランをうまく使えば、もっぱら精神の力にのみ帰着するような一人か二人の天才と同じだけのことを、人間精神の進歩のために為しうるという意味である。百万フランあれば私は、貧しく影響力もなかった思想家たちの世代が為したよりもずっと深く、現代思想を大衆に浸透させるであろう。百万フランあれば、タルムードを翻訳させ、ヴェーダやナーヤに註解をつけて出版させ、そして形而上学的反省の世紀よりもいっそう科学の進歩に貢献する多くの仕事を完成させるだろう。[44]

理念の方はというと、(相対的な)貧しさと真の資質との間には本質的な連関が存するというものだが、これは精神傾向《メンタリティー》にいまなおしっかりと根を下ろしていても残念ながらまったく説得力がないのである。

学問の道に入れば、人は一生貧乏のままであるが、そこに必要最小限のものを見つけるのは保証されているに違いない。そのときには、強力で抗しがたい本能によって突き動かされた、学問に没頭する美しき魂しか存在せず、策謀家の群は、その狙いをよそに向けることになろう。最初の条件はすでに満たされている。どうして次の条件についても同様ではないのだろうか。[45]

科学〔学問〕研究に委ねられた手段が巨大になり、研究が、単なる真理の奉仕者の適性とはまったく関係のない適性を必要とする一種の巨大なビジネスに似てくるのにつれて、本当の真理の奉仕者と、ルナンの言う「策謀家の群」とを見分けるのがますます困難になるというのは、さほど理解しにくいことではない。

ルナンは、一般論として、研究や文化の国営化が進むのを、その発展にとって特に好ましいことと見なすべきだとは思っていなかった。「国の研究所において、力の損失は膨大である。科学や芸術や文学のために認められるそうした予算項目は五十パーセントの割合でしかほとんど有益な効果を得られない、と言える」。[46]私は、われわれのいくつかの制度が機能している様子を見れば、ルナンの評価は随分楽観的だと思うことがある。徹底した国営化がもたらすのは、たしかに、豊かさの反‐生産的な効果のまったく同じように徹底した増大である。だが、私的な発意と資金調達がわれわれのところとは比較にならないほど重要な役割を演じているシステムについて、クワインは豊かさの逆説的な帰結を力説したのであったが、そうした逆説的な帰結が物質的手段の出所とかなり無関係なのは明らかである。

ギーチは、豊かさのパラドックスに関して、クワインより明らかに容赦ない診断を下している。「この点に関しては、諸悪は、社会主義者でないものの内にも社会主義的な理想が広く受け入れられることによって増大してきた。かくして大学は、失業者の数を十分低水準に保つ役割を大きく果してきたのである。「パンと娯楽」。つまり、国家は学生にパンを与え、教授陣は「適当な」サーカスを開催することを期待された。経済的な逆境はいかに有害であろうとも、使命にいっそう専念するような大学共同体をわれわれに残してくれるであろうという期待を、私はクワインと共有している[47]」。しかしながらクワインは、欠乏から期待できる効用をあからさまにたたえるまでのことはしていない。クワインは、相対的な資金不足が予想される状況にあるときに、豊かさは、それが約束するような印象を与えていたものを結局保持してなどいなかった、と考えれば慰めにもなろう、とほのめかすだけである。「アラブの石油禁輸は、われわれに、高速道路の事故で何千もの犠牲者を出さないで済むようにしてくれたし、その結果大気汚染も減速した。私は、これと同じように喜んで、昨今の高等教育にあてられる基金の削減は浪費ではもたらされえなかった学問復興を促進しうるなどと、あえて言ったりはしない。私はもっとつつましやかな喜び方を表わしているのだ。というのも、豊かさは、ある逆説的な側面から見れば反‐生産的だったのであり、そして豊かさが去ってしまうのを残念がるときに、そのことをよくよく考えてみれば、ある程度までは慰めを得られるからである[48]」。

教育に携わる人々は、平均して、いわゆる科学〔学問〕の進歩に対して取るに足らない仕方でしか貢献していないとたえず非難される。科学〔学問〕を前進させる人々は、実に多くの場合教育者でもあるにもかかわらずである。いいかえると、人はたいてい、まったくありふれた現実を忘れているふりをするのである。つまり、教師という職業に従事する人々の多くがそうしているのは、何よりも、一面では学者や研究者になる能力や熱意があるかどうかにかかわらず、まず第一に生計を立てる必要があるからだという現実である。「才人も決して才気で生計を立てるのではない。コペルニクスは、彼の発見によって生計を立てていたわけではなく、トルンの司教座聖堂参事会員として正確なコーラスをすることで生活していたのである。十七世紀のベネディクト会修道士たちは、修道士としての実践だけを考えるために、古くからの基金で生活していた。われわれの時代には、思想家や学者は、教育、すなわち学問とはほとんどまったく共通点のない社会的な職業で生活している」(49)。高等教育は本質的に研究と結びついたままであるべきだと、様々な言い方で声高に叫ばれていることを考慮すると、最後の主張は言語道断だと思われるかもしれない。たしかに高等教育はそうあるべきだ。しかし、労働条件は、どうやら高等教育がそうした結びつきをしだいになくすかもしれないようなものになりつつある。大学が行なうとされていることと何の関係もない社会問題の解決に、大学がますます実質的な貢献をなすよう求められているとすれば、大学の提供する「社会的な職」が学問〔科学〕そのものとだんだん関係をもたなくなっていることに驚いてはならない。ギーチは、大学共同体が、危機や失業に由来する深刻な困難の解決に何らかの仕方で貢献することを免除された、完全に保護された部門のままでありうると信じているようだが、これはおそらく素朴であろう。さらに言えば、「社会主義的理想」を少し簡単に非難しすぎる人々は、次のことを考慮すべきであろう。すなわち、何らかの選別手続によってはるかに限定された大学共同体を確保することは比較的容易であるにしても、このより限定された共同体がまた確実に、原則としてみずからの仕事により専念する共同体となるようにするには、どう手をつけたらよいのか、実際には誰にもわからないということである。

唯一まったく確実なのは、大学人たちは、もし学問〔科学〕の進歩という目標がますます二次的でいさか滑稽なものとされるような雰囲気・ムードの中で研究せざるをえないとしたら、学問〔科学〕の進歩に貢献しようという意欲も可能性ももたなくなってしまうということである。知的好奇心と真理への愛によって主として動機づけられた大学共同体という考えが、風変わりで古風なものとなる可能性は十分にある。それは、今ではもう特に奨励されているわけではないこうしたたぐいの動機づけが、しだいに「現実主義的な」考え方——大学の文字どおり知的な機能を忘れた考え方、あるいはさらに、大学の機能がいわばつねに果されうるようにみせかける考え方——によって、とって代わられた場合に起こりうることだ。クワインやギーチの観点は、たしかにまったく理想的なものであるから、それゆえこんにちの社会的現実を自覚していると自称する人たちにとっては反動的である。けれども、大学制度を産みだしたのは、まさにこのような理想主義なのである。そして、こんにち大学に対して提起されている根本的問題の解決を期待しうるのは、たしかに、そうした理想主義にますますはっきりと矛盾する現実を前にして、道学者の大仰な言説と日和見主義的で扇動的な実際のやり方とを合体させながら、単にレトリカルなやり方で呪文を唱えるようにして理想主義をたえず再確認することによってではない。

本書では、しばしばシニシズムが問題とされた。最後に、次のような知識人たちのシニシズムについて語ってもよいだろう。その知識人たちは大学に、体裁を取り繕って、民主主義と平等というわべをいかなる代価を払っても維持するように求めている。しかも、この要求を尊重しなければならないことから帰結する否定的な結果（特にある種の平凡さ）を非難しながら、他方で、一番厳しい選別形式ときわめてエリート主義的な慣行が他のある特定の場所で用いられることを、まったく当然と考えているのである。多くの知識人——といっても、これもたいていは大学人なのだが——の確信するところでは、大学は（もちろん彼ら自身は除いて）ほとんどもっぱら、もっとも因襲的でもっとも型にはまった知以外のものを伝えることのできない退屈で順応主義的な衒学者で占められているのだそうである。いずれにしても、哲学がすぐれて典型的な周縁性〔体制からの逸脱〕を体現していること、したがって、哲学にとってもっとも重要になるのは「周縁のうちに」しか身の置き場がないということ、これは認められているのだから、伝統的な制度の枠内でなされることなど（定義上）もっぱら無視できるかもしれない。

はやりのトポロジー的な言い方をすると、つねに問題であるのは、新しい「場所」や「空間」を作りだすこと、つまり、その主要な存在理由が大学人ではないことであり、それ以外の正当化をあまり持たないような、新しい「場所」や「空間」を作りだすことである。これが実際に意味しているのは、そうした場所や空間がすぐれているのは何よりも、新しさや最新流行といったあらゆる順応主義に対して開かれている点だ、ということである。実際は、内部と外部の対立とか、内と外の対立とかが、この場合何を意味しているか言える人はいない。というのは、理論もイデオロギーも原則的には「呪われた」ものでありながら、それでも大学の中で正真正銘の地位を無理やり奪取することにたいていすぐさま成功してきたのであって、そうした理論やイデオロギーは、まったく本当らしく見えるかどうかとか滑稽に映るおそれなど構わずに、自分が大学から排除されていると言い張り続けられるからだ。承認しがたい新しさのもつ最初の衝撃がひとたび弱まってしまえば、公認の哲学や文化から迫害されるいわゆる周縁性がもつ多かれ少なかれパラノイア的な言説は、ほとんど自動的な仕方で勢いにのって機能し続けることができるが、そのとき当事者は、その言説が、単に権力の言説や攻撃的な領土拡張主義の言説、そして結局は純然たる独占化の言説となってしまっていることにはまったく気づかないのである。新しさがかくも一貫して、またかくも速やかに消費される時代にあっては、長い期間周縁的で逸脱したままにとどまるのはあまり容易ではないことを認めなくてはならない。

大学制度の不十分さ、無能さ、不寛容さは、残念ながら、多くの点で十分すぎるほど現実的である。しかし、それらが真剣な反省や掘り下げた検討のきっかけとは一度もならなかったのは明らかだし、「大学人」であることとそうでないこと、大学の「中に」居ることと居ないこと、およびそこで為しうることと為しえないことについて流布している決まり文句がたいてい、事実のなかにほとんど根拠をもたない神話に属することも明らかである。この神話は、もっとも伝統的で、教科書的で凡庸な事柄だけしか評価できないと理解されている制度に対して、自分自身の周縁性と外部性の理念を認めさせたり強化するべくこの神話を利用する人々によって、本質的に宣伝目的で維持されているのだ。しばらく前から大部分の知識人や大学人自身によって助長されてきた、大学に期待できる面白いことなどだいたい何もないという確信は、こんにちではマスコミ界でもひろく共有されている（これは全然驚くべきことではない）ようだし、本来言葉上の抗議であるにもかかわらず、政治権力そのものによっても共有されているようである。それだから、伝統的な大学にはますます並外れた不可能な仕事を割当てておきながら、大学が行なうと考えられていることや、いつも大学を誹謗する者が代わりにやりたいとは明らかにまったく思わないような事柄を、ほぼ無難に果せる手段を結局大学に与えようとするよりもむしろ、「他所で」できることすべてを人々が重要視し続けても、驚く必要はないのである。ファイヤアーベントのような言い方をすれば、たしかに、単なる大学市民による、自分にきわめて直接的に関係する問題についての意見が、政治や組合運動や行政の「専門家」ないし知ったかぶりをする人（Besserwisser）の行動に重大な影響を及ぼす可能性はほとんどない。ことに、現行政府が、自分を学問〔科学〕・文化の大義に本質的に忠実で、学問・文化を擁護する資格が自分にはもともとあると考えている場合にはそうである。

しばらく前から、大学の新しい権利と新しい正当性がよく問題となっているが、これはほぼ、新しい合理性や新しい科学も問題になっているという意味である。つまり、大学の新しい権利や正当性の問題の場合も、新しさがどうありうるのか、あるいは、どうあるべきかについて、何か察しがつくためには、新しさが現に生じるまでわれわれは待たねばならない、といった印象を与えるような観点においてである。新しい合理性と同様、新しい権利も、望ましく不可欠なものであると同時に、どのみち避けられないものである。

われわれは、新しい権利の――特に大学の新しい権利の――創設が必要な世界にいる。創設が必要だと言うことは、この場合、その責任、それも新しいタイプの責任を取らねばならないということ、および、この創設がすでに進行中であるということ、それも抗がいがたい仕方で、個人的主観と同業者全体の表象・意識・行為の向こう側で、学部間や学科間の境界の向こう側で、制度とそれの登記されている政治的な場所の境界の向こう側で進行中だということ、これを同時に言うことである。(50)

そうすると、とらねばならない(今までに例のないタイプの)責任とは、こうした移行期において、古くも新しくもありえないどのような種類の原則を手本とすべきであろうか。この問いに対するデリダの答えは、少なくとも期待はずれだ。

いかにして新しい権利の創設に向かうのか。この新しい創設は、伝統的な権利と妥協案を交渉することになろう。それゆえ、伝統的な権利は、他の創設地へ向けてそこから跳躍するための支えを、自分自身の創設地面の上に提供しなければならないであろう。あるいは、フランス語で言われる跳ぶ前に片足で踏み切る跳躍者のメタファーとは別のメタファーをお望みなら、困難は相変わらず最善の挺子を決定することにある、と言うことにしよう。ギリシア人なら最善のモクロス（mochlos）と言うであろう。モクロスとは、木の棒、舟を移動させるための挺子、戸を開閉するための杭の一種だったかもしれない。要するに、ものをこじ開けたり移動させたりするときに頼るものである。ところで、歴史・道徳・政治においていかにして方向を定めるかを考えるとき、もっとも重大な対立と決着は、目標よりも挺子の方に関わっていることが多いように思われる(51)。

もしこの考察の著者がかくも有名な哲学者ではなかったなら、この著者はわかりきったことを証明しようと懸命に苦心していると、おそらくわれわれは言いたくなるだろう。この著者の指摘するように、「権利の創設が法的なものでも正当なものでもないのは、大学の創設が大学の出来事でも大学内の出来事でもないのと同じである(52)」としても、だからといって、それによって、大学の創設が大学や学問の一定の理念に従ったのかもしれないのとまったく同じように、権利の創設は権利の一定の理念に従うべきかどうかを、明らかにしなくてもいいわけではない。ミッテルシュトラースは次のように述べている。

　制度は、連携した行動の成す複雑な総体を、規則と目的に従って安定させるために創設される。また制度の創設がものごとの非合理的な秩序を合理的な秩序に変えるという考えの下に位置づけられる場合は、制度は改革の表現と見なされる。この限りで改革は、明らかにすること（啓蒙 Aufklärung）、つまり、新しいやり方で解決されることに決められたものごとの秩序について明らかにすることを前提している。このことは同様に、学問〔科学〕におけるものごとの秩序にも妥当する。そうした秩序が他と区別されるのは、何よりもまず次のような事実のためだ。すなわち、そうした秩序は学問において活動する人々の自己了解においては、ある理念、すなわち、まさに科学〔学問〕の理念の下に置かれたものと最初から理解されており、すでに科学〔学問〕は、ものごとの改革された秩序すなわち理性的な秩序を保証するものと考えられている、という事実である。[53]

しかしもちろん、デリダのように、規則によって支配された創造性と規則を変える創造性との区別を無条件に廃棄しようと目指す場合、制度の主たる究極目的はもはや実践を安定させることではありえず、むしろ、そのつど実践から異議を申立てられて変容を被ることとなるかもしれない。制度の枠内で遂行されるおのおのの行為は必然的に、意識的にであろうとなかろうと、制度そのものを直接問題視する行為である。

たとえば——といっても例は無限に変えられるだろうが——定理の解釈、詩の解釈、哲学素の解釈、神学素の解釈などが生じるのはもっぱら、同時に制度的なモデルに、実在するモデルや解釈を可能にするモデルを強化したり、右に述べた解釈と調和する新しいモデルを構成したりするよう提案しながらである。

……われわれが同時に試みるそれぞれの活動(読むこと、解釈すること、理論的モデルの構築、論証のためのレトリック、歴史的材料の処理、さらには数学的公理化)において、制度的な概念がかかわっている。それは、一種の署名された契約書であり、構築された理想的ゼミナールのイメージであり、個人に内含する社会的要素である。これは、反復されたりずらされたり、変形したり、危機にさらされたり解体されたりするものだ。[54]

現状では、デリダの指摘するように、われわれは継承されてきた権利と完全に縁を切ることも、その権利の定める合法性をそのまま受け入れることもできない。この事実が意味しているのはただ、われわれがもはや直接父なる創設者に頼ることができないとしても、少なくともわれわれはまだ、父なる創設者のところにいるということだけだ。

大学の理論がある。この理論は、学問〔科学〕論と密接に結びついている。手短に言うべきであり、そうするとこうなる。大学は、教育（Bildung）の場であり、これは、学問〔科学〕による教育を意味している。もちろん、この理論は……、いずれにしても、学問〔科学〕による教育について論じる分野では理想主義的なものだ。とりわけ、異なった学問〔科学〕論がこんな場合に可能なままであるとすると、この理論の放棄を同じくその名で示すのでない限り、この種の理想主義のかわりとなりうる予備の理論的解決はないことがわかるだけだ。したがって、確かにもはやフィヒテやフンボルトの肩の上にいるわけではないが、われわれは本質的にはまだ、彼らのすみかにいるのである。[55]

思うに、ミッテルシュトラースの「大学の理論があり、かつそれは理想主義的なものであるか、あるいは大学はないか、このどちらかだ[56]」との主張が正しいとしたら、新しい形式の理想主義——これは、場合によっては昔のものよりも信頼できるかもしれないが、きっと理想主義的であることに変わりはないだろう——もまた発明しなければ、大学の新しい権利を発明することは期待できない。新しい権利とか新しい正当性が徐々に現われつつあるのかもしれないが、今のところ、それらから垣間見えるものは、今日確立されようとしているそのやり方を見る限り、残念ながら、新しい現実主義、あるいは新しい専制、新しいシニシズムといった相貌をむしろ備えている。このような状況下では、大学や科学〔学問〕や研究は、権利を必要とするだけでなく道徳《モラル》もまた必要であるということを思い起こしておくのも、おそらくまったく無駄ではないだろう。「科学〔学問〕の実践において、根拠を確実なものとするためにひとが効力を持たせたいと望んでいる規範はどれも、もし科学者の集団、学者の社会が堕落しやすいものであったならば、効果はないだろう。換言すると、……学問の自由、そしてそれと共に研究の自由は、科学者のエートスが堕落していないからこそ、合憲的な格律として生きるのである(57)」。

デリダは、カントと同じくらい単純なモデルや楽観的な考え方に基づいて、大学制度の「外」と「内」を区別したり、学問〔科学〕の技術者や儲け主義の輩と真の学問〔科学〕創造者を分離したり、また諸学科間に存在する干渉や敵対関係や恒久的な争いを解決できるなどとは、今日ではもはや期待できないと指摘しているが、もちろんこれはまったく正当である。窮乏状況にあっては、知者が、完璧な権力者や経営者、戦略家や策略家にすっかり姿を変えてしまわないようにすることが、どうしてもますます困難となるであろう。もう一度言えば、目的のもつ単に言葉上の道徳主義は、手段——これは、かなり前から理想によるコントロールから解放されており、理想に役立つのはもはや偶然（それもますます起こりそうもない偶然）のおかげでしかない——のもつまったくシニカルな現実性に対して、単なる覆い（それもますます透明になる覆い）として役立ってしまうおそれがある。

学問〔科学〕に携わる人（哲学者も含まれる）が、自分自身の（一見「自由」で私心のない）活動を支配する制度のメカニズムや権力関係についてついに知るにいたったかなり多くのものは、その人の行動に危険きわまりない両価《アンビヴァレント》的な影響を及ぼした。そうした多くのものは、ある場合には進歩の要因となったかもしれず、同様に、われわれを脅かす広範な堕落への無用の扇動となったかもしれない。そして、堕落と闘うにしても、伝統的な大学がみずからの正当性のよりどころにしようと努めてきたもの、つまり知識および、知識による知的・道徳的教育というある種の理念に対して、何らかの代わりとなる解決が存在するかどうかは確実ではないのである。実際に大学の中でわれわれが悩まされているのは、権利や制度の相対的不適合というよりも、学問〔科学〕や研究そのものの倫理が唖然とするくらい目立って荒廃し変質していることだ、と私はとてもはっきりと感じている。これに対しては、残念ながら、制度的な種類の治療法は、まったく存在しない。こうしたわけで、どんな改革であれ主に、もうすでに十分非合理的な状況を、よりいっそう非合理的なものに悪化させるのを助長する結果にしかならないのではないかと、真剣に案じた方がよいのである。

訳者あとがき——ブーヴレスの現代状況論——

本書は、Jacques Bouveresse, *Rationalité et cynisme*, Les Éditions de Minuit, 1984 の全訳である。ブーヴレスの著作は何冊かがすでに邦訳されており、ブーヴレスの経歴や著作の傾向についてもある程度紹介されているので、ここではそうしたことの繰り返しは行わず、本書の理解に役立つと思われるブーヴレスの思想的立場を概観してみたい。

コレージュ・ド・フランスの教授であるブーヴレスは、何よりもウィトゲンシュタイン研究で知られており、ウィトゲンシュタインを西洋哲学全体のなかに位置づける大著『内面性の神話』はつとに有名である。本書『合理性とシニシズム』は、同じく一九八四年に刊行された『哲学の自食症候群』(法政大学出版局、一九九一年)とともに、ブーヴレスの現代状況論だといえるが、ブーヴレスの観点は、サルトル、メルロ・ポンティ、フーコー、お次はデリダといったように、現代フランス思想の状況を知的スター(ブーヴレスの目から見ればさしずめプチ巨匠たち)を中心にいかにもフランス的ないわば近視眼的に見るのではなく、西洋近代思想の終焉というより大きなパースペクティヴのなかで、英米哲学やドイツ・オーストリア哲学とともにフランス哲学を捉えており、その状況分析の的確さと批判の鋭さが最大の特徴であろう。

ブーヴレスは現代フランス思想が陥っている状況ないし症例を、ペーター・スローターダイクに連帯しつつ「シニシズム」として捉えている。スローターダイクの『シニカル理性批判』も非常に刺激的だが、本書もきわめて刺激的な内容をもっている。ブーヴレスによれば、シニシズムは現在、哲学・政治・ジャーナリズム・一般読者など、きわめて広範囲に蔓延する症状であって、そこでは左翼対右翼といった従来の対立軸がもはや有効に機能せず、希望のなさ・目的のなさ・諦念・無関心が支配し、そして結局、ある種の相対主義、「何でもかまわない」となる。

いわゆるポストモダンと呼ばれる一群の思想家もそうした症例の一つであって、彼らに対してブーヴレスが批判の矛先を向けているのが、その「不正確さ」と「曖昧さ」だ。リオタールが不正確さの代表格として挙げられているが、批判の対象はリオタールだけではない。リオタールに対する批判と違ってデリダに対する批判は慎重だが、言語の社会性を無視して新語・造語を駆使するデリダの華麗なテクニックは、まさにエクリチュールの領域における前衛芸術と呼ぶにふさわしいものかもしれない。(ポストモダン思想の「不正確さ」と「曖昧さ」については、科学者側からもブーヴレスと同様の批判が提起されている。たとえば、カーソルとブリクモンの『知の欺瞞』(岩波書店)はそれを詳細に述べており、ブーヴレスにも肯定的に言及している。)

ブーヴレスが批判する「曖昧さ」とは、「もうひとつの〜」、「他の〜」といったたぐいのものだ。これは当然、現にあるもの・合理的なもの・体制側のものへの批判といった形態をとるが、その内実はいつになっても明示されない永久革命のごとき運動とも言えるだろう。ブーヴレスはそうしたものを非合理主義として一括している。だが、批判される合理性は、実は強靭で柔軟なために、次の時代には非合理的なものや周縁のものを呑み込んでしまうという。それはなぜか。

ブーヴレスは哲学を「意識の哲学」と「存在の哲学」とに大別する。前者にはデカルト、カント、フッサールなどが属し、後者にはアリストテレス、トマス、ライプニッツ、ウィトゲンシュタインなどが属している。言い換えれば、前者がデカルトとその末裔たちのプラトン主義の系列であるのに対して、後者はアリストテレス主義の系列だと言えるだろう。フーコー、リオタール、デリダといったポストモダンの思想家が大げさに批判する人間学主義・合理性などは、ブーヴレスに従えば前者の系列に特有のものと見なすべきなのだろう。つまり、イデア・意識内のイデアとしての観念・理想といったもの（当為）から出発し、すべてを基礎づけ正当化し絶対知を求めるといった傾向はもっぱら前者に見られるのであって、もはや理想がないという状況に至ってそうした理想を批判するにしても、当の理想に依拠していることに変わりはないということだ。

これに対して、ブーヴレスによれば、後者の系列においてはそうした基礎づけ主義はそれほど強くもなく、とりわけ後期ウィトゲンシュタインはとうにそうした試みを投げ捨ててしまっているという。そうした意味で、ブーヴレスは英米系の哲学を評価する。大陸系の「意識の哲学」が中心に位置していたときには周縁にあった英米系の哲学が、今日的状況を先取りしていたのであって、今後は着実でより大きな役割を果たすとブーヴレスは見ている。したがって、ブーヴレスにとっては、原理原則から出発してすべてを基礎づけ正当化するのとは違った方向性が求められることになる。実践の自律性や倫理に関する議論はそうした背景で読まれるべきであろう。

ではこうしたシニシズムの蔓延する状況、あるいはニーチェのいうニヒリズムの状況にあって、哲学そして哲学者はどのような役割を果たすのか。哲学そして哲学者はまずその思い上がりを捨てなければならない。ブーヴレスは、哲学者の役割を予言者のごとくご託宣を垂れることにではなく、風刺に見ているようだ。ソクラテス、ディオゲネス、リヒテンベルク、クラウス、ムージルなどは、そういった人物像として挙げられている。そして風刺を行うためには、その対象の実像を見極めねばならず、ブーヴレスにとってそれにはとりわけ合理性の認識、それも秘教的ではない公教的な認識が欠かせない。

こうしたブーヴレスの議論は古典的なものかもしれない。永久革命を求める前衛芸術派には物足りないであろうし、「風が東に向いている」とわれわれにほのかな期待を抱かせてもくれない。だが、現代フランス思想の状況を流行や熱狂に曇らされることなく冷静に捉えるには、いたずらに大仰な希望を語ることなく冷徹に現状を記述する本書は、多くのことを示唆していると言えるだろう。

ブーヴレスの文章は幾重にも関係節を畳みかける文体で、日本語に訳しにくいものであった。翻訳にあたっては、正確さとともに読みやすさを心がけたが、もともとの原文がきわめて長いため、それにもおのずと限界があった。

本書との出会いは、故花田圭介先生と故稲義人法政大学出版局前編集長から邦訳のお奨めをいただいたのが始まりであった。お二人ともすでに他界され、本訳書をお目にかけることができなかったのは心残りである。筑波大学の谷川多佳子先生には、ブーヴレスに関する文献を貸与していただき、現代フランスにおけるブーヴレスの位置づけについてご教示いただいた。また、編集部の藤田信行氏には訳稿の遅延などでご迷惑をかけたことをお詫びするとともに、本訳書実現にご尽力いただいたことに感謝申し上げたい。

二〇〇三年九月

岡部英男

注

訳者注記：原書では，注は脚注，及び本文中に括弧に入れて付記するという形をとっているが，本訳書では，一括してここにまとめる．筆者名に括弧を付してあるものは，この形ではわからなくなるために，訳者が付したものである．

可能な限りブーヴレスの参照した原本にもあたったが，基本的にはブーヴレスのフランス語に即して翻訳している．邦訳がある場合には，基本的にはそのまま引用させていただいたが，上記の方針および文脈上の都合等で変更を加えた場合がある．煩瑣を恐れて一々記さなかったが，読者の御寛恕を乞いたい．

なお，〔　〕は邦訳書頁数指示および当該個所に関する訳者注記である．

第一章

1 〔邦訳：『ファービアン』小松太郎訳，ちくま文庫，290頁〕

2 〔原祐訳，ちくま学芸文庫版ニーチェ全集第14巻，15頁〕

3 Chamfort, *Maximes et pensées, caractères et anecdotes,* présentés par Claude Roy, Union Générale d'Editions, Paris, 1963, p. 42.

4 Peter Sloterdijk, *Kritik der zynischen Vernunft,* Suhrkamp Verlag, Francfort, 1983, vol. I, p. 12-13.〔邦訳：『シニカル理性批判』高田珠樹訳，ミネルヴァ書房，4頁．末尾近くの「惹き起こしてしまう〔解消してしまう〕」の部分は，スローターダイクの原文では，daß es sie auslöst となっているところをブーヴレスは，qu'il déclenche leur apparition と仏訳．auslösen を「問題の解消」ではなく，「問題の出現を惹き起こす」と読んでいる．以下，スローターダイクの原文とブーヴレスの訳文との間の異同のうち簡単なものについては，本文中の〔　〕でスローターダイクの原文にあたる訳語を示す〕

5 (Lichtenberg,) *Sudelbücher,* J, 246, cités d'après l'édition de Wolfgang Promies, Lichtenberg, Schriften und Briefe, vol. I et II, Carl Hanser Verlag, Munich, 1968-1971.

6 Montaigne, 《Apologie de Raimond Sebond》, in *Essais,* texte établi et annoté par Albert Thibaudet, Bibliothèque de la Pléiade, Gallimard, 1950, Livre II, chap. XII, p. 481.〔1962年版のプレイヤード版では，415頁．邦訳：『随想録』松浪信三郎訳，河出書房新社「新装　世界の大思想」5，モンテーニュ（上）364頁〕

7 Theodor W. Adorno, 《Kulturkritik und Gesellschaft》, in *Prismen,* Kulturkritik und Gesellschaft, Suhrkamp Verlag, Francfort, 1955, Suhrkamp Taschenbuch Wissenschaft, 1976, p. 29.〔1987年の第3版では，24頁．

邦訳：『プリズメン』渡辺祐邦・三原弟平訳，ちくま学芸文庫，34頁〕

8　Sloterdijk, op. cit., I, p. 179.〔邦訳：99-100頁．末尾近くの「専門化した学問〔学者〕」は，スローターダイクの原文では，Gelehrtentum となっているところをブーヴレスは，la science érudite としている〕

9　(Lichtenberg,) *Sudelbücher,* II, p. 71.

10　(Spengler,) *Der Mensch und die Technik, Beitrag zu einer Philosophie des Lebens,* C. H. Beck'sche Verlagsbuchhandlung, Munich, 1931, p. 6.

11　ibid.

12　スローターダイクによる引用，op. cit., II, p. 863.〔邦訳：480頁〕

13　Cf. J. Bouveress, *Le philosophe chez autophages,* Editions de Minuit, 1984, p. 109 sq.〔邦訳：『哲学の自食症候群』大平具彦訳，法政大学出版局，132頁以下〕

14　(Spengler,) op. cit., p. 5.

15　(Sloterdijk,) op. cit., I, p. 389-390.〔邦訳：215頁〕

16　Manfred Frank, 《Die Welt als Wunsch und Repräsentation oder gegen ein anarcho-strukturalistisches Zeitalter》, *Fugen,* 1 (1980), p. 275-276.

17　ibid., p. 276.

18　Cf. *Ludwig Wittgenstein und der Wiener Kreis,* herausgegeben von B. F. McGuinness, B. Blackwell, Oxford, 1967, p. 117.

19　Herbert Schnädelbach, *Philosophie in Deutschland,* 1831-1933, Suhrkamp Verlag, Francfort, 1983, p. 173-174.

20　ibid., p. 174.

21　(Sloterdijk,) op. cit., p. 394-395.〔邦訳：218頁．「折衷的な〔傲慢な〕」は，スローターダイクの hybriden という形容詞をブーヴレスは hybrides と直訳しているため意味のずれが生じている．ドイツ語の形容詞 hybrid はラテン語 hybrida に由来するもの（雑種，混血の意味）と，ギリシア語 ὕβρις に由来するもの（傲慢の意味）の二つあり，スローターダイクは後者の意味で用いているようだが，フランス語の hybride はラテン語に由来する「雑種，混血，混成」の意味しかないため．もっとも，ラテン語の hybrida がギリシア語の ὕβρις の影響で同族語と考えられてもいたので，そのように読まれているのかもしれない〕

22　(Sloterdijk,) ibid., p. 395-396.〔邦訳：218-219頁〕

23　(Sloterdijk,) ibid., p. 380, note.〔邦訳：541頁〕

24　(Sloterdijk,) ibid., p. 394.〔邦訳：218頁〕

25　Schnädelbach, op. cit., p. 172.

26　Sloterdijk, op. cit., II, p. 952.〔邦訳：532頁〕

27　ibid., I, p. 367.〔邦訳：203頁〕

28 Erich Kästner, *Fabian* (*Histoire d'un moraliste*), traduit de l'allmand par Michel-Francois Demet, Editions Balland, 1983, p. 45. 〔邦訳：『ファービアン』小松太郎訳，ちくま文庫，51頁〕

29 Gottfried Benn, 《Expressionismus》, in *Gesammelte Werke in acht Bänden,* herausgegeben von Dieter Wellershoff, Limes Verlag, Wiesbaden, 1968, vol. III, p. 808.

30 Carl Friedrich von Weizsäcker, *Was wird aus dem Menschen?,* Verlag der Arche, Zurich, 1972, p. 10.

31 Sloterdijk, op. cit., I, p. 393, note. 〔邦訳：542頁〕

32 ibid. 〔邦訳：542頁〕

33 ibid., p. 366. 〔邦訳：202頁〕

34 ibid. 〔邦訳：202頁〕

35 ibid., p. 367. 〔邦訳：203頁〕

36 ibid., II, p. 940-941. 〔邦訳：525-526頁〕

37 Ludwg Wittgenstein, *Vermischte Bemerkungen* (*Culture and Value*), herausgegeben von G. H. von Wright unter Mitarbeit von Heikki Nyman, amended second edition with English Translation, B. Blackwell, Oxford, 1980, p. 56. 〔邦訳：『反哲学的断章』丘沢静也訳，青土社，150頁〕

38 Ernest Renan, *L'avenir de la science* (*Pensées de 1848*), Calmann-Lévy, 1890, p. 45.

39 (Musil,) 《Das Geistliche, der Modernismus und die Metaphysik》, in *Gesammelte Werke* in neun Bänden, herausgegeben von Adolf Frisé, Rowohlt Verlag, Reinbek bei Hamburg, vol. VIII, p. 990.

40 (Musil,) *Journaux,* traduction établie et présentée par Philippe Jaccottet d'après l'édition allemande d'Adolf Frisé, Editions du Seuil, 1981, tome II, p. 26.

41 ibid.

42 (Sloterdijk,) op. cit., I, p. 169. 〔邦訳：95頁〕

43 ibid., I, p. 169-170. 〔邦訳：95頁〕

44 ibid., note. 〔邦訳：536頁〕

45 ibid., II, p. 931. 〔邦訳：520-521頁〕

46 ibid., p. 932. 〔邦訳：521頁〕

47 ibid., I, p. 301. 〔邦訳：168頁〕

48 ibid., I, p. 319. 〔邦訳：177頁〕

49 ibid. 〔邦訳：177頁〕

50 ibid. 〔邦訳：177頁〕

51 ibid., I, p. 317, note. 〔邦訳：539頁〕

52 Cf. (Musil,) 《Das hilflose Europa oder Reise vom Hundertsten ins

Tausendste》, in *Gesammelte Werke,* vol. Ⅷ, p. 1085.〔邦訳：「どうしようもないヨーロッパ　もしくはあてどのない旅」，ムージル著作集第９巻『日記／エッセイ／書簡』田島・水藤・長谷川訳，松籟社，117-138頁所収，128頁〕

53 ibid., p. 1083.

54 Sloterdijk, op. cit., Ⅰ, p. 356.〔邦訳：197-198頁〕

55 cf.（Musil,）*Das hilflose Europa,* p. 1086.〔邦訳：128頁〕

56 Sloterdijk, op. cit., p. 356-357.〔邦訳：198頁〕

57 ibid., p. 388.〔邦訳：214頁〕

58 ibid., p. 314, note.〔邦訳：538頁〕

59 cf.（ibid.,）p. 302, note.〔邦訳：538頁〕

60 （ibid.,）p. 304.〔邦訳：170頁〕

61 （ibid.,）p. 307.〔邦訳：172頁〕

62 （ibid.,）p. 307-308.〔邦訳：172頁〕

63 （ibid.,）p. 299-300.〔邦訳：168頁〕

64 ibid., Ⅱ, p. 946.〔邦訳：529頁〕

65 （ibid.,）p. 947.〔邦訳：529頁〕

66 ibid.〔邦訳：529頁〕

67 （Musil,）《Der deutsche Mensch als Symptom》, in *Gesammelte Werke,* vol. Ⅷ, p. 1393.

68 ibid., p. 1399.

69 ibid.

70 （Sloterdijk, op. cit.,）Ⅱ, p. 953.〔邦訳：532頁〕

第二章

1 Lichtenberg, *Sudelbücher,* G, 45.

2 Renan, *L'avenir de la science,* p. 520, note 150.

3 〔この疑問形での文章を『実践理性批判』のなかに見出すことができなかったが，同内容の表現は，たとえば，同書第１部第７節の系に，「純粋理性は，それ自体だけで実践的であり，我々が道徳的法則と名づけるような普遍的法則を（人間に）与える（Reine Vernunft ist für sich allein praktisch und gibt（dem Menschen）ein allgemeines Gesetz, welches wir das Sittengesetz nennen.)」（波多野他訳，岩波文庫版75頁，Ph. B. 版 S. 37）とあるほか，数箇所に見られる表現である〕

4 Rüdiger Bubner, *Handlung, Sprache und Vernunft,* Grundbegriffe praktischer Philosophie, Neuausgabe mit einem Anhang, Suhrkamp Verlag, Francfort, 1982, p. 288.

5 ibid., p. 248.

6 ibid., p. 247.

7 ibid., p. 250.

8 ibid., p. 214.

9 ibid., p. 253.

10 ibid., p. 268.

11 ibid., p. 266.

12 ibid., p. 268.

13 (Putnam,) *Meaning and the Moral Sciences,* Routledge & Kegan Paul, Londres, 1978, p. 5.〔邦訳：『科学的認識の構造——意味と精神科学』藤川吉美訳，晃洋書房，7頁〕

14 ibid., p. 71.〔邦訳：103頁〕

15 ibid., p. 65.〔邦訳：94頁〕

16 Paul Feyerabend, *Erkenntnis für freie Menschen,* Veränderte Ausgabe, Suhrkamp Verlag, Francfort, 1980, p. 65 ; cf. p. 116, note 4.〔邦訳：『自由人のための知——科学論の解体へ』村上陽一郎・村上公子訳，新曜社．43-45頁．この訳書は原著の第一版の原稿に基づくものであるが（訳者あとがき331頁参照），ブーヴレスの引用は原著第二版によっている．第二版は改定版であり，序文と第2部第3章が完全に書き直されているほか，脚注や本文に増補改訂が施されている箇所がある．したがってブーヴレスの引用にも，邦訳中には存在しないものが数箇所ある．その箇所については，以下ドイツ語原文を参照しながら，フランス語訳に基づいて訳出し，邦訳なし，と注記する〕

17 Hilary Putnam, *Reason, Truth and History,* Cambridge University Press, New York, 1981, p. 135. Trad. française *Raison, vérité et histoire,* Editions de Minuit, à paraître.

18 (Musil,) *Der deutsche Mensch als Symptom,* p. 1400.

19 (Bubner,) op. cit., p. 183-184.

20 ibid., p. 178.

21 (Putnam,) op. cit., p. 215.

22 ibid., p. 143.

23 ibid., p. 161-162.

24 〔ドストエフスキー『カラマーゾフの兄弟』に出てくるエピソードの一つを指しているものと思われる〕

25 (Sloterdijk,) *Kritik der zynischen Vernunft,* I, p. 359.〔邦訳：199頁〕

26 ibid., p. 49.〔邦訳：25頁〕

27 (Putnam,) *Reason, Truth and History,* p. 147.

28 ibid., p. 148.

29 ibid., p. 149.

30 Max Horkheimer-Theodor W. Adorno, *Dialektik der Aufklärung,*

Philosophische Fragmente, Fischer Taschenbuch Verlag, Francfort, 1969, p. 107.〔邦訳：『啓蒙の弁証法』徳永恂訳，岩波書店，174-5頁〕

31 (Putnam,) op. cit,. p. 213.

32 ibid. p. 214.

33 Renan, *L'avenir de la science,* p. 252-253.

34 (Feyerabend,) *Erkenntnis für freie Menschen,* p. 69-70.〔邦訳：49頁〕

35 ibid., p. 13.〔邦訳なし〕

36 ibid., p. 19.〔邦訳なし〕

37 ibid., p. 17.〔邦訳なし〕

38 ibid., p. 68.〔邦訳：48頁〕

39 ibid.〔邦訳：同上〕

40 ibid., p. 73.〔邦訳：53頁〕

41 ibid., p. 71.〔邦訳：51頁〕

42 ibid., p. 72.〔邦訳：51頁以下〕

43 ibid., p. 74.〔邦訳：54頁〕

44 ibid., p. 75.〔邦訳：55頁以下〕

45 ibid., p. 75-76.〔邦訳：56頁〕

46 ibid., p. 295-296.〔邦訳：323頁以下〕

47 ibid., p. 99.〔邦訳：84頁〕

48 ibid., p. 34.〔邦訳：14頁〕

49 ibid., p. 99.〔邦訳：84頁〕

50 ibid., p. 62.〔邦訳：42頁〕

51 ibid., p. 160-161.〔邦訳：136頁〕

52 ibid., p. 62-63.〔邦訳：42頁〕

53 ibid., p. 63.〔邦訳：42頁〕

54 ibid., p. 67.〔邦訳：45頁〕

55 たとえば *Against Method, Outline of an Anarchistic Theory of Knowledge,* NLB, Londres, 1975, p. 27〔邦訳：『方法への挑戦』村上陽一郎・村上公子訳，新曜社．17頁〕を見よ．

56 (Feyerabend,) *Erkenntnis für freie Menschen,* p. 19.〔邦訳なし〕

57 ibid., p. 19-20.〔邦訳なし〕

58 cf. ibid., p. 153.〔邦訳なし〕

59 (Feyerabend,) *Against Method,* p. 30.〔邦訳：21頁〕

60 (Feyerabend,) *Erkenntnis für freie Menschen,* p. 152.〔邦訳なし〕

61 ibid., p. 121.〔邦訳119頁〕

62 ibid., p. 147.〔邦訳なし〕

63 ibid., p. 78, note 46.〔邦訳：103頁〕

64 ibid., p. 148.〔邦訳なし〕

65　ibid., p. 151-152.〔邦訳なし〕

66　ibid., p. 150.〔邦訳なし〕

67　ibid.〔邦訳なし〕

68　ibid., p. 148-149.〔邦訳なし〕

69　(Feyerabend,) *Der wissenschaftstheoretische Realismus und die Autorität der Wissenschaften,* Fried. Vieweg & Sohn, Braunschweig/Wiesbaden, 1978, p. 351.

70　Donald Davidson, 《On the Very Idea of a Conceptual Scheme》, *Proceedings and Addresses of the American Philosophical Association,* vol. XLVII (1973-74), p. 5.〔邦訳：「経験主義の第三のドグマ——概念枠とはそもそも何か」土屋俊訳，『現代思想』1985年7月号，169-183頁所収，169頁〕

71　Bernard Williams, 《The Truth in Relativism》, in *Moral Luck,* Philosophical Papers 1973-1980, Cambridge University Press, Cambridge, 1981, p. 133.

72　cf. ibid., p. 138-139.

73　ibid., p. 142.

74　《Idée d'une histoire universelle au point de vue cosmopolitique》, in Kant, *La philosophie de l'histoire,* introduction et traduction par Stéphane Piobetta, Aubier, Paris, 1947, p. 65.〔邦訳：「世界公民的見地における一般史の構想」，『啓蒙とは何か他4篇』岩波文庫，篠田英雄訳，21-50頁所収，31頁．理想社版カント全集では，第13巻『歴史哲学論集』小倉志祥訳，13-36頁所収，21頁．本書では岩波文庫判から引用させていただいた〕

75　(Lichtenberg,) *Sudelbücher,* H, 16-17.

76　Musil, *Der deutsche Mensch als Symptom,* p. 1359-1360.

77　(Feyerabend,) *Der wissenschaftstheoretische Realismus,* p. 367.

78　この著作ができたとき，私はフーコーのその著作そのものをまだ読んでいなかったし，それが本当に最後の著作になるとは知らなかった．このひとの夭折は，かなりたくさんの問題を，最終的に答えが与えられないまま一層の頭痛のたねにしてしまうだけである．私が自分の書いたものを全然変えなかったのは次のような理由からだ．ウィトゲンシュタインも言うように，「誰かが死んだとき，われわれは和解の光の中でその人の生を見るものである」(「死者にとっては和解はなかった」のではあるが)．そして，すでに和解的な霧のようなもののなかで，フーコーの著作の最も鋭利な圭角に丸みをつけたり，最も問題のある面をぼかしたりといったことが行なわれはじめている．だが，こうしたことが，このスケールの大きな闘士であった人物に敬意を表する最良のやり方となるとは，私には思われないからだ．

79　《Michel Foucault : le sexe comme morale》, Entretien avec Hubert Dreyfus et Paul Rabinow, *le Nouvel Observateur,* 1-7 juin 1984, p. 90.〔邦

訳：「ひとつのモラルとしての性」浜名優美訳，『現代思想』1984年10月号，104-113頁所収，111頁〕

80 ibid.〔邦訳：113頁〕

81 ibid.〔邦訳：同上〕

82 ibid., p. 87.〔邦訳：106頁〕

83 Ulrich Horstmann, *Das Untier,* Konturen einer Philosophie der Menschenflucht, Medusa Verlag, Vienne-Berlin, 1983, pp. 99-100.

84 ibid., p. 94.

85 (Sloterdijk,) *Kritik der zynischen Vernunft,* I, p. 50.〔邦訳：26頁〕

86 (Musil,)《Ueber die Dummheit》(1937), in *Gesammelte Welke,* vol. VIII, p. 1284.〔邦訳：「愚かさについて」水藤龍彦訳，ムージル著作集第 9 巻『日記／エッセイ／書簡』田島・水藤・長谷川訳，松籟社，221-245頁所収，237頁〕

87 Feyerabend, *Erkenntnis für freie Menschen,* p. 151.〔邦訳なし〕

88 ibid., p. 239.〔邦訳：227頁〕

89 (Lichtenberg,) *Sudelbücher,* G, 114.

90 (Sloterdijk,) op. cit., p. 177.〔邦訳：98-99頁〕

91 ibid., p. 178-179.〔邦訳：99頁〕

92 (Musil,)《Geist und Erfahrung. Anmerkungen für Leser, welche dem Untergang des Abendlandes entronnen sind》, in *Gesammelte Werke,* vol. VIII, p. 1053.

93 (Sloterdijk,) op. cit., I, p. 178.〔邦訳：99頁〕

94 Otto Neurath, cite par Elisabeth Nemeth, *Otto Neurath und der Wiener Kreis,* Revolutionäre Wissenschaftlichkeit als Anspruch, Campus Verlag, Francfort/New York, 1981, p. 179.

95 ibid., p. 188.

96 (Musil,) *Das hilflose Europa,* p. 1091.〔邦訳：134頁〕

97 (Neurath,) op. cit., p. 180.

98 (Feyerabend,) *Der wissenschaftstheoretische Realismus,* p. 345.

99 Blumenberg, *Der Prozess der theoretischen Neugierde,* p. 8.

100 ibid.

101 (Nietzsche,) *Aus dem Nachlass der Achtzigerjahre,* p. 44.〔Nietzsche Werke, in 5 Bde., Hrsg. v. Schlechta の第IV巻，コリー・モンティナリ版では第11巻570頁（断片番号36［48]）で，いわゆる『権力への意志』では，アフォリズム番号129番にあたる．本訳では，ちくま学芸文庫判ニーチェ全集第12巻（原佑訳，1993年）137頁を参照した〕

102 Hans Blumenberg, *Arbeit am Mythos,* Suhrkamp Verlag, Francfort, 1979, p. 91.

第三章

1　Richard Rorty, 《Signposts along the way that Reason went》, *London Review of Books,* 16-29 février 1984, p. 5.〔これは，ジャック・デリダ著 *Marges de la Philosophie* の Alan Bass による英訳 *Margins of Philosophy* に対する書評である〕

2　ibid.

3　ibid., p. 6.

4　ibid.

5　ibid.〔ブーヴレスが「ただひとつの水車のための水（l'eau pour un seul et unique moulin)」と訳している箇所は，ローティの原文では，「ただひとつのひきうすのための穀物（grist for a single mill)」となっている〕

6　ibid.

7　Jürgen Mittelstrass, 《Forshungsplanung aus wissenschaftstheoretischer Sicht》, in *Wissenschaft als Lebensform,* Reden über philosophische Orientierungen in Wissenschaft und Universität, Suhrkamp Verlag, Francfort, 1982, p. 89-90.

8　ibid., p. 90.

9　Cf. Mittelstrass, 《Wissenschaft als Lebensform, Zur gesellschaftlichen Relevanz und zum bürgerlichen Begriff der Wissenschaft》, in *Wissenschaft als Lebensform,* p. 16.〔ブーヴレスの引用中，Orientationswissen となっている箇所は，ミッテルシュトラースの原文では Orientierungswissen である〕

10　Manfred Frank, *Was ist Neostrukturalismus?,* Suhrkamp Verlag, Francfort, 1984, p. 16-17.

11　Frank, ibid., p. 35.

12　ibid., p. 115.

13　(Rorty,) op. cit., p. 5.

14　デリダの哲学的なテクニックに関しては，Gilbert Hottois, *Pour une métaphilosophie du langage,* Vrin, Paris, 1981, p. 121 sq. 参照.

15　Clément Rosset, *La force majeure,* Editions de Minuit, 1983, p. 34.

16　R. Rorty, 《Philosophy as a Kind of Writing》, in *Consequences of Pragmatism,* The Harvester Press, Brighton, Sussex, 1982, p. 109.〔邦訳：『哲学の脱構築――プラグマティズムの帰結』御茶の水書房，室井尚他訳，1985年，260頁〕

17　(Rorty), Signposts along the way that Reason went, p. 6.

18　ibid., p. 5.

19　John R. Searle, 《The Word Turned Upside Down》, *The New York Review of Books,* 27 octobre 1983, p. 78.〔これは，Jonathan Culler, *On*

Deconstruction : Theory and Criticism after Structuralism, の書評である〕

20 ibid.

21 たとえば *L'écriture et la différence,* Editions du Seuil, 1967, p. 428〔邦訳：『エクリチュールと差異』下巻　法政大学出版局，238頁〕, La voix et le phénomène, P.U.F., 1967, p. 115〔邦訳：『声と現象』理想社，高橋允昭訳 195頁〕参照.

22 *La voix et le phénomène,* p. 115-116.〔邦訳：196頁〕

23 (J.-F. Lyotard,) *La condition postmoderne,* Editions de Minuit, 1979, p. 7.〔邦訳：『ポスト・モダンの条件』小林康夫訳，水声社，1986年，8頁〕

24 ibid., p. 7-8.〔邦訳：9頁〕

25 ibid., p. 97.〔邦訳：146頁〕

26 Cf. David Stove, *Popper and After,* Four Modern Irrationalists, Pergamon Press, Oxford, 1982, p. 99.

27 Cf.《Le philosophe "menuisier"》, entretien avec Gilles Deleuze, *Liberation,* 3 octobre 1983.

28 R. Rorty,《Habermas, Lyotard et la postmodernité》, *Critique,* n° 442 (mars 1984), p. 183.〔原文は，*Habermas and Lyotard on Postmodernity,* in Praxis International, Vol. 4, No. 1, 1984である．邦訳：「ポストモダンについて——ハーバーマスとリオタール」冨田恭彦訳，『思想』744号（1986年第6号）岩波書店，126-143頁所収，128頁〕

29 (Lyotard,) *La condition postmoderne,* p. 98.〔邦訳：150頁〕

30 (ibid.,) p. 106.〔邦訳：160頁〕

31 ibid.〔邦訳：160-161頁〕

32 Jean-Francois Lyotard, *Le différend,* Editions de Minuit, 1983, p. 206.〔邦訳：『文の抗争』陸井四郎他訳，法政大学出版局，1989年，294頁〕

33 (Rorty,) op. cit., p. 196.〔邦訳：138頁．訳文中「この種の左翼主義は，必然的に…」の「必然的に」の語は，ブーヴレスの引用文中には欠けている〕

34 (Frank,) *Was ist Neostrukturalismus?,* p. 111.

35 ibid., p. 114-115.

36 (Lyotard,) *Le différend,* p. 127.〔邦訳：175頁以下〕

37 ibid., p. 197.〔邦訳：280頁以下〕

38 (Rorty,) *Habermas, Lyotard et la postmodernité,* p. 185.〔邦訳：129頁〕

39 R. Rorty,《Postmodernist Bourgeois Liberalism》, *The Journal of Philosophy,* vol. LXXX (1983), p. 585.

40 ibid., p. 586.

41 ibid.

42 ibid., p. 589.

43 ibid., p. 584.

44 ibid., p. 583.

45 ibid., p. 586.

46 R. Rorty, 《Solidarité ou objectivité?》, *Critique,* nº 439 (décembre 1983).

47 Karl Popper, 《The Myth of the Framework》, in *The Abdication of Philosophy : Philosophy and the Public Good,* Essays in Honor of Paul Arthur Schilpp, edited by Eugene Freeman, Open Court, La Salle, Illinois, 1976, p. 24.

48 ibid., p. 26.

49 (Lyotard,) *Le différend,* p. 9.〔邦訳：1頁．文中の〔法廷での〕は，リオタール翻訳者による注記〕

50 Ludwig Wittgenstein, *Ueber Gewissheit* (*On Certainty*), B. Blackwell, Oxford, 1969, § 609.〔邦訳：「確実性の問題」黒田亘訳，『ウィトゲンシュタイン全集』第9巻，大修館書店，1975年，1-169頁所収，153頁〕

51 (Lyotard,) *La condition postmoderne,* p. 23.〔邦訳：30頁以下〕

52 (Lyotard,) *Le différend,* p. 228.〔邦訳：326頁〕

53 ibid., p. 204〔邦訳：291頁〕

54 ibid.〔邦訳：292頁〕

55 ibid.〔邦訳：291頁〕

56 ibid., p. 52.〔邦訳：65頁〕

57 Friedrich Nietzsche, 《Aus dem Nachlass der Achtzigerjahre》, in *Werke,* herausugegeben von Karl Schlechta, Ullstein Bücher, Francfort-Berlin-Vienne, 1979-1981, vol. IV, p. 63.〔コリー・モンティナリ版では第11巻589頁（断片番号37［14］）で，いわゆる『権力への意志』では，アフォリズム番号464番にあたる．本書では，ちくま学芸文庫判ニーチェ全集第12巻（原佑訳，1993年）454頁を参照した〕

58 《Réponse à la question : qu'est-ce que le postmoderne?》, *Critique,* nº 419 (avril 1982), p. 366-367.〔邦訳：『ポストモダン通信』管啓次郎訳，朝日出版社，1986年，32頁〕

59 (Rorty,) *Habermas, Lyotard et la postmodernité,* p. 196.〔邦訳：139頁〕

60 (Lyotard,) *Le différend,* p. 10.〔邦訳：2頁〕

61 ibid.〔邦訳：3頁〕

62 (Wittgenstein,) *Bemerkungen über die Grundlagen der Mathematik,* herausgegeben von G. E. M. Anscombe, R. Rhees und G. H. von Wright, revidierte und erweiterte Ausgabe, Suhrkamp Verlag, Francfort, 1974, p. 406.〔邦訳：「数学の基礎」中村秀吉・藤田晋吾訳，『ウィトゲンシュタイン全

集』第7巻，大修館書店，1976年，366頁．ブーヴレスが使用しているのは，この書の増補改定版であるが，邦訳は，旧版からの訳出となっており，増補された部分に関しては邦訳がない．以下，引用が増補箇所にあたる場合，「邦訳なし」と表記する〕

63 L. Wittgenstein, *Last Writings on the Philosophy of Psychology,* Preliminary Studies for Part II of *Philosophical Investigations,* edited by G. H. von Wright and Heikki Nyman, B. Blackwell, Oxford, 1982, p. 49.

64 (Wittgenstein,) *Bemerkungen über die Grundlagen der Mathematik,* p. 429〔邦訳：383頁〕

65 ibid., p. 342.〔邦訳なし〕

66 ibid., p. 323.〔邦訳なし〕

67 (Wittgenstein,) *Philosophische Grammatik,* herausgegeben von R. Rhees, B. Blackwell, Oxford, 1969, p. 116.〔邦訳：「哲学的文法1」山本信訳，『ウィトゲンシュタイン全集』第3巻，大修館書店，1975年，154頁〕

68 ibid., p. 121.〔邦訳：162頁〕

69 (Lyotard,) *Le différend,* p. 11.〔邦訳：4頁〕

70 〔ウィトゲンシュタイン『確実性の問題』(大修館書店版全集第9巻，黒田亘訳) の95節には，「この世界像を記述する諸命題は一種の神話学 (Mythologie) に属するものといえよう．この種の命題の役割は，ゲームの規則がうけもつ役割に似ている．それにゲームというものは，規則集の助けを借りないで，すべて実地に学ぶこともできる」(31頁) とあり，97節には，「神話の体系 (Mythologie) が流動的な状態にもどり，思想の河床が移動するということもありうる．だが私は河床を流れる水の動きと，河床そのものの移動とを区別する．両者の間に明確な境界線をひくことはできないのであるが」(32頁) とある〕

71 (Lyotard,) ibid., p. 29.〔邦訳：31頁〕

72 ibid., p. 11.〔邦訳：5頁〕

73 ibid., p. 10.〔邦訳：3頁〕

74 (Rorty,) *Postmodernist Bourgeois Liberalism,* p. 587.

75 (Lyotard,) *Le différend,* p. 187.〔邦訳：266頁〕

76 David Hume, *A Treatise of Human Nature,* ed. Selby-Bigge, p. 469.〔邦訳：『人性論』(4) 大槻春彦訳，岩波文庫，33頁以下，中公バックス世界の名著第32巻『ロック・ヒューム』(土岐邦夫訳) では520頁以下〕

77 (Lyotard,) *Le différend,* p. 181.〔邦訳：256頁〕

78 (Lyotard,) *La condition postmoderne,* p. 48.〔邦訳：72頁以下〕

79 ibid., p. 42-43.〔邦訳：62頁〕

80 ibid., p. 22.〔邦訳：29頁〕

81 (Lyotard,) *Le différend,* p. 12.〔邦訳：5頁〕

82 ibid.〔邦訳：同上〕

83 ibid., p. 117.〔邦訳：160頁〕

84 ibid., p. 189.〔邦訳：269頁〕

85 (Wittgenstein,) *Recherches philosophiques,* § 23.〔邦訳：「哲学探究」藤本隆志訳,『ウィトゲンシュタイン全集』第 8 巻, 大修館書店, 1976年, 32頁〕

86 (Lyotard,) *Le différend,* p. 197.〔邦訳：281頁以下〕

87 ibid.〔邦訳：282頁〕

88 (Rorty,) *Habermas, Lyotard, et la postmodernité,* p. 193.〔邦訳：136頁〕

89 ibid.〔邦訳：136頁〕

90 ibid.〔邦訳：137頁〕

91 (Lyotard,) *Le différend,* p. 92.〔邦訳：122頁以下〕

92 ibid., p. 199-200.〔邦訳：285頁〕

93 〔未詳〕.

94 (Searle,) *The Word Turned Upside Down,* p. 78.

95 (Rorty,) *Habermas, Lyotard et la postmodernité,* p. 188-189.〔邦訳：132頁〕

96 R. Rorty, *Philosophy and the Mirror of Nature,* Princeton University Press, Princeton, 1979, p. 268-269.〔邦訳：『哲学と自然の鏡』野家啓一他訳, 産業図書, 308頁〕

97 ibid., p. 282.〔邦訳：322頁〕

98 R. Rorty, *Consequences of Pragmatism* (Essays: 1972-1980), The Harvester Press, Brighton, Sussex, 1982, p. XXIX.〔邦訳：36頁〕

99 (Rorty,) *Habermas, Lyotard et la postmodernité,* p. 192.〔邦訳：136頁〕

100 (Lyotard,) *Le différend,* p. 95.〔邦訳：126頁〕

101 Cf. Charles Sanders Peirce,《How to Make Our Ideas Clear》, in *Collected Papers,* V, § 406.〔邦訳：「概念を明晰にする方法」上山春平訳,『パース, ジェイムズ, デューイ』中央公論社, 世界の名著　第48巻, 76-102頁所収, 98頁下段〕

102 Stanley Cavell, *The Claim of Reason,* Wittgenstein, Skepticism, Morality, and Tragedy, Oxford University Press, New York et Oxford, 1979, p. 112.

103 (Rorty,) *Habermas, Lyotard et la postmodernité,* p. 186.〔邦訳：131頁〕

104 ibid., p. 186-187.〔邦訳：131頁〕

105 Hans Blumenberg, *Säkularisierung und Selbstbehauptung,* erweiterte

und überarbeitete Neuausgabe von 《Die Legitimität der Neuzeit》, erster und zweiter Teil, Suhrkamp Verlag, Francfort, 1974, p. 216.

106 Hans Blumenberg, *Der Prozess der theoretischen Neugierde,* erweiterte und überarbeitete Neuausgabe von 《Die Legitimität der Neuzeit》, dritter Teil, Suhrkamp Verlag, Francfort, 1973, p. 17.

107 ibid.

108 ibid., p. 16.

109 ibid., p. 17.

110 ibid., p. 18.

111 ibid., p. 14-15.

112 J. Mittelstrass, 《Bildung und Wissenschaft》, *Die wissenschaftliche Redaktion IV* (Mannheim, 1967), p. 83.

113 Blumenberg, *Der Prozess der theoretischen Neugierde,* p. 16.

114 ibid., p. 9-10.

115 ibid., p. 18-19.

116 ibid., p. 214.

117 Descartes, *Œuvres et lettres,* textes présentés par Albert Bridoux, Bibliothèque de la Pléiade, Gallimard, 1953, p. 1024-1025.

118 (Blumenberg,) ibid., p. 209.

119 ibid., p. 210.

120 (Blumenberg,) *Säkularisierung und Selbstbehauptung,* p. 44-45.

121 ibid., p. 45.

122 ibid., p. 59.

123 ibid., p. 60.

124 ibid., p. 61.

125 ibid., p. 78.

126 (Blumenberg,) *Der Prozess der theoretischen Neugierde,* p. 247.

127 ibid., p. 250.

128 ibid.

129 〔『カント全集』理想社版第12巻，門脇卓爾訳，28頁〕

130 ibid., p. 251.

131 Jean Largeault, *Philosophie de la nature* 1984, Universite Paris XII, Val-de-Marne, 1984, p. 286.

132 (Lyotard,) *Reponse à la question : qu'est-ce que le post-moderne?,* p. 357. 〔邦訳：12頁〕

133 ibid., p. 367. 〔邦訳：33頁以下〕

134 (Rorty,) *Habermas, Lyotard et la postmodernité,* p. 197. 〔邦訳：139頁以下．ブーヴレスの使用した仏訳には，ローティの原文 (beautiful social

harmonies) の「美しい (beautiful)」の語が欠けている〕

第四章

1 〔原佑訳，ちくま学芸文庫版ニーチェ全集第14巻，85頁〕

2 (Feyerabend,) *Erkenntnis für freie Menschen,* p. 105.〔邦訳：90頁〕

3 ibid., p. 163. note 52.〔邦訳なし〕

4 ibid.〔邦訳なし〕

5 ibid., p. 164.〔邦訳なし〕

6 ibid.〔邦訳なし〕

7 〔『哲学者の書』，渡辺二郎訳，ちくま学芸文庫版ニーチェ全集第 3 巻，216頁．なおブーヴレスは，Kultur に，civilisation を当てている〕

8 (Feyerabend,) ibid., p. 289-290〔邦訳：315頁以下．ここは，対話体で書かれた箇所であり，邦訳でもそのように訳しているので，引用に当たっては，若干言い回しを変更してある〕

9 (Quine,) *Has Philosophy Lost Contact with People?,* p. 193.

10 ibid.

11 Sloterdijk, *Kritik der zynischen Vernunft,* I, p. 8.〔邦訳： 1 頁〕

12 (Rorty,) *Consequences of Pragmatism,* p. 221.〔邦訳：466頁〕

13 (Lichtenberg,) *Sudelbücher,* A, 136.

14 (Musil,)《Vortrag in Paris vor dem Internationalen Schriftsteller-Kongress für die Verteidigung der Kultur (Juli 1935—Korrigierte Reinschrift)》, in *Gesammelte Werke,* vol. VIII, p. 1263.

15 ibid., p. 1261.

16 (Musil,)《Der Dichter in dieser Zeit》, ibid., p. 1258.

17 ibid.

18 (Musil,) *L'homme sans qualités,* traduit de l'allemand par Philippe Jaccottet, Editions du Seuil, Collection《Points》, 1982, tome 2, p. 369.〔邦訳：ムージル著作集第 1 巻～第 6 巻『特性のない男』加藤二郎訳，松籟社，第 5 巻， 7 頁〕

19 (Musil,) *Vortrag in Paris—Korrigierte Maschinenabschrift,* ibid., p. 1269.

20 (Musil,) *L'homme sans qualités,* II, p. 393.〔邦訳：第 5 巻，34頁〕

21 ibid.〔邦訳：第 5 巻，34頁〕

22 (Sloterdijk,) *Kritik der zynischen Vernunft,* II, p. 559.〔邦訳：307頁〕

23 ibid., p. 570-571.〔邦訳：312頁〕

24 ibid., p. 571.〔邦訳：312頁〕

25 Thomas More, *Utopia.* The Yale Edition of the Complete Works of

St Thomas More, Yale University Press, New Haven et Londres, vol. IV, 1965, p. 45.〔邦訳：『ユートピア』平井正穂訳，岩波文庫，189頁〕

26 (Lichtenberg,) *Sudelbücher,* F, 5.

27 ibid., F, 971.

28 (Musil,)《Bücher und Literatur》, in *Gesammelte Werke,* vol. Ⅷ, p. 1163.

29 ibid.

30 (Musil,)《Der mathematische Mensch》(1913), in *Gesammelte Welke,* vol. Ⅷ, p. 1007.

31 〔未詳〕

32 Citê par Paul Schick, *Karl Kraus,* in Selbstzeugnissen und Bilddokumenten, Rowohlt Verlag, Reinbek bei Hamburg, 1965, p. 36-37.

33 Fritz Mauthner, *Beiträge zu einer Kritik der Sprache* (1901-1902), Ullstein Verlag, Francfort-Berlin-Vienne, 1982, vol. III, p. 632.

34 (Musil,) *L'homme sans qualités,* II, p. 377.〔邦訳：第5巻，15頁〕

35 Erich Kästner, *Fabian,* p. 38.〔邦訳：43頁〕

36 (Blumenberg,) *Arbeit am Mythos,* p. 93.

37 (Quine,)《Has Philosophy Lost Contact with People?》, in *Theories and Things,* The Belnap Press of Harvard University Press, Cambridge, Mass., 1981, p. 193. クワインが言及している連続番組については，*Men of Ideas,* Some Creators of Contemporary Philosophy, British Broadcasting Corporation, Londres, 1978. を参照のこと．フランスのテレビ局がBBCと同様の連続番組を企画したとして，その代表とみなされ，一般視聴者の関心を呼ぶことができる哲学者が誰か，比較して考えてみるのももちろん一興であろう．

38 ibid.

39《"Der unheilvolle Einbruch der Logik in die Mathematik"》, in *Essays on Wittgenstein in Honour of G. H. von Wright,* Acta Philosophica Fennica, North-Holland Publishing Company, Amsterdam, 1976, p. 183.

40 ibid.

41 (Quine,)《Paradoxes of Plenty》, in *Theories and Things,* p. 196.〔「激増するもの（recrudescence)」は，クワインの原文では，recruitmentである．仏語にはrecrutementという同義の語があるので，何かの間違いかもしれない．ここをクワインの文に従って訳出すれば，「条件改善によって人員補強がなされても，……」となろう〕

42 ibid., p. 195.

43 ibid., p. 196-197.

44 (Renan,) *L'avenir de la science,* p. 255-256.

45 ibid., p. 256-257.

46 (Renan,) *Souvenirs d'enfance et de jeunesse,* Calmann-Lévy, Paris, 1947, Préface, p. 14.

47 (Geach,) 《Artful Austerity》, *The Times Literary Supplement,* 18 février 1982, p. 193.

48 (Quine,) op. cit., p. 198.

49 Renan, *L'avenir de la science,* p. 512. 〔文中に「正確なコーラスをすることで生活していた」とあるのは，この「司教座聖堂参事会員」は，「礼拝の間，合唱に出席すること，聖ミサに立合うこと，それに祈禱時を告げること」が主な職務だったことに由来する文言と思われる（ヤン・アダムチェフスキ，『コペルニクス』，小町真之・坂元多訳，恒文社，116頁参照)〕

50 Jacques Derrida, 《Mochlos ou le conflit des facultés》, *Philosophie,* n° 2 (avril 1984), p. 50-51.

51 ibid., p. 51.

52 ibid., p. 50.

53 (Mittelstrass,) 《Universitätsreform als Wissenschaftsreform》, in *Wissenschaft als Lebesform,* p. 118.

54 (Derrida,) op. cit., p. 40, 41.

55 Mittelstrass, op. cit., p. 119.

56 (Mittelstrass,) 《Wissenschaft, Bildung und Region》, in *Wissenschaft als Lebensform,* p. 110.

57 Mittelstrass, 《Forschungsplanung aus wissenschaftstheoretischer Sicht》, in *Wissenschaft als Lebensform,* p. 98-99.

《叢書・ウニベルシタス　785》
合理性とシニシズム
——現代理性批判の迷宮
2004年３月15日　初版第１刷発行

ジャック・ブーヴレス
岡部英男／本郷　均 訳
発行所　財団法人　法政大学出版局
〒102-0073 東京都千代田区九段北3-2-7
電話03(5214)5540／振替00160-6-95814
製版，印刷　三和印刷／鈴木製本所

Printed in Japan

ISBN4-588-00785-8

著者

ジャック・ブーヴレス（Jacques Bouveresse）
1940年生まれ．エコール・ノルマル・シュペリユール卒．パリ第一大学を経て，現在コレージュ・ド・フランス教授．従来フランスではなじみの薄かった英米系の分析哲学，とりわけウィトゲンシュタイン研究で有名であるほか，ウィトゲンシュタイン以外にも，これまであまり顧みられることのなかったオーストリア系の思想家（ボルツァーノ，カルナップ，ノイラート，クラウス，ムージル等）についての論述でも注目される，フランス哲学界の重鎮．主要著書：『不幸な言葉』(71)，『ウィトゲンシュタイン――音韻と理性』(73)，『内面性の神話』(76)，『哲学の自食症候群』(84，法政大学出版局)，『合理性とシニシズム』(84，本書)，『規則の力』(87)，『可能的なものの国』(88)，『ウィトゲンシュタインからフロイトへ――哲学・神話・疑似科学』(91，国文社)，『蓋然的人間』(93)，『哲学の要求』(96)，『言うこととなにも言わないこと』(97，国文社)，など．

訳者

岡部英男（おかべ ひでお）
1955年生まれ．早稲田大学大学院文学研究科博士後期課程満期退学．哲学専攻．現在東京音楽大学専任講師．訳書：コプルストン『理性論の哲学』上・下（共訳，以文社），ライプニッツ『人間知性新論』上・下（共訳，工作舎）．

本郷　均（ほんごう ひとし）
1959年生まれ．早稲田大学大学院文学研究科博士後期課程満期退学．哲学専攻．現在東京電機大学助教授．訳書：ノイマン『こども』（共訳，文化書房博文社），ジャニコー『現代フランス現象学』（共訳，同），フランク『現象学を超えて』（共訳，萌書房）．

叢書・ウニベルシタス

				(頁
1	芸術はなぜ心要か	E.フィッシャー／河野徹訳	品切	30
2	空と夢〈運動の想像力にかんする試論〉	G.バシュラール／宇佐見英治訳		44
3	グロテスクなもの	W.カイザー／竹内豊治訳		31
4	塹壕の思想	T.E.ヒューム／長谷川鉱平訳	品切	31
5	言葉の秘密	E.ユンガー／菅谷規矩雄訳		17
6	論理哲学論考	L.ヴィトゲンシュタイン／藤本, 坂井訳		35
7	アナキズムの哲学	H.リード／大沢正道訳		31
8	ソクラテスの死	R.グアルディーニ／山村直資訳		36
9	詩学の根本概念	E.シュタイガー／高橋英夫訳		33
10	科学の科学〈科学技術時代の社会〉	M.ゴールドスミス, A.マカイ編／是永純弘訳	品切	34
11	科学の射程	C.F.ヴァイツゼカー／野田, 金子訳	品切	27
12	ガリレオをめぐって	オルテガ・イ・ガセット／マタイス, 佐々木訳		29
13	幻影と現実〈詩の源泉の研究〉	C.コードウェル／長谷川鉱平訳	品切	41
14	聖と俗〈宗教的なるものの本質について〉	M.エリアーデ／風間敏夫訳		28
15	美と弁証法	G.ルカッチ／良知, 池田, 小箕訳	品切	37
16	モラルと犯罪	K.クラウス／小松太郎訳		21
17	ハーバート・リード自伝	北條文緒訳		46
18	マルクスとヘーゲル	J.イッポリット／宇津木, 田口訳	品切	25
19	プリズム〈文化批判と社会〉	Th.W.アドルノ／竹内, 山村, 板倉訳	品切	24
20	メランコリア	R.カスナー／塚越敏訳		38
21	キリスト教の苦悶	M.de ウナムーノ／神吉, 佐々木訳		20
22	アインシュタイン ゾンマーフェルト 往復書簡	A.ヘルマン編／小林, 坂口訳	品切	19
23 24	群衆と権力（上・下）	E.カネッティ／岩田行一訳		44 35
25	問いと反問〈芸術論集〉	W.ヴォリンガー／土肥美夫訳		27
26	感覚の分析	E.マッハ／須藤, 廣松訳		38
27 28	批判的モデル集（I・II）	Th.W.アドルノ／大久保健治訳	〈品切 品切〉	I 23 II 27
29	欲望の現象学	R.ジラール／古田幸男訳		37
30	芸術の内面への旅	E.ヘラー／河原, 杉浦, 渡辺訳	品切	284
31	言語起源論	ヘルダー／大阪大学ドイツ近代文学研究会訳		270
32	宗教の自然史	D.ヒューム／福鎌, 斎藤訳		144
33	プロメテウス〈ギリシア人の解した人間存在〉	K.ケレーニイ／辻村誠三訳	品切	268
34	人格とアナーキー	E.ムーニエ／山崎, 佐藤訳		292
35	哲学の根本問題	E.ブロッホ／竹内豊治訳		194
36	自然と美学〈形体・美・芸術〉	R.カイヨワ／山口三夫訳	品切	112
37 38	歴史論（I・II）	G.マン／加藤, 宮野訳	I・品切 II・品切	274 202
39	マルクスの自然概念	A.シュミット／元浜清海訳	品切	316
40	書物の本〈西欧の書物と文化の歴史. 書物の美学〉	H.プレッサー／轡田収訳		448
41 42	現代への序説（上・下）	H.ルフェーヴル／宗, 古田監訳	品切	上・220 下・296
43	約束の地を見つめて	E.フォール／古田幸男訳	品切	320
44	スペクタクルと社会	J.デュビニョー／渡辺淳訳	品切	188
45	芸術と神話	E.グラッシ／榎本久彦訳		266
46	古きものと新しきもの	M.ロベール／城山, 島, 円子訳		318
47	国家の起源	R.H.ローウィ／古賀英三郎訳	品切	204
48	人間と死	E.モラン／古田幸男訳		448
49	プルーストとシーニュ（増補版）	G.ドゥルーズ／宇波彰訳		252
50	文明の滴定〈科学技術と中国の社会〉	J.ニーダム／橋本敬造訳	品切	452
51	プスタの民	I.ジュラ／加藤二郎訳		382

叢書・ウニベルシタス

				（頁）
52 53	社会学的思考の流れ（I・II）	R.アロン／北川, 平野, 他訳		I・350 II・392
54	ベルクソンの哲学	G.ドゥルーズ／宇波彰訳		142
55	第三帝国の言語LTI〈ある言語学者のノート〉	V.クレムペラー／羽田, 藤平, 赤井, 中村訳		442
56	古代の芸術と祭祀	J.E.ハリスン／星野徹訳		222
57	ブルジョワ精神の起源	B.グレトゥイゼン／野沢協訳		394
58	カントと物自体	E.アディッケス／赤松常弘訳		300
59	哲学的素描	S.K.ランガー／塚本, 星野訳		250
60	レーモン・ルーセル	M.フーコー／豊崎光一訳		268
61	宗教とエロス	W.シューバルト／石川, 平田, 山本訳	品切	398
62	ドイツ悲劇の根源	W.ベンヤミン／川村, 三城訳		316
63	鍛えられた心〈強制収容所における心理と行動〉	B.ベテルハイム／丸山修吉訳	品切	340
64	失われた範列〈人間の自然性〉	E.モラン／古田幸男訳		308
65	キリスト教の起源	K.カウツキー／栗原佑訳		534
66	ブーバーとの対話	W.クラフト／板倉敏之訳		206
67	プロデメの変貌〈フランスのコミューン〉	E.モラン／宇波彰訳		450
68	モンテスキューとルソー	E.デュルケーム／小関, 川喜多訳	品切	312
69	芸術と文明	K.クラーク／河野徹訳		680
70	自然宗教に関する対話	D.ヒューム／福鎌, 斎藤訳	品切	196
上・71 下・72	キリスト教の中の無神論（上・下）	E.ブロッホ／竹内, 高尾訳		上・234 下・304
73	ルカーチとハイデガー	L.ゴルドマン／川俣晃自訳	品切	308
74	断　想　1942—1948	E.カネッティ／岩田行一訳		286
75 76	文明化の過程（上・下）	N.エリアス／吉田, 中村, 波田, 他訳		上・466 下・504
77	ロマンスとリアリズム	C.コードウェル／玉井, 深井, 山本訳		238
78	歴史と構造	A.シュミット／花崎皋平訳		192
79 80	エクリチュールと差異（上・下）	J.デリダ／若桑, 野村, 阪上, 三好, 他訳		上・378 下・296
81	時間と空間	E.マッハ／野家啓一編訳		258
82	マルクス主義と人格の理論	L.セーヴ／大津真作訳		708
83	ジャン=ジャック・ルソー	B.グレトゥイゼン／小池健男訳		394
84	ヨーロッパ精神の危機	P.アザール／野沢協訳		772
85	カフカ〈マイナー文学のために〉	G.ドゥルーズ, F.ガタリ／宇波, 岩田訳		210
86	群衆の心理	H.ブロッホ／入野田, 小崎, 小岸訳		580
87	ミニマ・モラリア	Th.W.アドルノ／三光長治訳		430
88 89	夢と人間社会（上・下）	R.カイヨワ, 他／三好郁郎, 他訳		上・374 下・340
90	自由の構造	C.ベイ／横越英一訳	品切	744
91	1848年〈二月革命の精神史〉	J.カスー／野沢協, 他訳		326
92	自然の統一	C.F.ヴァイツゼカー／斎藤, 河井訳	品切	560
93	現代戯曲の理論	P.ションディ／市村, 丸山訳	品切	250
94	百科全書の起源	F.ヴェントゥーリ／大津真作訳	品切	324
95	推測と反駁〈科学的知識の発展〉	K.R.ポパー／藤本, 石垣, 森訳		816
96	中世の共産主義	K.カウツキー／栗原佑訳	品切	400
97	批評の解剖	N.フライ／海老根, 中村, 出淵, 山内訳		580
98	あるユダヤ人の肖像	A.メンミ／菊地, 白井訳		396
99	分類の未開形態	E.デュルケーム／小関藤一郎訳	品切	232
100	永遠に女性的なるもの	H.ド・リュバック／山崎庸一郎訳	品切	360
101	ギリシア神話の本質	G.S.カーク／吉田, 辻村, 松田訳		390
102	精神分析における象徴界	G.ロゾラート／佐々木孝次訳		508
103	物の体系〈記号の消費〉	J.ボードリヤール／宇波彰訳		280

				(頁)
3	エクスタシーの人類学	I.M.ルイス／平沼孝之訳		352
4	ヘンリー・ムア	J.ラッセル／福田真一訳		340
5	誘惑の戦略	J.ボードリヤール／宇波彰訳	品切	260
6	ユダヤ神秘主義	G.ショーレム／山下,石丸,他訳		644
7	蜂の寓話〈私悪すなわち公益〉	B.マンデヴィル／泉谷治訳	品切	412
8	アーリア神話	L.ポリアコフ／アーリア主義研究会訳	品切	544
9	ロベスピエールの影	P.ガスカール／佐藤和生訳		440
0	元型の空間	E.ゾラ／丸小哲雄訳		336
1	神秘主義の探究〈方法論的考察〉	E.スタール／宮元啓一,他訳		362
2	放浪のユダヤ人〈ロート・エッセイ集〉	J.ロート／平田,吉田訳	品切	344
3	ルフー，あるいは取壊し	J.アメリー／神崎巌訳		250
4	大世界劇場〈宮廷祝宴の時代〉	R.アレヴィン,K.ゼルツレ／円子修平訳	品切	200
5	情念の政治経済学	A.ハーシュマン／佐々木,旦訳		192
66	メモワール〈1940-44〉	レミ／築島謙三訳		520
67	ギリシア人は神話を信じたか	P.ヴェーヌ／大津真作訳	品切	340
68	ミメーシスの文学と人類学	R.ジラール／浅野敏夫訳	品切	410
69	カバラとその象徴的表現	G.ショーレム／岡部,小岸訳	品切	340
70	身代りの山羊	R.ジラール／織田,富永訳	品切	384
71	人間〈その本性および世界における位置〉	A.ゲーレン／平野具男訳		608
72	コミュニケーション〈ヘルメスＩ〉	M.セール／豊田,青木訳		358
73	道　化〈つまずきの現象学〉	G.v.バルレーヴェン／片岡啓治訳	品切	260
74	いま,ここで〈アウシュヴィッツとヒロシマ以後の哲学的考察〉	G.ピヒト／斎藤,浅野,大野,河井訳		600
75 76 77	真理と方法〔全三冊〕	H.-G.ガダマー／轡田,麻生,三島,他訳		Ⅰ・350 Ⅱ・ Ⅲ・
78	時間と他者	E.レヴィナス／原田佳彦訳		140
79	構成の詩学	B.ウスペンスキイ／川崎,大石訳	品切	282
80	サン=シモン主義の歴史	S.シャルレティ／沢崎,小杉訳		528
81	歴史と文芸批評	G.デルフォ,A.ロッシュ／川中子弘訳		472
82	ミケランジェロ	H.ヒバード／中山,小野訳	品切	578
83	観念と物質〈思考・経済・社会〉	M.ゴドリエ／山内昶訳		340
84	四つ裂きの刑	E.M.シオラン／金井裕訳		234
85	キッチュの心理学	A.モル／万沢正美訳		344
86	領野の漂流	J.ヴィヤール／山下俊一訳		226
87	イデオロギーと想像力	G.C.カバト／小箕俊介訳		300
88	国家の起源と伝承〈古代インド社会史論〉	R.=ターパル／山崎,成澤訳		322
89	ベルナール師匠の秘密	P.ガスカール／佐藤和生訳		374
90	神の存在論的証明	D.ヘンリッヒ／本間,須田,座小田,他訳		456
91	アンチ・エコノミクス	J.アタリ,M.ギヨーム／斎藤,安孫子訳		322
92	クローチェ政治哲学論集	B.クローチェ／上村忠男編訳		188
93	フィヒテの根源的洞察	D.ヘンリッヒ／座小田,小松訳		184
94	哲学の起源	オルテガ・イ・ガセット／佐々木孝訳	品切	224
95	ニュートン力学の形成	ベー・エム・ゲッセン／秋間実,他訳		312
96	遊びの遊び	J.デュビニョー／渡辺淳訳	品切	160
97	技術時代の魂の危機	A.ゲーレン／平野具男訳	品切	222
98	儀礼としての相互行為	E.ゴッフマン／浅野敏夫訳		376
99	他者の記号学〈アメリカ大陸の征服〉	T.トドロフ／及川,大谷,菊地訳		370
00	カント政治哲学の講義	H.アーレント著,R.ベイナー編／浜田監訳		302
01	人類学と文化記号論	M.サーリンズ／山内昶訳	品切	354
02	ロンドン散策	F.トリスタン／小杉,浜本訳		484

				(頁)
53	言語の牢獄	F.ジェームソン／川口喬一訳		292
54	失望と参画の現象学	A.O.ハーシュマン／佐々木, 杉田訳		204
55	はかない幸福―ルソー	T.トドロフ／及川馥訳	品切	162
56	大学制度の社会史	H.W.プラール／山本尤訳		408
57 58	ドイツ文学の社会史（上・下）	J.ベルク,他／山本, 三島, 保坂, 鈴木訳		上・766 下・648
59	アランとルソー〈教育哲学試論〉	A.カルネック／安斎, 並木訳		304
60	都市・階級・権力	M.カステル／石川淳志監訳	品切	296
61	古代ギリシア人	M.I.フィンレー／山形和美訳	品切	296
62	象徴表現と解釈	T.トドロフ／小林, 及川訳		244
63	声の回復〈回想の試み〉	L.マラン／梶野吉郎訳		246
64	反射概念の形成	G.カンギレム／金森修訳		304
65	芸術の手相	G.ピコン／末永照和訳		294
66	エチュード〈初期認識論集〉	G.バシュラール／及川馥訳		166
67	邪な人々の昔の道	R.ジラール／小池健男訳		270
68	〈誠実〉と〈ほんもの〉	L.トリリング／野島秀勝訳	品切	264
69	文の抗争	J.-F.リオタール／陸井四郎, 他訳		410
70	フランス革命と芸術	J.スタロバンスキー／井上尭裕訳	品切	286
71	野生人とコンピューター	J.-M.ドムナック／古田幸男訳		228
72	人間と自然界	K.トマス／山内昶, 他訳		618
73	資本論をどう読むか	J.ビデ／今村仁司, 他訳		450
74	中世の旅	N.オーラー／藤代幸一訳		488
75	変化の言語〈治療コミュニケーションの原理〉	P.ワツラウィック／築島謙三訳		212
76	精神の売春としての政治	T.クンナス／木戸, 佐々木訳		258
77	スウィフト政治・宗教論集	J.スウィフト／中野, 海保訳		490
78	現実とその分身	C.ロセ／金井裕訳		168
79	中世の高利貸	J.ル・ゴッフ／渡辺香根夫訳		170
80	カルデロンの芸術	M.コメレル／岡部仁訳		270
81	他者の言語〈デリダの日本講演〉	J.デリダ／高橋允昭編訳		406
82	ショーペンハウアー	R.ザフランスキー／山本尤訳		646
83	フロイトと人間の魂	B.ベテルハイム／藤瀬恭子訳		174
84	熱　狂〈カントの歴史批判〉	J.-F.リオタール／中島盛夫訳		210
85	カール・カウツキー 1854-1938	G.P.スティーンソン／時永, 河野訳		496
86	形而上学と神の思想	W.パネンベルク／座小田, 諸岡訳	品切	186
87	ドイツ零年	E.モラン／古田幸男訳		364
88	物の地獄〈ルネ・ジラールと経済の論理〉	デュムシェル, デュピュイ／織田, 富永訳		320
89	ヴィーコ自叙伝	G.ヴィーコ／福鎌忠恕訳	品切	448
90	写真論〈その社会的効用〉	P.ブルデュー／山縣熙, 山縣直子訳		438
91	戦争と平和	S.ボク／大沢正道訳		224
92	意味と意味の発展	R.A.ウォルドロン／築島謙三訳		294
93	生態平和とアナーキー	U.リンゼ／内田, 杉村訳		270
94	小説の精神	M.クンデラ／金井, 浅野訳		208
95	フィヒテ-シェリング往復書簡	W.シュルツ解説／座小田, 後藤訳		220
96	出来事と危機の社会学	E.モラン／浜名, 福井訳		622
97	宮廷風恋愛の技術	A.カペルラヌス／野島秀勝訳	品切	334
98	野蛮〈科学主義の独裁と文化の危機〉	M.アンリ／山形, 望月訳		292
99	宿命の戦略	J.ボードリヤール／竹原あき子訳		260
00	ヨーロッパの日記	G.R.ホッケ／石丸, 柴田, 信岡訳		1330
01	記号と夢想〈演劇と祝祭についての考察〉	A.シモン／岩瀬孝監修. 佐藤, 伊藤, 他訳		388
02	手と精神	J.ブラン／中村文郎訳		284

				(頁)
303	平等原理と社会主義	L.シュタイン／石川, 石塚, 柴田訳		676
304	死にゆく者の孤独	N.エリアス／中居実訳		150
305	知識人の黄昏	W.シヴェルブシュ／初見基訳		240
306	トマス・ペイン〈社会思想家の生涯〉	A.J.エイヤー／大熊昭信訳		378
307	われらのヨーロッパ	F.ヘール／杉浦健之訳		614
308	機械状無意識〈スキゾ-分析〉	F.ガタリ／高岡幸一訳		426
309	聖なる真理の破壊	H.ブルーム／山形和美訳		400
310	諸科学の機能と人間の意義	E.パーチ／上村忠男監訳		552
311	翻　訳〈ヘルメスIII〉	M.セール／豊田, 輪田訳		404
312	分　布〈ヘルメスIV〉	M.セール／豊田彰訳		440
313	外国人	J.クリステヴァ／池田和子訳		284
314	マルクス	M.アンリ／杉山, 水野訳	品切	612
315	過去からの警告	E.シャルガフ／山本, 内藤訳		308
316	面・表面・界面〈一般表層論〉	F.ダゴニェ／金森, 今野訳		338
317	アメリカのサムライ	F.G.ノートヘルファー／飛鳥井雅道訳		512
318	社会主義か野蛮か	C.カストリアディス／江口幹訳		490
319	遍　歴〈法, 形式, 出来事〉	J.-F.リオタール／小野康男訳		200
320	世界としての夢	D.ウスラー／谷　徹訳		566
321	スピノザと表現の問題	G.ドゥルーズ／工藤, 小柴, 小谷訳		460
322	裸体とはじらいの文化史	H.P.デュル／藤代, 三谷訳		572
323	五　感〈混合体の哲学〉	M.セール／米山親能訳		582
324	惑星軌道論	G.W.F.ヘーゲル／村上恭一訳		250
325	ナチズムと私の生活〈仙台からの告発〉	K.レーヴィット／秋間実訳		334
326	ベンヤミン-ショーレム往復書簡	G.ショーレム編／山本尤訳		440
327	イマヌエル・カント	O.ヘッフェ／薮木栄夫訳		374
328	北西航路〈ヘルメスV〉	M.セール／青木研二訳		260
329	聖杯と剣	R.アイスラー／野島秀勝訳		486
330	ユダヤ人国家	Th.ヘルツル／佐藤康彦訳		206
331	十七世紀イギリスの宗教と政治	C.ヒル／小野功生訳		586
332	方　法　2．生命の生命	E.モラン／大津真作訳		838
333	ヴォルテール	A.J.エイヤー／中川, 吉岡訳		268
334	哲学の自食症候群	J.ブーヴレス／大平具彦訳		266
335	人間学批判	レペニース, ノルテ／小竹澄栄訳		214
336	自伝のかたち	W.C.スペンジマン／船倉正憲訳		384
337	ポストモダニズムの政治学	L.ハッチオン／川口喬一訳		332
338	アインシュタインと科学革命	L.S.フォイヤー／村上, 成定, 大谷訳		474
339	ニーチェ	G.ピヒト／青木隆嘉訳		562
340	科学史・科学哲学研究	G.カンギレム／金森修監訳		674
341	貨幣の暴力	アグリエッタ, オルレアン／井上, 斉藤訳		506
342	象徴としての円	M.ルルカー／竹内章訳	品切	186
343	ベルリンからエルサレムへ	G.ショーレム／岡部仁訳		226
344	批評の批評	T.トドロフ／及川, 小林訳		298
345	ソシュール講義録注解	F.de　ソシュール／前田英樹・訳注		204
346	歴史とデカダンス	P.ショーニュー／大谷尚文訳		552
347	続・いま, ここで	G.ピヒト／斉藤, 大野, 福島, 浅野訳		580
348	バフチン以後	D.ロッジ／伊藤誓訳		410
349	再生の女神セドナ	H.P.デュル／原研二訳		622
350	宗教と魔術の衰退	K.トマス／荒木正純訳		1412
351	神の思想と人間の自由	W.パネンベルク／座小田, 諸岡訳		186

				(頁)
352	倫理・政治的ディスクール	O.ヘッフェ／青木隆嘉訳		312
353	モーツァルト	N.エリアス／青木隆嘉訳		198
354	参加と距離化	N.エリアス／波田, 道籏訳		276
355	二十世紀からの脱出	E.モラン／秋枝茂夫訳		384
356	無限の二重化	W.メニングハウス／伊藤秀一訳	品切	350
357	フッサール現象学の直観理論	E.レヴィナス／佐藤, 桑野訳		506
358	始まりの現象	E.W.サイード／山形, 小林訳		684
359	サテュリコン	H.P.デュル／原研二訳		258
360	芸術と疎外	H.リード／増渕正史訳	品切	262
361	科学的理性批判	K.ヒュプナー／神野, 中才, 熊谷訳		476
362	科学と懐疑論	J.ワトキンス／中才敏郎訳		354
363	生きものの迷路	A.モール, E.ロメル／古田幸男訳		240
364	意味と力	G.バランディエ／小関藤一郎訳		406
365	十八世紀の文人科学者たち	W.レペニース／小川さくえ訳		182
366	結晶と煙のあいだ	H.アトラン／阪上脩訳		376
367	生への闘争〈闘争本能・性・意識〉	W.J.オング／高柳, 橋爪訳		326
368	レンブラントとイタリア・ルネサンス	K.クラーク／尾崎, 芳野訳		334
369	権力の批判	A.ホネット／河上倫逸監訳		476
370	失われた美学〈マルクスとアヴァンギャルド〉	M.A.ローズ／長田, 池田, 長野, 長田訳		332
371	ディオニュソス	M.ドゥティエンヌ／及川, 吉岡訳		164
372	メディアの理論	F.イングリス／伊藤, 磯山訳		380
373	生き残ること	B.ベテルハイム／高尾利数訳		646
374	バイオエシックス	F.ダゴニェ／金森, 松浦訳		316
375 376	エディプスの謎（上・下）	N.ビショッフ／藤代, 井本, 他訳		上・450 下・464
377	重大な疑問〈懐疑的省察録〉	E.シャルガフ／山形, 小野, 他訳		404
378	中世の食生活〈断食と宴〉	B.A.ヘニッシュ／藤原保明訳	品切	538
379	ポストモダン・シーン	A.クローカー, D.クック／大熊昭信訳		534
380	夢の時〈野生と文明の境界〉	H.P.デュル／岡部, 原, 須永, 荻野訳		674
381	理性よ，さらば	P.ファイヤアーベント／植木哲也訳		454
382	極限に面して	T.トドロフ／宇京頼三訳		376
383	自然の社会化	K.エーダー／寿福真美監訳		474
384	ある反時代的考察	K.レーヴィット／中村啓, 永沼更始郎訳		526
385	図書館炎上	W.シヴェルブシュ／福本義憲訳		274
386	騎士の時代	F.v.ラウマー／柳井尚子訳	品切	506
387	モンテスキュー〈その生涯と思想〉	J.スタロバンスキー／古賀英三郎, 高橋誠訳		312
388	理解の鋳型〈東西の思想経験〉	J.ニーダム／井上英明訳		510
389	風景画家レンブラント	E.ラルセン／大谷, 尾崎訳		208
390	精神分析の系譜	M.アンリ／山形頼洋, 他訳		546
391	金《かね》と魔術	H.C.ビンスヴァンガー／清水健次訳		218
392	自然誌の終焉	W.レペニース／山村直資訳		346
393	批判的解釈学	J.B.トンプソン／山本, 小川訳	品切	376
394	人間にはいくつの真理が必要か	R.ザフランスキー／山本, 藤井訳		232
395	現代芸術の出発	Y.イシャグプール／川俣晃自訳		170
396	青春　ジュール・ヴェルヌ論	M.セール／豊田彰訳		398
397	偉大な世紀のモラル	P.ベニシュー／朝倉, 羽賀訳		428
398	諸国民の時に	E.レヴィナス／合田正人訳		348
399 400	バベルの後に（上・下）	G.スタイナー／亀山健吉訳		上・482 下・
401	チュービンゲン哲学入門	E.ブロッホ／花田監修・菅谷, 今井, 三国訳		422

				（頁
402	歴史のモラル	T.トドロフ／大谷尚文訳		38
403	不可解な秘密	E.シャルガフ／山本, 内藤訳		26
404	ルソーの世界〈あるいは近代の誕生〉	J.-L.ルセルクル／小林浩訳	品切	37
405	死者の贈り物	D.サルナーヴ／菊地, 白井訳		18
406	神もなく韻律もなく	H.P.デュル／青木隆嘉訳		29
407	外部の消失	A.コドレスク／利沢行夫訳		27
408	狂気の社会史〈狂人たちの物語〉	R.ポーター／目羅公和訳	品切	42
409	続・蜂の寓話	B.マンデヴィル／泉谷治訳		43
410	悪口を習う〈近代初期の文化論集〉	S.グリーンブラット／磯山甚一訳		35
411	危険を冒して書く〈異色作家たちのパリ・インタヴュー〉	J.ワイス／浅野敏夫訳		30
412	理論を讃えて	H.-G.ガダマー／本間, 須田訳		19
413	歴史の島々	M.サーリンズ／山本真鳥訳		30
414	ディルタイ〈精神科学の哲学者〉	R.A.マックリール／大野, 田中, 他訳		57
415	われわれのあいだで	E.レヴィナス／合田, 谷口訳		36
416	ヨーロッパ人とアメリカ人	S.ミラー／池田栄一訳		35
417	シンボルとしての樹木	M.ルルカー／林 捷 訳		27
418	秘めごとの文化史	H.P.デュル／藤代, 津山訳		66
419	眼の中の死〈古代ギリシアにおける他者の像〉	J.-P.ヴェルナン／及川, 吉岡訳		14
420	旅の思想史	E.リード／伊藤誓訳		49
421	病のうちなる治療薬	J.スタロバンスキー／小池, 川那部訳		35
422	祖国地球	E.モラン／菊地昌実訳		23
423	寓意と表象・再現	S.J.グリーンブラット編／船倉正憲訳		38
424	イギリスの大学	V.H.H.グリーン／安原, 成定訳	品切	51
425	未来批判　あるいは世界史に対する嫌悪	E.シャルガフ／山本, 伊藤訳		27
426	見えるものと見えざるもの	メルロ=ポンティ／中島盛夫監訳		61
427	女性と戦争	J.B.エルシュテイン／小林, 廣川訳		48
428	カント入門講義	H.バウムガルトナー／有福孝岳監訳		20
429	ソクラテス裁判	I.F.ストーン／永田康昭訳		47
430	忘我の告白	M.ブーバー／田口義弘訳		34
431 432	時代おくれの人間（上・下）	G.アンダース／青木隆嘉訳		上・43 下・54
433	現象学と形而上学	J.-L.マリオン他編／三上, 重永, 檜垣訳		38
434	祝福から暴力へ	M.ブロック／田辺, 秋津訳		42
435	精神分析と横断性	F.ガタリ／杉村, 毬藻訳		46
436	競争社会をこえて	A.コーン／山本, 真水訳		53
437	ダイアローグの思想	M.ホルクウィスト／伊藤誓訳	品切	37
438	社会学とは何か	N.エリアス／徳安彰訳		25
439	E.T.A.ホフマン	R.ザフランスキー／識名章喜訳		63
440	所有の歴史	J.アタリ／山内昶訳		58
441	男性同盟と母権制神話	N.ゾンバルト／田村和彦訳		51
442	ヘーゲル以後の歴史哲学	H.シュネーデルバッハ／古東哲明訳		28
443	同時代人ベンヤミン	H.マイヤー／岡部仁訳		14
444	アステカ帝国滅亡記	G.ボド, T.トドロフ編／大谷, 菊地訳		66
445	迷宮の岐路	C.カストリアディス／宇京頼三訳		40
446	意識と自然	K.K.チョウ／志水, 山本監訳		42
447	政治的正義	O.ヘッフェ／北尾, 平石, 望月訳		59
448	象徴と社会	K.バーク著, ガスフィールド編／森常治訳		58
449	神・死・時間	E.レヴィナス／合田正人訳		36
450	ローマの祭	G.デュメジル／大橋寿美子訳		44

叢書・ウニベルシタス

				(頁)
51	エコロジーの新秩序	L.フェリ／加藤宏幸訳		274
52	想念が社会を創る	C.カストリアディス／江口幹訳		392
53	ウィトゲンシュタイン評伝	B.マクギネス／藤本,今井,宇都宮,髙橋訳		612
54	読みの快楽	R.オールター／山形,中田,田中訳		346
55	理性・真理・歴史〈内在的実在論の展開〉	H.パトナム／野本和幸,他訳		360
56	自然の諸時期	ビュフォン／菅谷暁訳		440
57	クロポトキン伝	ピルーモヴァ／左近毅訳		384
58	征服の修辞学	P.ヒューム／岩尾,正木,本橋訳		492
59	初期ギリシア科学	G.E.R.ロイド／山野,山口訳		246
60	政治と精神分析	G.ドゥルーズ,F.ガタリ／杉村昌昭訳		124
61	自然契約	M.セール／及川,米山訳		230
62	細分化された世界〈迷宮の岐路III〉	C.カストリアディス／宇京頼三訳		332
63	ユートピア的なもの	L.マラン／梶野吉郎訳		420
64	恋愛礼讃	M.ヴァレンシー／沓掛,川端訳		496
65	転換期〈ドイツ人とドイツ〉	H.マイヤー／宇京早苗訳		466
66	テクストのぶどう畑で	I.イリイチ／岡部佳世訳		258
67	フロイトを読む	P.ゲイ／坂口,大島訳		304
68	神々を作る機械	S.モスコヴィッシ／古田幸男訳		750
69	ロマン主義と表現主義	A.K.ウィードマン／大森淳史訳		378
70	宗教論	N.ルーマン／土方昭,土方透訳		138
71	人格の成層論	E.ロータッカー／北村監訳・大久保,他訳		278
72	神　罰	C.v.リンネ／小川さくえ訳		432
73	エデンの園の言語	M.オランデール／浜﨑設夫訳		338
74	フランスの自伝〈自伝文学の主題と構造〉	P.ルジュンヌ／小倉孝誠訳		342
75	ハイデガーとヘブライの遺産	M.ザラデル／合田正人訳		390
76	真の存在	G.スタイナー／工藤政司訳		266
77	言語芸術・言語記号・言語の時間	R.ヤコブソン／浅川順子訳		388
78	エクリール	C.ルフォール／宇京頼三訳		420
79	シェイクスピアにおける交渉	S.J.グリーンブラット／酒井正志訳		334
80	世界・テキスト・批評家	E.W.サイード／山形和美訳		584
81	絵画を見るディドロ	J.スタロバンスキー／小西嘉幸訳		148
82	ギボン〈歴史を創る〉	R.ポーター／中野,海保,松原訳		272
83	欺瞞の書	E.M.シオラン／金井裕訳		252
84	マルティン・ハイデガー	H.エーベリング／青木隆嘉訳		252
85	カフカとカバラ	K.E.グレーツィンガー／清水健次訳		390
86	近代哲学の精神	H.ハイムゼート／座小田豊,他訳		448
87	ベアトリーチェの身体	R.P.ハリスン／船倉正憲訳		304
88	技術〈クリティカル・セオリー〉	A.フィーンバーグ／藤本正文訳		510
89	認識論のメタクリティーク	Th.W.アドルノ／古賀,細見訳		370
90	地獄の歴史	A.K.ターナー／野﨑嘉信訳		456
91	昔話と伝説〈物語文学の二つの基本形式〉	M.リューティ／高木昌史,万里子訳	品切	362
92	スポーツと文明化〈興奮の探究〉	N.エリアス,E.ダニング／大平章訳		490
93 94	地獄のマキアヴェッリ（I・II）	S.de.グラツィア／田中治男訳		I・352 II・306
95	古代ローマの恋愛詩	P.ヴェーヌ／鎌田博夫訳		352
96	証人〈言葉と科学についての省察〉	E.シャルガフ／山本,内藤訳		252
97	自由とはなにか	P.ショーニュ／西川,小田桐訳		472
98	現代世界を読む	M.マフェゾリ／菊地昌実訳		186
99	時間を読む	M.ピカール／寺田光徳訳		266
00	大いなる体系	N.フライ／伊藤誓訳		478

叢書・ウニベルシタス

				(頁)
501	音楽のはじめ	C.シュトゥンプ／結城錦一訳		208
502	反ニーチェ	L.フェリー他／遠藤文彦訳		348
503	マルクスの哲学	E.バリバール／杉山吉弘訳		222
504	サルトル，最後の哲学者	A.ルノー／水野浩二訳	品切	296
505	新不平等起源論	A.テスタール／山内昶訳		298
506	敗者の祈禱書	シオラン／金井裕訳		184
507	エリアス・カネッティ	Y.イシャグプール／川俣晃自訳		318
508	第三帝国下の科学	J.オルフ＝ナータン／宇京頼三訳		424
509	正も否も縦横に	H.アトラン／寺田光徳訳		644
510	ユダヤ人とドイツ	E.トラヴェルソ／宇京頼三訳		322
511	政治的風景	M.ヴァルンケ／福本義憲訳		202
512	聖句の彼方	E.レヴィナス／合田正人訳		350
513	古代憧憬と機械信仰	H.ブレーデカンプ／藤代，津山訳		230
514	旅のはじめに	D.トリリング／野島秀勝訳		602
515	ドゥルーズの哲学	M.ハート／田代，井上，浅野，暮沢訳		294
516	民族主義・植民地主義と文学	T.イーグルトン他／増渕，安藤，大友訳		198
517	個人について	P.ヴェーヌ他／大谷尚文訳		194
518	大衆の装飾	S.クラカウアー／船戸，野村訳		350
519 520	シベリアと流刑制度（I・II）	G.ケナン／左近毅訳		I・632 II・642
521	中国とキリスト教	J.ジェルネ／鎌田博夫訳		396
522	実存の発見	E.レヴィナス／佐藤真理人，他訳		480
523	哲学的認識のために	G.-G.グランジェ／植木哲也訳		342
524	ゲーテ時代の生活と日常	P.ラーンシュタイン／上西川原章訳		832
525	ノッツ nOts	M.C.テイラー／浅野敏夫訳		480
526	法の現象学	A.コジェーヴ／今村，堅田訳		768
527	始まりの喪失	B.シュトラウス／青木隆嘉訳		196
528	重　合	ベーネ，ドゥルーズ／江口修訳		170
529	イングランド18世紀の社会	R.ポーター／目羅公和訳		630
530	他者のような自己自身	P.リクール／久米博訳		558
531	鷲と蛇〈シンボルとしての動物〉	M.ルルカー／林捷訳		270
532	マルクス主義と人類学	M.ブロック／山内昶，山内彰訳		256
533	両性具有	M.セール／及川馥訳		218
534	ハイデガー〈ドイツの生んだ巨匠とその時代〉	R.ザフランスキー／山本尤訳		696
535	啓蒙思想の背任	J.-C.ギユボー／菊地，白井訳		218
536	解明　M.セールの世界	M.セール／梶野，竹中訳		334
537	語りは罠	L.マラン／鎌田博夫訳		176
538	歴史のエクリチュール	M.セルトー／佐藤和生訳		542
539	大学とは何か	J.ペリカン／田口孝夫訳		374
540	ローマ　定礎の書	M.セール／高尾謙史訳		472
541	啓示とは何か〈あらゆる啓示批判の試み〉	J.G.フィヒテ／北岡武司訳		252
542	力の場〈思想史と文化批判のあいだ〉	M.ジェイ／今井道夫，他訳		382
543	イメージの哲学	F.ダゴニェ／水野浩二訳		410
544	精神と記号	F.ガタリ／杉村昌昭訳		180
545	時間について	N.エリアス／井本，青木訳		238
546	ルクレティウスのテキストにおける物理学の誕生	M.セール／豊田彰訳		320
547	異端カタリ派の哲学	R.ネッリ／柴田和雄訳		290
548	ドイツ人論	N.エリアス／青木隆嘉訳		576
549	俳　優	J.デュヴィニョー／渡辺淳訳		346

			(頁)
550	ハイデガーと実践哲学	O.ペゲラー他,編／竹市,下村監訳	584
551	彫　像	M.セール／米山親能訳	366
552	人間的なるものの庭	C.F.v.ヴァイツゼカー／山辺建訳	852
553	思考の図像学	A.フレッチャー／伊藤誓訳	472
554	反動のレトリック	A.O.ハーシュマン／岩崎稔訳	250
555	暴力と差異	A.J.マッケナ／夏目博明訳	354
556	ルイス・キャロル	J.ガッテニョ／鈴木晶訳	462
557	タオスのロレンゾー〈D.H.ロレンス回想〉	M.D.ルーハン／野島秀勝訳	490
558	エル・シッド〈中世スペインの英雄〉	R.フレッチャー／林邦夫訳	414
559	ロゴスとことば	S.プリケット／小野功生訳	486
560 561	盗まれた稲妻〈呪術の社会学〉(上・下)	D.L.オキーフ／谷林眞理子,他訳	上・490 下・656
562	リビドー経済	J.-F.リオタール／杉山,吉谷訳	458
563	ポスト・モダニティの社会学	S.ラッシュ／田中義久監訳	462
564	狂暴なる霊長類	J.A.リヴィングストン／大平章訳	310
565	世紀末社会主義	M.ジェイ／今村,大谷訳	334
566	両性平等論	F.P.de ラ・バール／佐藤和夫,他訳	330
567	暴虐と忘却	R.ボイヤーズ／田部井孝次・世志子訳	524
568	異端の思想	G.アンダース／青木隆嘉訳	518
569	秘密と公開	S.ボク／大沢正道訳	470
570 571	大航海時代の東南アジア(I・II)	A.リード／平野,田中訳	I・430 II・598
572	批判理論の系譜学	N.ボルツ／山本,大貫訳	332
573	メルヘンへの誘い	M.リューティ／高木昌史訳	200
574	性と暴力の文化史	H.P.デュル／藤代,津山訳	768
575	歴史の不測	E.レヴィナス／合田,谷口訳	316
576	理論の意味作用	T.イーグルトン／山形和美訳	196
577	小集団の時代〈大衆社会における個人主義の衰退〉	M.マフェゾリ／古田幸男訳	334
578 579	愛の文化史(上・下)	S.カーン／青木,斎藤訳	上・334 下・384
580	文化の擁護〈1935年パリ国際作家大会〉	ジッド他／相磯,五十嵐,石黒,高橋編訳	752
581	生きられる哲学〈生活世界の現象学と批判理論の思考形式〉	F.フェルマン／堀栄造訳	282
582	十七世紀イギリスの急進主義と文学	C.ヒル／小野,圓月訳	444
583	このようなことが起こり始めたら…	R.ジラール／小池,住谷訳	226
584	記号学の基礎理論	J.ディーリー／大熊昭信訳	286
585	真理と美	S.チャンドラセカール／豊田彰訳	328
586	シオラン対談集	E.M.シオラン／金井裕訳	336
587	時間と社会理論	B.アダム／伊藤,磯山訳	338
588	懐疑的省察ABC〈続・重大な疑問〉	E.シャルガフ／山本,伊藤訳	244
589	第三の知恵	M.セール／及川馥訳	250
590 591	絵画における真理(上・下)	J.デリダ／高橋,阿部訳	上・322 下・390
592	ウィトゲンシュタインと宗教	N.マルカム／黒崎宏訳	256
593	シオラン〈あるいは最後の人間〉	S.ジョドー／金井裕訳	212
594	フランスの悲劇	T.トドロフ／大谷尚文訳	304
595	人間の生の遺産	E.シャルガフ／清水健次,他訳	392
596	聖なる快楽〈性,神話,身体の政治〉	R.アイスラー／浅野敏夫訳	876
597	原子と爆弾とエスキモーキス	C.G.セグレー／野島秀勝訳	408
598	海からの花嫁〈ギリシア神話研究の手引き〉	J.シャーウッドスミス／吉田,佐藤訳	234
599	神に代わる人間	L.フェリー／菊地,白井訳	220
600	パンと競技場〈ギリシア・ローマ時代の政治と都市の社会学的歴史〉	P.ヴェーヌ／鎌田博夫訳	1032

			(頁)
601	ギリシア文学概説	J.ド・ロミイ／細井, 秋山訳	486
602	パロールの奪取	M.セルトー／佐藤和生訳	200
603	68年の思想	L.フェリー他／小野潮訳	348
604	ロマン主義のレトリック	P.ド・マン／山形, 岩坪訳	470
605	探偵小説あるいはモデルニテ	J.デュボア／鈴木智之訳	380
606 607 608	近代の正統性〔全三冊〕	H.ブルーメンベルク／斎藤, 忽那 佐藤, 村井訳	I・328 II・390 III・318
609	危険社会〈新しい近代への道〉	U.ベック／東, 伊藤訳	502
610	エコロジーの道	E.ゴールドスミス／大熊昭信訳	654
611	人間の領域〈迷宮の岐路II〉	C.カストリアディス／米山親能訳	626
612	戸外で朝食を	H.P.デュル／藤代幸一訳	190
613	世界なき人間	G.アンダース／青木隆嘉訳	366
614	唯物論シェイクスピア	F.ジェイムソン／川口喬一訳	402
615	核時代のヘーゲル哲学	H.クロンバッハ／植木哲也訳	380
616	詩におけるルネ・シャール	P.ヴェーヌ／西永良成訳	832
617	近世の形而上学	H.ハイムゼート／北岡武司訳	506
618	フロベールのエジプト	G.フロベール／斎藤昌三訳	344
619	シンボル・技術・言語	E.カッシーラー／篠木, 高野訳	352
620	十七世紀イギリスの民衆と思想	C.ヒル／小野, 圓月, 箭川訳	520
621	ドイツ政治哲学史	H.リュッベ／今井道夫訳	312
622	最終解決〈民族移動とヨーロッパのユダヤ人殺害〉	G.アリー／山本, 三島訳	470
623	中世の人間	J.ル・ゴフ他／鎌田博夫訳	478
624	食べられる言葉	L.マラン／梶野吉郎訳	284
625	ヘーゲル伝〈哲学の英雄時代〉	H.アルトハウス／山本尤訳	690
626	E.モラン自伝	E.モラン／菊地, 高砂訳	368
627	見えないものを見る	M.アンリ／青木研二訳	248
628	マーラー〈音楽観相学〉	Th.W.アドルノ／龍村あや子訳	286
629	共同生活	T.トドロフ／大谷尚文訳	236
630	エロイーズとアベラール	M.F.B.ブロッチェリ／白崎容子訳	
631	意味を見失った時代〈迷宮の岐路IV〉	C.カストリアディス／江口幹訳	338
632	火と文明化	J.ハウツブロム／大平章訳	356
633	ダーウィン, マルクス, ヴァーグナー	J.バーザン／野島秀勝訳	526
634	地位と羞恥	S.ネッケル／岡原正幸訳	434
635	無垢の誘惑	P.ブリュックネール／小倉, 下澤訳	350
636	ラカンの思想	M.ボルク=ヤコブセン／池田清訳	500
637	羨望の炎〈シェイクスピアと欲望の劇場〉	R.ジラール／小林, 田口訳	698
638	暁のフクロウ〈続・精神の現象学〉	A.カトロッフェロ／寿福真美訳	354
639	アーレント＝マッカーシー往復書簡	C.ブライトマン編／佐藤佐智子訳	710
640	崇高とは何か	M.ドゥギー他／梅木達郎訳	416
641	世界という実験〈問い, 取り出しの諸カテゴリー, 実践〉	E.ブロッホ／小田智敏訳	400
642	悪　あるいは自由のドラマ	R.ザフランスキー／山本尤訳	322
643	世俗の聖典〈ロマンスの構造〉	N.フライ／中村, 真野訳	252
644	歴史と記憶	J.ル・ゴフ／立川孝一訳	400
645	自我の記号論	N.ワイリー／船倉正憲訳	468
646	ニュー・ミメーシス〈シェイクスピアと現実描写〉	A.D.ナトール／山形, 山下訳	430
647	歴史家の歩み〈アリエス　1943-1983〉	Ph.アリエス／成瀬, 伊藤訳	428
648	啓蒙の民主制理論〈カントとのつながりで〉	I.マウス／浜田, 牧野監訳	400
649	仮象小史〈古代からコンピューター時代まで〉	N.ボルツ／山本尤訳	200

			(頁)
650	知の全体史	C.V.ドーレン／石塚浩司訳	766
651	法の力	J.デリダ／堅田研一訳	220
652 653	男たちの妄想 (I・II)	K.テーヴェライト／田村和彦訳	I・816 II
654	十七世紀イギリスの文書と革命	C.ヒル／小野, 圓月, 箭川訳	592
655	パウル・ツェラーンの場所	H.ベッティガー／鈴木美紀訳	176
656	絵画を破壊する	L.マラン／尾形, 梶野訳	272
657	グーテンベルク銀河系の終焉	N.ボルツ／識名, 足立訳	330
658	批評の地勢図	J.ヒリス・ミラー／森田孟訳	550
659	政治的なものの変貌	M.マフェゾリ／古田幸男訳	290
660	神話の真理	K.ヒュプナー／神野, 中才, 他訳	736
661	廃墟のなかの大学	B.リーディングズ／青木, 斎藤訳	354
662	後期ギリシア科学	G.E.R.ロイド／山野, 山口, 金山訳	320
663	ベンヤミンの現在	N.ボルツ, W.レイイェン／岡部仁訳	180
664	異教入門〈中心なき周辺を求めて〉	J.-F.リオタール／山縣, 小野, 他訳	242
665	ル・ゴフ自伝〈歴史家の生活〉	J.ル・ゴフ／鎌田博夫訳	290
666	方　法　3. 認識の認識	E.モラン／大津真作訳	398
667	遊びとしての読書	M.ピカール／及川, 内藤訳	478
668	身体の哲学と現象学	M.アンリ／中敬夫訳	404
669	ホモ・エステティクス	L.フェリー／小野康男, 他訳	496
670	イスラームにおける女性とジェンダー	L.アハメド／林正雄, 他訳	422
671	ロマン派の手紙	K.H.ボーラー／高木葉子訳	382
672	精霊と芸術	M.マール／津山拓也訳	474
673	言葉への情熱	G.スタイナー／伊藤誓訳	612
674	贈与の謎	M.ゴドリエ／山内昶訳	362
675	諸個人の社会	N.エリアス／宇京早苗訳	308
676	労働社会の終焉	D.メーダ／若森章孝, 他訳	394
677	概念・時間・言説	A.コジェーヴ／三宅, 根田, 安川訳	448
678	史的唯物論の再構成	U.ハーバーマス／清水多吉訳	438
679	カオスとシミュレーション	N.ボルツ／山本尤訳	218
680	実質的現象学	M.アンリ／中, 野村, 吉永訳	268
681	生殖と世代継承	R.フォックス／平野秀秋訳	408
682	反抗する文学	M.エドマンドソン／浅野敏夫訳	406
683	哲学を讃えて	M.セール／米山親能, 他訳	312
684	人間・文化・社会	H.シャピロ編／塚本利明, 他訳	
685	遍歴時代〈精神の自伝〉	J.アメリー／富重純子訳	206
686	ノーを言う難しさ〈宗教哲学的エッセイ〉	K.ハインリッヒ／小林敏明訳	200
687	シンボルのメッセージ	M.ルルカー／林捷, 林田鶴子訳	590
688	神は狂信的か	J.ダニエル／菊地昌実訳	218
689	セルバンテス	J.カナヴァジオ／円子千代訳	502
690	マイスター・エックハルト	B.ヴェルテ／大津留直訳	320
691	マックス・プランクの生涯	J.L.ハイルブロン／村岡晋一訳	300
692	68年－86年　個人の道程	L.フェリー, A.ルノー／小野潮訳	168
693	イダルゴとサムライ	J.ヒル／平山篤子訳	704
694	〈教育〉の社会学理論	B.バーンスティン／久冨善之, 他訳	420
695	ベルリンの文化戦争	W.シヴェルブシュ／福本義憲訳	380
696	知識と権力〈クーン, ハイデガー, フーコー〉	J.ラウズ／成定, 網谷, 阿曽沼訳	410
697	読むことの倫理	J.ヒリス・ミラー／伊藤, 大島訳	230
698	ロンドン・スパイ	N.ウォード／渡辺孔二監訳	506
699	イタリア史〈1700－1860〉	S.ウールフ／鈴木邦夫訳	1000

			(頁)
700	マリア〈処女・母親・女主人〉	K.シュライナー／内藤道雄訳	678
701	マルセル・デュシャン〈絵画唯名論〉	T.ド・デューヴ／鎌田博夫訳	350
702	サハラ〈ジル・ドゥルーズの美学〉	M.ビュイダン／阿部宏慈訳	260
703	ギュスターヴ・フロベール	A.チボーデ／戸田吉信訳	470
704	報酬主義をこえて	A.コーン／田中英史訳	604
705	ファシズム時代のシオニズム	L.ブレンナー／芝健介訳	480
706	方　法　4．観念	E.モラン／大津真作訳	446
707	われわれと他者	T.トドロフ／小野,江口訳	658
708	モラルと超モラル	A.ゲーレン／秋澤雅男訳	
709	肉食タブーの世界史	F.J.シムーンズ／山内昶監訳	682
710	三つの文化〈仏・英・独の比較文化学〉	W.レペニース／松家,吉村,森訳	548
711	他性と超越	E.レヴィナス／合田,松丸訳	200
712	詩と対話	H.-G.ガダマー／巻田悦郎訳	302
713	共産主義から資本主義へ	M.アンリ／野村直正訳	242
714	ミハイル・バフチン　対話の原理	T.トドロフ／大谷尚文訳	408
715	肖像と回想	P.ガスカール／佐藤和生訳	232
716	恥〈社会関係の精神分析〉	S.ティスロン／大谷,津島訳	286
717	庭園の牧神	P.バルロスキー／尾崎彰宏訳	270
718	パンドラの匣	D.&E.パノフスキー／尾崎彰宏,他訳	294
719	言説の諸ジャンル	T.トドロフ／小林文生訳	466
720	文学との離別	R.バウムガルト／清水健次・威能子訳	406
721	フレーゲの哲学	A.ケニー／野本和幸,他訳	308
722	ビバ リベルタ！〈オペラの中の政治〉	A.アーブラスター／田中,西崎訳	478
723	ユリシーズ グラモフォン	J.デリダ／合田,中 訳	210
724	ニーチェ〈その思考の伝記〉	R.ザフランスキー／山本尤訳	440
725	古代悪魔学〈サタンと闘争神話〉	N.フォーサイス／野呂有子監訳	844
726	力に満ちた言葉	N.フライ／山形和美訳	466
727	産業資本主義の法と政治	I.マウス／河上倫逸監訳	496
728	ヴァーグナーとインドの精神世界	C.スネソン／吉水千鶴子訳	270
729	民間伝承と創作文学	M.リューティ／高木昌史訳	430
730	マキアヴェッリ〈転換期の危機分析〉	R.ケーニヒ／小川,片岡訳	382
731	近代とは何か〈その隠されたアジェンダ〉	S.トゥールミン／藤村,新井訳	398
732	深い謎〈ヘーゲル,ニーチェとユダヤ人〉	Y.ヨベル／青木隆嘉訳	360
733	挑発する肉体	H.P.デュル／藤代,津山訳	702
734	フーコーと狂気	F.グロ／菊地昌実訳	164
735	生命の認識	G.カンギレム／杉山吉弘訳	330
736	転倒させる快楽〈バフチン,文化批評,映画〉	R.スタム／浅野敏夫訳	494
737	カール・シュミットとユダヤ人	R.グロス／山本尤訳	486
738	個人の時代	A.ルノー／水野浩二訳	438
739	導入としての現象学	H.F.フルダ／久保,高山訳	470
740	認識の分析	E.マッハ／廣松渉編訳	182
741	脱構築とプラグマティズム	C.ムフ編／青木隆嘉訳	186
742	人類学の挑戦	R.フォックス／南塚隆夫訳	698
743	宗教の社会学	B.ウィルソン／中野,栗原訳	270
744	非人間的なもの	J.-F.リオタール／篠原,上村,平芳訳	286
745	異端者シオラン	P.ボロン／金井裕訳	334
746	歴史と日常〈ポール・ヴェーヌ自伝〉	P.ヴェーヌ／鎌田博夫訳	268
747	天使の伝説	M.セール／及川馥訳	262
748	近代政治哲学入門	A.バルッツィ／池上,岩倉訳	348

叢書・ウニベルシタス

			(頁)
749	王の肖像	L.マラン／渡辺香根夫訳	454
750	ヘルマン・ブロッホの生涯	P.M.リュツェラー／入野田真右訳	572
751	ラブレーの宗教	L.フェーヴル／高橋薫訳	942
752	有限責任会社	J.デリダ／高橋, 増田, 宮﨑訳	352
753	ハイデッガーとデリダ	H.ラパポート／港道隆, 他訳	388
754	未完の菜園	T.トドロフ／内藤雅文訳	414
755	小説の黄金時代	G.スカルペッタ／本多文彦訳	392
756	トリックスター	L.ハイド／伊藤誓訳	
757	ヨーロッパの形成	R.バルトレット／伊藤, 磯山訳	720
758	幾何学の起源	M.セール／豊田彰訳	444
759	犠牲と羨望	J.-P.デュピュイ／米山, 泉谷訳	518
760	歴史と精神分析	M.セルトー／内藤雅文訳	252
761 762 763	コペルニクス的宇宙の生成〔全三冊〕	H.ブルーメンベルク／後藤, 小熊, 座小田訳	I・412 II・ III・
764	自然・人間・科学	E.シャルガフ／山本, 伊藤訳	230
765	歴史の天使	S.モーゼス／合田正人訳	306
766	近代の観察	N.ルーマン／馬場靖雄訳	234
767 768	社会の法（1・2）	N.ルーマン／馬場, 上村, 江口訳	1・430 2・446
769	場所を消費する	J.アーリ／吉原直樹, 大澤善信監訳	450
770	承認をめぐる闘争	A.ホネット／山本, 直江訳	302
771 772	哲学の余白（上・下）	J.デリダ／高橋, 藤本訳	上・ 下・
773	空虚の時代	G.リポヴェツキー／大谷, 佐藤訳	288
774	人間はどこまでグローバル化に耐えられるか	R.ザフランスキー／山本尤訳	134
775	人間の美的教育について	F.v.シラー／小栗孝則訳	196
776	政治的検閲〈19世紀ヨーロッパにおける〉	R.J.ゴールドスティーン／城戸, 村山訳	356
777	シェイクスピアとカーニヴァル	R.ノウルズ／岩崎, 加藤, 小西訳	382
778	文化の場所	H.K.バーバ／本橋哲也, 他訳	
779	貨幣の哲学	E.レヴィナス／合田, 三浦訳	230
780	バンジャマン・コンスタン〈民主主義への情熱〉	T.トドロフ／小野潮訳	244
781	シェイクスピアとエデンの喪失	C.ベルシー／高桑陽子訳	310
782	十八世紀の恐怖	ベールシュトルド, ポレ編／飯野, 田所, 中島訳	456
783	ハイデガーと解釈学的哲学	O.ペゲラー／伊藤徹監訳	418
784	神話とメタファー	N.フライ／高柳俊一訳	578
785	合理性とシニシズム	J.ブーヴレス／岡部, 本郷訳	
786	生の嘆き〈ショーペンハウアー倫理学入門〉	M.ハウスケラー／峠尚武訳	
787	フィレンツェのサッカー	H.ブレーデカンプ／原研二訳	222
788	自己破壊の性分	A.O.ハーシュマン／田中秀夫訳	